殖民遗产与现实困境
历史视域下的欧盟地中海政策研究

姚惠娜 著

Colonial Legacy and Realistic Dilemma

A Study of EU Mediterranean Policy from a Historical Perspective

中国社会科学出版社

图书在版编目（CIP）数据

殖民遗产与现实困境：历史视域下的欧盟地中海政策研究 / 姚惠娜著 . —北京：中国社会科学出版社，2021.3

ISBN 978 - 7 - 5203 - 8266 - 3

Ⅰ.①殖⋯　Ⅱ.①姚⋯　Ⅲ.①欧洲联盟—对外政策—研究　Ⅳ.①D814.1

中国版本图书馆 CIP 数据核字（2021）第 073318 号

出 版 人	赵剑英
责任编辑	宋燕鹏
责任校对	沈　旭
责任印制	李寡寡

出　　版	中国社会科学出版社
社　　址	北京鼓楼西大街甲 158 号
邮　　编	100720
网　　址	http：//www.csspw.cn
发 行 部	010 - 84083685
门 市 部	010 - 84029450
经　　销	新华书店及其他书店
印　　刷	北京君升印刷有限公司
装　　订	廊坊市广阳区广增装订厂
版　　次	2021 年 3 月第 1 版
印　　次	2021 年 3 月第 1 次印刷
开　　本	710×1000　1/16
印　　张	13
插　　页	2
字　　数	201 千字
定　　价	68.00 元

凡购买中国社会科学出版社图书，如有质量问题请与本社营销中心联系调换
电话:010 - 84083683
版权所有　侵权必究

目　　录

导　言 ……………………………………………………………（1）
　　第一节　概念解析 ……………………………………………（1）
　　第二节　国内外研究概况及档案文献介绍 …………………（11）
　　第三节　研究的意义与内容 …………………………………（20）

第一章　欧洲殖民主义对地中海南岸的征服与败退 …………（23）
　　第一节　欧洲列强对地中海南岸的瓜分 ……………………（23）
　　第二节　英国殖民主义与阿以冲突 …………………………（28）
　　第三节　法国殖民主义对地中海南岸的统治和影响 ………（34）
　　第四节　苏伊士运河战争与英法殖民主义的衰退 …………（40）

第二章　欧共体对地中海政策的初步形成 ……………………（43）
　　第一节　欧共体的环地中海政策 ……………………………（44）
　　第二节　石油危机与欧阿对话 ………………………………（46）
　　第三节　欧共体对阿以冲突共同立场 ………………………（55）

第三章　海湾战争与欧盟对地中海政策的发展 ………………（72）
　　第一节　欧盟与海湾战争 ……………………………………（72）
　　第二节　欧盟—地中海伙伴关系 ……………………………（79）
　　第三节　欧盟与海湾合作委员会及也门的关系 ……………（93）
　　第四节　欧盟与中东和平进程 ………………………………（106）

第四章　欧盟对地中海政策的动机与目标……………………（122）
   第一节　欧盟成员国的殖民遗产与地缘政治……………………（122）
   第二节　地中海地区与欧盟的能源供应…………………………（126）
   第三节　欧盟与地中海国家的贸易………………………………（131）
   第四节　地中海与欧盟的安全挑战………………………………（138）

第五章　制约欧盟对地中海政策的因素……………………………（146）
   第一节　制度安排对欧盟地中海政策的制约……………………（146）
   第二节　成员国国家利益与大国的主导作用……………………（155）
   第三节　国际格局对欧盟地中海政策的制约……………………（165）

结　语………………………………………………………………（175）

主要参考文献………………………………………………………（185）

索　引………………………………………………………………（197）

导　　言

第一节　概念解析

欧共体、欧盟与欧洲

首先需要说明的是"欧共体"与"欧盟"这两个概念。1952年，法国、联邦德国、意大利、比利时、荷兰和卢森堡等6国组成欧洲煤钢共同体，1958年6国又建立欧洲经济共同体和欧洲原子能共同体。这三个共同体在1967年合并组建为欧洲共同体，简称"欧共体"。1993年11月1日《马斯特里赫特条约》生效，欧共体正式改称欧洲联盟，简称"欧盟"。在目前条约框架下，欧洲联盟以支柱型结构体现制度的政府间运作模式，共同体事务作为第一支柱，与第二支柱共同外交与安全政策、第三支柱司法与内政事务合作并存。本书行文中，在1993年11月欧盟建立以前使用欧共体一词，之后则使用欧盟一词，没有明确时间界限时根据上下文两者通用，在表示欧盟过去与现在的总体概念时使用欧共体/欧盟这一表达方式。

随着新成员国的不断加入，欧盟经历了一个逐渐发展壮大的过程。不同时期的欧共体/欧盟具体包含的国家不同。1973年英国、丹麦和爱尔兰加入欧共体，欧共体成员由6国变为9国。1981年希腊加入欧共体，成为第10个成员国。1986年葡萄牙和西班牙加入，欧共体成员国增至12个。1995年奥地利、瑞典和芬兰加入欧盟。2002年11月，欧盟15国外长在布鲁塞尔举行会议，决定邀请马耳他、塞浦路斯、波兰、匈牙利、捷克、斯洛伐克、斯洛文尼亚、爱沙尼亚、拉脱维亚、立陶宛等国家加入欧盟。这十个新成员国在2004年5月1日正式加入欧盟。2007年1月1日，罗马尼亚、保加利亚正式加入欧盟。2013年7月1日，克罗地亚正式成为欧盟第28个成员国。

"欧洲"也是本书经常用到的一个名词。对于"欧洲"的具体范围，说法很多，也没有形成共识。在欧洲一体化的语境下，欧洲一般指大西洋联盟中的西欧国家，早期的欧洲一体化进程在地域上也仅限于具有共同社会制度和政治意识形态的西欧地区，除瑞士、挪威、冰岛三国外，西欧主要国家都加入了欧盟。冷战结束后，随着欧盟东扩进程的启动，欧洲的概念也逐渐扩大到加入或即将加入欧盟的、原属于社会主义阵营的部分东欧国家。因此，在本书的表述中，"欧洲"这一名词根据上下文内容具有相应的内涵。

外交政策与对外政策

"外交政策"与"对外政策"英文都是foreign policy，一般认为二者在概念上并无差别，都是指"一国处理国际问题和对外关系问题进行外交活动所遵循的基本原则和行动方针"[1]。也有学者认为，外交政策与外交（diplomacy）相联系，一般特指涉及传统的安全和政治领域的政策，是更为狭义的概念，对外政策则不仅包括外交政策的内容，还延伸到经济、文化等其他领域。[2]

欧盟不是一个国家，但与外部世界的关系发展涉及经济、政治等各个领域。早在欧洲经济共同体时期，成员国联盟就开始在对外经济政策领域进行协调。为推进成员国之间取消贸易壁垒、建立共同市场，《罗马条约》授权共同体机构在特定的对外关系领域实行共同政策。20世纪70年代，欧共体启动欧洲政治合作机制，开始在对外政治政策领域进行合作。90年代后，欧洲政治合作机制进一步发展为共同外交与安全政策，1999年又在共同外交与安全政策中分解出欧洲安全与

---

[1] 张季良主编：《国际关系学概论》，世界知识出版社1989年版，第76页。
[2] 陈志敏、［比利时］古斯塔夫·盖拉茨：《欧洲联盟对外政策一体化——不可能的使命?》，时事出版社2003年版，第139页。

防务政策。然而,欧盟官方并没有提出外交政策这一术语,欧共体和欧盟将其与第三方的关系及有关的政策统称为对外关系(external relations)。考虑到欧共体和欧盟对外关系发展的特殊性,本书采用对外政策这一概念统指欧盟各个历史时期的对外关系问题,包括对外经济关系和对外政治关系,在涉及对外政治关系时也会用到外交政策这一概念。

欧盟的对外政策

欧盟的对外政策包括第一支柱共同体的对外关系和第二支柱共同外交与安全政策。[①] 二者虽然具有相对的独立性,但一直存在协调,以实现对外政策的连贯性和一致性。在共同外交与安全政策的前身欧洲政治合作机制之时,就首次打破其与欧共体之间的界线,成立了内部工作组,协调欧阿对话。这种协调在《欧洲联盟条约》以来的历次条约修订中都得到加强,因此应该将二者结合起来,完整地理解欧盟的对外政策。

欧共体/欧盟的对外经济政策主要由贸易政策、发展合作政策与联系政策组成。欧共体对外推行的经济政策是联盟对外政策的最初形态,是联盟对外政策中最具有超国家色彩的组成部分,也是联盟对外政策最具可信性和最具影响力的方面。[②] 贸易政策是欧洲一体化程度最高的领域,作为超国家机构的欧盟委员会[③]具有排他性政策倡议权,只有它才能代表欧盟与其他国家和组织进行贸易谈判和签订有关协定。在世界贸易组织(WTO)谈判中,欧盟委员会贸易委员代表整个欧盟实施统一的对外立场。

发展政策是欧盟对外经济政策的另一个重要组成部分。从20世纪60年代末期开始,以《罗马条约》为基础建立的共同体与海外国家及领地的联系制度为基础,逐渐形成发展政策,主要手段是建立有利于

[①] 扩大政策也是欧盟一项重要的对外政策,考虑到本书的主要研究内容,在此不做讨论。

[②] 陈志敏、[比利时]古斯塔夫·盖拉茨:《欧洲联盟对外政策一体化——不可能的使命?》,第139页。

[③] 前身是欧洲共同体委员会,1993年改称欧盟委员会。

联系国的优惠贸易安排和提供各种援助。目前，欧盟已经成为国际上最大的发展援助提供者，以及世界上最大的人道主义援助提供方。[①]正是在共同对外贸易立场、对外援助等领域，欧盟形成了迄今为止真正"共同的"和最有效的外交政策。[②]进入20世纪90年代后，对外经济政策的目标和政策机制都开始具有浓厚的政治色彩，受援国的民主、法治、人权和自由状况成为欧盟提供援助的前提条件。对外经济政策被逐步纳入欧盟统一的对外政策框架之中，成为共同政治立场的一个重要支撑。

欧洲政治合作机制

欧盟对外政治政策的形成与发展经历了从欧洲政治合作机制到共同外交与安全政策这样一个过程。早在欧洲煤钢共同体创建之时，就提出协调成员国的外交政策，[③]由于成员国之间的分歧，建立具有超国家性质政治共同体的努力没有成功。20世纪60年代末，苏联武装入侵捷克斯洛伐克，美国的霸权地位受到越南战争的打击，西欧国家在对苏联恐惧的同时也对美国深感失望，迫切感到加强政治和安全政策协调的必要性。1969年12月初，欧共体海牙国际会议重新提出政治合作问题。1970年10月，欧共体通过《关于欧洲政治统一的报告》（又称"卢森堡报告"或"达维尼翁报告"），决定加强成员国政府之间的合作，协调成员国的外交政策。报告要求成员国定期交换信息和进行磋商，以确保在国际政治重大问题上增进互相理解；加强团结与合作，尽可能协调彼此的观点与立场；采取共同的行动。为此，报告

---

① Jackie Gower ed., *The European Union Handbook*, second edition, London: Fitzroy Dearborn Publishers, 2002, p. 279.
② 冯仲平:《关于欧盟外交政策的几个问题》，《现代国际关系》2006年第4期。
③ "Draft treaty embodying the Statute of the European Community, Adopted by the Ad Hoc Assembly in Strasbourg (European Political Community Treaty), 10 March 1953", in Christopher Hill and Karen E. Smith, eds., *European Foreign Policy: Key Documents*, London and New York: Routledge, 2000, pp. 32–46.

设计了具体的政治合作机制，拉开了欧洲政治合作的序幕。①

欧洲政治合作机制属于严格的政府间主义性质，合作的范围仅限于外交政策事务，并且尽量避开共同体，从而使"欧洲政治合作机制不干涉共同体，共同体不会干涉欧洲政治合作机制"②。欧洲政治合作机制的出现，标志着欧共体外交政策一体化的开始，③ 在促进欧共体成员国通过磋商和协调实现共同立场乃至联合行动方面，该机制发挥了虽然有限但重要的作用。④

此后，欧共体通过一系列的文件，推动欧洲政治合作机制获得持续和重要的发展。1973年7月，欧共体九国外长通过《哥本哈根报告》，决定增加召开外长会议的频率，建立欧洲联络员小组，在各国外交部之间建立安全通信体系，加强成员国驻在第三国及国际组织的外交官之间的合作。根据哥本哈根会议的决定，"集体外交的日常工作体制"也建立起来。⑤ 1981年10月，欧共体十国的外长发表《伦敦报告》，重申在重大外交问题上，成员国在制定政策、表明立场之前，首先进行相互协商；首次提出将"安全的政治方面"的问题纳入政治合作讨论范畴；设立两种"三驾马车"机制，一种是由前任、继任和现任轮值主席国与第三国进行对话的机制，另一种是前任和继任轮值主席国派代表协助现任轮值主席国进行日常工作的非正式秘书处机制；同意共同体委员会全面参与政治合作；提出应对紧急状况的危机处理

---

① "First Report of the Foreign Ministers to the Heads of State and Governments of the Member States of the European Community (the Davignon or Luxembourg Report), Luxembourg, 27 October 1970", in Christopher Hill and Karen E. Smith, eds., *European Foreign Policy: Key Documents*, pp. 75-80.

② Simon J. Nuttall, *European Political Co-operation*, Oxford: Oxford University Press, 1992, p. 51.

③ 王皓昱：《欧洲合众国：欧洲政治统合理想之实践》，台北杨智文化事业股份有限公司1997年版，第85页。

④ 朱明权：《欧盟共同外交和安全政策与欧美协调》，文汇出版社2002年版，第70页。

⑤ Christopher Hill and Karen E. Smith, eds., *European Foreign Policy: Key Documents*, p. 83.

程序。① 1986年，欧共体12个成员国签署《单一欧洲法令》，首次以条约的方式将欧洲政治合作机制纳入共同体的框架之中，并在机构、程序上做了相应的规定，使欧洲政治合作机制有了正式的法律依据，为欧盟共同外交与安全政策的诞生奠定了坚实的基础。

共同外交与安全政策

经过近二十年的发展，欧洲政治合作机制在促进欧共体成员国政治和安全合作的同时，其局限性也日益明显地暴露出来。20世纪80年代末90年代初，东欧剧变、华约解体、世界两极格局瓦解，在应对海湾危机、南斯拉夫危机等问题时，欧洲政治合作机制不仅没能采取有效的措施，还造成成员国之间的分歧。经过反思，欧共体成员国认识到，为了有效地维护自身利益，并在国际事务中有所作为，就不能局限于深化经济联合，还必须加强在政治和防务安全领域的联合，使欧共体拥有与其经济地位相称的政治实力和防务手段。

1991年12月，由欧共体12国首脑组成的欧洲理事会通过《欧洲联盟条约》，在欧共体的基础上建立欧洲联盟，原有的欧洲政治合作机制提升为共同外交与安全政策，并正式列为欧盟的三根支柱之一，成为欧盟建立统一对外政策进程中的重要里程碑。共同外交与安全政策从深度和广度两方面加强了原有的政治合作机制：在合作范畴上，共同外交与安全政策"涉及外交与安全政策的所有方面"，"应包括与联盟安全有关的一切问题，包括最终制定一项可适时走向共同防务的政策"；② 在政策工具上，在原来共同立场的基础上增加了联合行动。通过引入共同体的机构和程序，共同外交与安全政策的制度化建设也得到加强。但在欧盟的三根支柱中，共同外交与安全政策仍然属于政府间合作性质，与司法与内政事务合作一样，只有共同体事务具有超

---

① "Report Issued by the Foreign Ministers of the Ten on European Political Co-operation (the London Report), London, 13 October 1981", in Christopher Hill and Karen E. Smith, eds., *European Foreign Policy: Key Documents*, pp. 114–119.

② 戴炳然译：《欧洲共同体条约集》，复旦大学出版社1993年版，第488页第J.1条、第490页第J.4条。

国家特性。

1999年,《欧洲联盟条约》(即《阿姆斯特丹条约》)生效。与《马斯特里赫特条约》相比,《阿姆斯特丹条约》强化了共同外交与安全政策的政策工具,在共同立场和联合行动这两种主要的政策工具之外,增加了共同战略。在决策机制方面,引入了"建设性弃权"程序,虽然成员国的一致同意仍是决策的基础,但少数成员国弃权并不妨碍决策通过;特定多数表决程序的应用范围也得到扩大。共同防务政策的内容得到充实,首次明确欧盟可以利用西欧联盟执行彼得斯堡任务,即"人道主义和救援任务、维持和平任务,以及在包括缔造和平在内的危机管理中作为战斗力量的任务"。新设立了"共同外交与安全政策高级代表"一职,由理事会秘书长兼任,在理事会的授权下代表共同外交与安全政策进行对外活动。高级代表下面设立"政策计划和预警小组"(PPEWU),使共同外交与安全政策具备了信息收集、分析和计划的能力。此外,条约首次规定联盟在一定条件下可以对外缔结涉及共同外交与安全政策事项的国际协定。①

欧盟安全与防务政策

1998年爆发的科索沃危机促进了欧盟安全与防务政策的产生。当年12月,英法发表《圣马洛宣言》,就欧洲防务问题达成共识,推动欧洲共同安全和防务政策取得实质性发展。在此基础上,扩大在即的欧盟于2001年谈判签署《尼斯条约》,在对外政策方面,进行了制度改革,使欧盟从15国扩大到27国后仍能正常运转,并进一步强化了合作:首先,扩大了欧盟理事会使用"特定多数原则"表决的应用范围;其次,扫除了"强化合作"的障碍,明确规定除防务领域外,只要有8个国家同意,就可以在某一领域开展"强化合作"。欧盟共同安全与防务政策取得的进展在《尼斯条约》中也得到反映。此外,条

---

① "Treaty of Amsterdam, Brussels, 19 June 1997", in Christopher Hill and Karen E. Smith, eds., *European Foreign Policy: Key Documents*, pp. 170 – 182.

约对政治与安全委员会的地位和职责也做出了规定。① 尼斯会议后，欧盟的防务建设进程加快。

地中海地区

本书所指的"地中海地区"并非地理性概念，而是欧盟建构出来的政治性概念。1972 年，欧共体出台"环地中海政策"（the Global Mediterranean Policy），把地中海地区定义为"一个相对同质的区域"，这一概念开始逐渐形成，并随着 20 世纪 90 年代"欧盟—地中海伙伴关系"的出台而被广泛使用。②

地中海是欧洲的南部边界，沿岸包括西班牙、法国、摩纳哥、意大利、马耳他、斯洛文尼亚、克罗地亚、波斯尼亚和黑塞哥维那、黑山、阿尔巴尼亚、希腊、土耳其、塞浦路斯、叙利亚、黎巴嫩、以色列、巴勒斯坦、埃及、利比亚、突尼斯、阿尔及利亚、摩洛哥等国。在地中海北岸的国家中，法国和意大利为欧共体创始成员国，希腊、西班牙两国先后在 1981 年、1986 年加入欧共体，马耳他、塞浦路斯、斯洛文尼亚等国在 2004 年正式加入欧盟，克罗地亚在 2013 年正式成为欧盟第 28 个成员国。黑山、阿尔巴尼亚、土耳其为欧盟候选国。波斯尼亚和黑塞哥维那 2008 年与欧盟签署《稳定与联系协议》，迈出加入欧盟的重要一步。

冷战后，为应对地中海地区的局势变化，欧盟 15 国在 1995 年与阿尔及利亚、塞浦路斯、埃及、以色列、约旦、黎巴嫩、马耳他、摩洛哥、巴勒斯坦、叙利亚、突尼斯和土耳其等地中海沿岸国家联合发表《巴塞罗那宣言》，建立了欧盟—地中海伙伴关系。欧盟对这些地中海伙伴国家的政策，就是本书的主要研究对象。考虑到马耳他和塞浦路斯已经加入欧盟，土耳其也是欧盟候选国，本书不再专门论述这三个国家。因此，如无特别标注，本书所指的地中海国家，仅指欧盟

---

① 陈志敏、[比利时] 古斯塔夫·盖拉茨：《欧洲联盟对外政策一体化——不可能的使命?》，第 139 页。

② 唐虹、顾怡：《试析欧盟地中海政策的局限性》，《欧洲研究》2011 年第 5 期；郑启荣主编：《全球视野下的欧盟共同外交和安全政策》，世界知识出版社 2008 年版，第 325 页。

的地中海伙伴国，也就是地中海南岸的中东国家，这些国家除以色列外，叙利亚、黎巴嫩、巴勒斯坦、埃及、利比亚、突尼斯、阿尔及利亚和摩洛哥等八国都是阿拉伯国家，这使阿拉伯世界与欧盟地中海政策关系密切，互相影响。因此，为更好地理解欧盟的地中海政策，本书还将涉及欧盟对地中海沿岸国家之外的阿拉伯国家的政策。

阿拉伯世界

阿拉伯世界由阿拉伯国家组成，他们建立了地区性国际组织——阿拉伯国家联盟，简称"阿拉伯联盟"或"阿盟"。阿盟的成员国，一般以阿拉伯人为主，以阿拉伯语为官方语言，绝大部分人信奉伊斯兰教。阿拉伯国家联盟于1945年3月22日在开罗成立，目前有22个成员，创始成员国为埃及、叙利亚、黎巴嫩、伊拉克、外约旦（今约旦）、沙特阿拉伯和也门。其他成员按照入盟时间分别为利比亚（1953），苏丹（1956），突尼斯和摩洛哥（1958），科威特（1961），阿尔及利亚（1962），巴林、阿曼、卡塔尔和阿拉伯联合酋长国（1971），毛里塔尼亚（1973），索马里（1974），巴勒斯坦解放组织（1976），吉布提（1977），科摩罗于1993年9月也加入阿拉伯国家联盟。本书涉及的主要是与欧盟关系密切的阿拉伯国家，包括马格里布国家、地中海南岸的马什里克国家、海湾合作委员会六国及伊拉克和也门。

马格里布（Maghrib）一词为阿拉伯语，意思为"日落的地方""西方"，指埃及以西的北非四国摩洛哥、阿尔及利亚、突尼斯、利比亚。大马格里布除上述四国外还包括毛里塔尼亚。1989年，摩洛哥、突尼斯、阿尔及利亚、利比亚、毛里塔尼亚五国组成阿拉伯马格里布联盟。1995年以后，由于成员国在洛克比危机和西撒哈拉问题上产生分歧，联盟活动基本停顿。

马什里克（Mashriq）一词在阿拉伯语中意思为"日出的地方""东方"，与马格里布相对，指埃及和埃及以东的广大阿拉伯地区。埃及、约旦、叙利亚、黎巴嫩及巴勒斯坦是欧共体环地中海政策及欧盟地中海伙伴关系的重要对象，在一些欧共体/欧盟文献及研究文章中也用马什里克这个整体概念来指代他们。为方便行文，本书按照欧共体/欧盟的习惯，用整体概念马什里克指代埃及、约旦、叙利亚、黎巴嫩及巴勒斯坦。

海湾合作委员会，全称海湾阿拉伯国家合作委员会，简称海合会，1981年5月成立。海合会成员国为阿拉伯联合酋长国、阿曼、巴林、卡塔尔、科威特和沙特阿拉伯。海合会积极加强集体防御能力，于1985年10月正式成立由各国共同组建的"半岛之盾"联合部队，1992年5月成立高级安全委员会，负责处理海湾地区的和平与安全问题，并致力于加强成员国的防务能力。海合会积极推动成员国之间的经济一体化进程，于2003年1月1日正式启动关税联盟，并在2008年1月1日正式启动共同市场。此外，海合会还致力于在2010年发行统一货币。2001年12月，也门被批准加入海合会卫生、教育、劳工和社会事务部长理事会等机构，参与海合会的部分工作。

中东

"中东"是近代西欧殖民主义势力向东扩张后才开始使用的政治地理概念，是"欧洲中心论"的产物。殖民主义者把"东方"按照距离西欧的远近分为"近东""中东"和"远东"。经过长期的使用，中东一词确定下来成为约定俗成的地理区域概念，但其范围没有明确和严格的界限。中东的地理范围一般有广义和狭义两种不同的划分。广义的中东泛指西起大马格里布地区五国、东到阿富汗、北到土耳其、南到阿拉伯半岛南端的广大区域，范围最大的中东概念除阿盟22国外还包括以色列、土耳其、伊朗、阿富汗和巴基斯坦。狭义的中东是指除大马格里布五国以外的国家和地区，范围最小的中东概念仅指阿拉伯东方地区，即马什里克国家。土耳其和塞浦路斯尽管在地理上属于中东地区的一部分，但他们自认为属于欧洲并积极申请加入欧盟，土耳其是欧盟候选国，塞浦路斯在2004年5月1日正式加入欧盟。

第二节 国内外研究概况及档案文献介绍

欧共体/欧盟自成立以来一直受到国内外学者的关注，特别是欧共体/欧盟的对外政策，是学者研究的重要课题，发表了较多的学术成果。

一 国内学者的研究

早在1989年，伍贻康就出版《欧洲共同体与第三世界的经济关系》[①] 一书，专门探讨欧共体的发展合作政策。20世纪90年代，随着冷战的结束以及欧盟共同外交与安全政策的日益深化发展，国内对欧盟对外政策的研究也逐渐深入。欧盟和中国关系的改善以及"中欧高等教育合作项目"的启动，对中国的欧盟研究，特别是关于欧盟政治和对外政策的研究，起了重要的推动作用，有关欧盟对外政策的专著相继出版。

对于欧盟的国际行为体身份，研究者已经没有异议。张茂明所著《欧洲联盟国际行为能力研究》借助建构主义理论，通过对欧盟国际行为体身份、国际行为能力及其施行状况的系统分析，探讨欧盟作为一个有能力、有成效的行为体在国际社会发挥作用的程度。[②] 在欧盟对外政策的理论研究方面，朱明权所著《欧盟共同外交和安全政策与欧美协调》[③] 是国内关于欧盟共同外交与安全政策的第一本专著，对欧盟共同外交与安全政策的历史发展及其与美国关系的演变作了翔实和具有开创性的研究。陈志敏、古斯塔夫·盖拉茨所著《欧洲联盟对外政策一体化：不可能的使命？》[④] 一书提出了欧盟对外政策一体化的概念，分析欧盟成员国在对外政策的几个核心领域，即共同对外经济

[①] 伍贻康主编：《欧洲共同体与第三世界的经济关系》，经济科学出版社1989年版。
[②] 张茂明：《欧洲联盟国际行为能力研究》，当代世界出版社2003年版。
[③] 朱明权：《欧盟共同外交和安全政策与欧美协调》，文汇出版社2002年版。
[④] 陈志敏、[比利时]古斯塔夫·盖拉茨：《欧洲联盟对外政策一体化——不可能的使命？》，时事出版社2003年版。

政策、共同外交与安全政策、欧洲安全与防务政策和扩大政策等领域发展共同政策的历史、机制和理论，探讨欧盟作为国际行为体的属性特征、欧盟对外政策一体化的发生机制、业已达到的水平、未来的发展趋势以及对中欧关系的影响。在有关欧盟对外政策的研究中，对经贸领域的问题及共同外交与安全政策本身的讨论相对较多。朱淦银所著《欧盟安全战略发展研究》[1] 根据欧洲一体化发展的历史进程，将欧盟的安全战略划分为冷战期间的"依赖时期"、从冷战结束到21世纪初的"启动时期"、从九一一事件到欧盟制宪前的"出台时期"和欧盟制宪以来的"改革时期"四个阶段，系统地探讨欧盟的安全环境、安全政策、安全组织及国际影响等。

在欧盟对外政策的具体实施方面，国内学者早期的研究主要集中于欧美关系、欧盟与中国关系等方面，关于欧盟与地中海世界关系的专门研究非常少。1995年《巴塞罗那宣言》的发表促进了对欧盟—地中海伙伴关系的讨论。[2] 海湾战争及2003年的伊拉克战争使欧美在中东问题上的分歧更加突出，激起学术界对欧盟的中东政策及其与美国差异的探讨。[3] 也有论文关注欧阿对话、欧盟与海湾合作委员会的关系等问题。[4] 巴塞罗那进程满十周年前后，探讨欧盟—地中海伙伴关系的论文再次

---

[1] 朱淦银：《欧盟安全战略发展研究》，军事译文出版社2009年版。

[2] 陈宣圣：《地中海面临的形势及西方的对策》，《国际展望》1995年第8期；正颂：《目光转向地中海——西方国家联手稳定欧洲南翼》，《世界知识》1995年第13期；于燕燕：《一个寻求发展与稳定的新群体——"欧洲—地中海自由贸易区"》，《世界知识》1996年第7期；李玉平：《欧盟"新地中海战略"刍议》，《欧洲》1997年第2期；李国发：《从地中海经济圈计划看阿拉伯国家面临的挑战》，《阿拉伯世界》1997年第3期；杨光：《欧盟的南地中海战略及其对南地中海国家的影响》，《西亚非洲》1997年第6期。

[3] 张宝祥：《欧美逐鹿中东》，《人民论坛》2002年第10期；肖友瑟：《浅析欧美之间在伊拉克问题上的分歧》，《德国研究》2003年第2期；赵慧杰：《欧盟中东政策的特点》，《亚非纵横》2005年第3期；李荣、唐志超：《美欧在中东的深层角力》，《亚非纵横》2005年第3期；戴启秀：《欧美中东政策差异及欧盟中东方案探析》，《阿拉伯世界》2005年第5期。

[4] 林松业：《欧盟与海湾国家的合作》，《西亚非洲》2000年第6期；汪波：《欧盟与海湾国家合作伙伴关系的建立与发展》，《阿拉伯世界》2005年第3期；尹斌：《后冷战时代的欧盟中东战略与伊朗核问题》，《北京航空航天大学学报（社会科学版）》2006年第3期；汪波：《欧盟推动下的中东区域经济合作》，《阿拉伯世界研究》2008年第1期。

涌现。① 欧盟对中东和平进程的参与一直受到学术界的关注。②

随着国际和地区局势的发展，学术界关于欧盟与中东和地中海地区关系的研究不断深入。特别是2010年底中东变局爆发，促使学者们思考地中海局势对欧盟政策的影响。他们运用历史逻辑与现实政治相结合的实证主义方法，梳理欧盟对中东的政策，并探讨欧盟政策调整背后的利益动机。③ 中东的局势动荡冲击着欧盟的安全、社会稳定和经济利益。学者们探讨难民问题、极端主义、非传统安全问题、中东民主化进程等因素对欧盟传统中东政策形成的巨大挑战。④ 地中海地区对欧盟有重要的政治、经济和战略意义。1995年巴塞罗那进程开始后，欧盟—地中海伙伴关系不断升级。学者们从历史学、法学、国际关系等不同学科入手，梳理欧盟与地中海关系发展的历史，分析欧盟与地中海合作的领域、层次和框架，探讨欧盟地中海政策的局限性和

---

① 郑先武：《试论"欧洲—地中海自由贸易区"》，《世界经济研究》2003年第2期；郑先武：《南北合作新模式：欧洲—地中海自由贸易区》，《开放导报》2003年第4期；王斌：《试析巴塞罗那进程》，《欧洲研究》2004年第2期；张华：《新地区主义与欧盟—地中海自由贸易区》，《世界经济与政治论坛》2005年第4期；严双伍、陈婕、李德俊：《试析"欧盟—地中海伙伴关系"战略》，《国际论坛》2005年第6期；余莉：《欧地协议：背景、内容及其影响》，《国际经济合作》2006年第3期；董入雷：《欧洲安全组织对地中海政策的比较研究》，《欧洲研究》2006年第4期；朱贵昌：《欧盟—地中海伙伴关系：进展与问题》，《国际问题研究》2006年第5期；沈芳：《巴塞罗那进程十五年：回顾与评估》，《当代世界》2010年第11期。

② 林燕：《欧盟在巴以冲突中的外交政策》，《西亚非洲》2004年第3期；杨辉：《由关注到积极参与：欧盟与中东和平进程》，《郑州大学学报（哲学社会科学版）》2006年第1期；钮松：《欧盟与巴勒斯坦民主化进程》，《西亚非洲》2010年第11期；张学昆：《欧盟参与中东和平进程：动因、角色与困境》，《欧洲研究》2008年第4期；钮松、路璐：《欧盟主要国家承认巴勒斯坦国之因及其影响》，《江南社会学院学报》2015年第4期等。

③ 张健：《欧盟对北非、中东政策的走势》，《现代国际关系》2011年第4期；房乐宪：《北非中东政局对欧盟的挑战及欧盟的政策应对》，《当代世界》2011年第4期；余国庆：《欧盟在中东变局中的政策调整》，《当代世界》2015年第10期；钮松：《中东乱局持久化背景下欧盟中东战略的调整及困境》，《当代世界》2020年第3期。

④ 余国庆：《反思与破局：难民劫下的欧盟中东政策趋向》，《当代世界》2016年第2期；王明进：《多重危机冲击下欧盟对外政策的调整》，《国际论坛》2018年第6期；忻华：《欧盟应对难民危机的决策机理分析》，《德国研究》2018年第3期；臧术美：《地中海联盟移民体系及其对难民危机的应对》，《社会科学》2018年第2期；杨娜、万梦琪：《多层级治理—政治系统理论视角下的欧盟难民政策研究——以两次难民问题为例》，《欧洲研究》2019年第1期。

前景。① 近年来，东地中海天然气开发及能源合作等问题成为学术界的关注点。②

随着欧盟对地中海国家和中东事务的参与增多，研究欧盟中东政策和双方关系的专著也陆续出版。尹斌所著《软实力外交：欧盟的中东政策》③ 研究欧盟中东政策的基础、主要内容和特点，认为多边主义、软实力、区域主义是贯穿欧盟中东政策的三大理念，全球和地区局势是影响欧盟中东政策的实践因素，对外政策形成机制是影响欧盟中东政策的制度因素，指出欧盟政策制定和执行上的局限性、中东局势动荡及其他大国介入制约着欧盟的中东政策进一步发挥作用。汪波所著《欧盟中东政策研究》④ 认为，欧盟在中东的主要目标是维护中东地区的和平稳定，扩大欧盟在当地的经济和政治利益，防止中东对欧盟的安全与稳定构成威胁。作者梳理欧盟与中东关系发展的历史，分析欧盟与中东地区的合作伙伴关系、欧盟推动中东次区域安全的构想、欧盟的反恐怖政策、欧盟推动巴以和平进程的努力等问题。钮松所著《欧盟的中东民主治理研究》⑤ 以全球治理为背景，考察欧盟与中东地区所有区域和国家的双边关系，研究欧盟中东民主治理的路径、动机和目标。作者认为，欧盟的民主化改革方案从经济合作入手，符合中东国家的长期诉求。欧盟的中东民主治理观念重视中东国家的主动性、渐进性和内源性，这与美国在中东强制推行的民主战略形成鲜

---

① 陈沫：《地中海联盟的由来与前景》，《西亚非洲》2008年第10期；郑先武：《构建南北合作新模式——建设中的地中海联盟解析》，《国际论坛》2009年第2期；陈琳：《欧盟——地中海合作伙伴关系与"欧盟特色"》，《理论界》2010年第9期；宋黎磊：《欧盟——地中海伙伴关系发展研究》，《同济大学学报（社会科学版）》2011年第6期；徐刚：《欧盟外部治理方式的转变及其困境：邻国政策的视角》，《国际关系研究》2013年第3期；唐虹、顾怡：《试析欧盟地中海政策的局限性》，《欧洲研究》2011年第5期；唐志超：《中东剧变以来环地中海国际关系的变化及影响》，《人民论坛》2020年第35期。

② 周锡生：《东地中海天然气开发——地区合作还是苦涩争夺》，《国际展望》2020第6期；曹慧：《欧盟对外能源政策：关系结构与发展工具》，《欧洲研究》2014年第2期；王晋：《能源撬动政治：博弈东地中海天然气开发》，《西亚非洲》2020年第5期。

③ 尹斌：《软实力外交：欧盟的中东政策》，光明日报出版社2010年版。

④ 汪波：《欧盟中东政策研究》，时事出版社2010年版。

⑤ 钮松：《欧盟的中东民主治理研究》，时事出版社2011年版。

明对比。余国庆所著《欧盟与中东关系》[1] 在梳理近代以来欧洲及欧盟与中东关系的基础上，分析英国、法国、德国等欧盟主要国家与中东的关系发展历程及其在当前中东重大热点问题上的立场和作用等，探讨欧盟影响中东事务的机制和力量的局限性。忻华所著《欧洲智库对欧盟中东政策的影响机制研究》探讨智库在欧盟对中东政策形成过程中发挥的作用。作者认为，智库是欧洲各利益集团向欧盟决策层传达利益诉求，施加影响力的重要渠道，欧盟智库高度参与了欧盟决策总体机制的构建和具体对外政策的实施。[2]

二 国外学者的研究

国外学术界对欧盟对外政策的研究比较深入，有关国外学术界对欧共体/欧盟对外政策方面的关注和研究历程，陈玉刚在《国家与超国家：欧洲一体化理论比较研究》一书中做了详细深入地介绍。[3] 本书主要介绍有关欧盟地中海世界政策的研究状况。考虑到欧盟的地中海伙伴与阿拉伯世界和中东的密切联系，本书将一起梳理相关研究。

欧盟的前身欧共体自20世纪70年代初就明确提出区别于美国的中东政策，积极发展与地中海国家的合作关系。欧共体的地中海政策引起学者的关注，相应的研究也开始出现。欧洲政治合作机制最重要的外交活动就是围绕阿以冲突问题进行，[4] 这方面的研究开展也较早。在20世纪80年代，学者们就出版了有关欧共体对阿以冲突政策的专著和论文，从欧共体成员国、以色列、阿拉伯世界等不同视角出发，多维度研究欧共体对阿以冲突政策的特点、决策过程及其与美国的关

---

[1] 余国庆：《欧盟与中东关系》，社会科学文献出版社2018年版。
[2] 忻华：《欧洲智库对欧盟中东政策的影响机制研究》，社会科学文献出版社2017年版。
[3] 陈玉刚：《国家与超国家：欧洲一体化理论比较研究》，上海人民出版社2001年版，第269—270页。
[4] Panayiotis Ifestos, *European Political Cooperation: Towards a Framework of Supranational Diplomacy?* Brookfield: Gower Publishing Company, 1987, p. xxii.

系，其中《中东和西方联盟》①、《欧洲外交政策制定和阿以冲突》②是比较重要的两本论文集。《欧洲政治合作机制：走向超国家外交的结构?》③ 在对欧洲政治合作机制进行深入研究时，把欧洲政治合作机制在阿以冲突问题中的外交作为案例进行分析，是研究欧共体地中海政策比较有代表性的著作。类似的著作还有《欧洲政治合作机制》。④

随着欧共体/欧盟地中海政策的发展，关于双方合作、对话的研究较多⑤。由于欧洲对中东石油的依赖，对欧洲与海湾地区关系的研究都与能源问题密切联系，《欧洲利益与海湾石油》⑥ 是英国政策研究院（Policy Studies Institute）和英国皇家国际事务研究所（Royal Institute for International Affairs）共同出版的研究报告。报告认为，欧洲在海湾石油方面的利益是国际关系中最重要的因素之一，欧洲对海湾石油供应情况将更加敏感。报告分析了欧洲和美国对中东的政策及其分歧，欧洲对海湾石油的依赖，并对海湾地区的局势进行了评估。

在1990年的海湾危机中，欧共体经过一个月的时间才形成部分共同政策，但成员国始终未能就军事干预问题达成共识。针对欧共体在应对海湾战争中的不力表现，学术界对欧共体外交政策合作机制缺陷产生的深层原因进行了探讨。恢复和发展欧洲与中东的关系成为学术

---

① Steven L. Spiegel ed., *The Middle East and the Western Alliance*, London: George Allen & Unwin, 1982.

② David Allen and Alfred Pijpers, eds., *European foreign policy - making and the Arab - Israeli conflict*, Leiden: Martinus Nijhoff Publishers, 1984.

③ Panayiotis Ifestos, *European Political Cooperation: Towards a Framework of Supranational Diplomacy?*

④ Simon J. Nuttall, *European Political Co - operation*.

⑤ Edmond Völker ed., *Euro - Arab cooperation*, Leiden: Sijthoff, 1976; Zuhayr Mikdashi, *Arab - European business cooperation: partners in development through resources and technology*, Montreux: Kluwer, 1978; Saleh A. Al - Mani', *Euro - Arab Dialogue: A Study in Associative Diplomacy*, London: Frances Pinter Publishers, 1983; Derek Hopwood ed., *Euro - Arab dialogue: the relations between the two cultures: acts of the Hamburg symposium, April 11th to 15th, 1983*, London: Croom Helm, 1985; Thomas L. Ilgen and T. J. Pempel, *Trading technology: Europe and Japan in the Middle East*, New York: Praeger Publishers Inc., 1987.

⑥ Valerie Yorke and Louis Turner, *European Interests and Gulf Oil*, Brookfield: Gower Publishing Company, 1986.

界关注的重要内容，论文集《中东和欧洲：权力赤字》，[1] 主要探究冷战后欧洲在中东的新机会，内容包括冷战后国际政治的变化及欧洲恢复在中东势力的可能性。《注定要合作——欧洲和中东》[2] 探讨世纪之交欧盟和中东的关系发展。欧洲与地中海伙伴关系的建立促进了相关研究的开展，《面向21世纪的欧洲—地中海伙伴关系》、[3]《走向阿拉伯和欧洲地中海地区一体化》[4] 等都是具有代表性的论著。

欧美在中东的分歧是研究欧洲与中东关系无法回避的问题，1998年出版的《大西洋联盟与变动的中东》[5] 一书专门对此问题进行了论述。2001年九一一事件后，美国相继对阿富汗和伊拉克进行了军事打击，美欧对伊拉克战争的不同态度及欧盟内部新、老欧洲的分歧引发了对大西洋联盟关系及欧盟政治合作前途的讨论，对欧盟与中东关系、欧盟中东政策的研究也不断出现新的成果[6]。总之，欧盟对地中海世界政策的相关研究受欧盟对外政策制度发展进程的影响，随着欧盟对外政策的发展和国际形势的变化而逐渐深入。

1973年石油危机使西方国家深切感受到阿拉伯世界的战略意义，西欧国家不论在政治上还是在经济上都迫切需要与阿拉伯世界建立整体合作关系，因此积极进行有关的研究。除以欧洲学者为代表的西方学者外，作为欧共体/欧盟地中海政策的直接相关方，阿拉伯学者也积极开展有关研究。阿拉伯世界面对得到美国支持的以色列的威胁，也

---

[1] B. A. Roberson, *The Middle East and Europe: The power deficit*, London and New York: Routledge, 1998.

[2] Sven Behrendt and Christian - Peter Hanelt, eds., *Bound to cooperate: Europe and the Middle East*, Gütersloh: Verlag Bertelsmann Stiftung, 2000.

[3] Hans G. Brauch, A. Marquina & A. Biad, eds., *Euro - Mediterranean Partnership for the 21st Century*, London: the Macmillan Press Ltd., 2000.

[4] Sébastien Dessus, Julia Devlin and Raed Safadi, eds., *Towards Arab and Euro - Med regional integration*, The World Bank, 2001.

[5] Philip H. Gordon, *The transatlantic allies and the changing Middle East*, Oxford University Press, 1998.

[6] Søren Dosenrode and Anders Stubkjær, *The European Union and the Middle East*, London: Sheffield Academic Press, 2002; Bat Ye'or, *Eurabia: the Euro - Arab axis*, Lanham: Fairleigh Dickinson University Press, 2005; Richard Youngs, *Europe and the Middle East: in the Shadow of September* 11, Boulder and London: Lynne Rienner Publishers, 2006.

迫切需要欧洲的支持来抗衡美国在中东的势力和影响。阿拉伯学者适应需要，对欧洲在阿拉伯世界的经济利益、欧阿合作与对话进行研究，出版了相关的研究成果。如，《欧洲和中东》、[1]《欧阿对话：对共同外交的研究》[2] 等。以色列学者对欧共体/欧盟地中海政策也非常关注。欧共体早期的对外政策主要体现在对阿以冲突的共同立场方面，并采取支持阿拉伯方面的立场，1980 年的《威尼斯宣言》是其具体体现。以色列学者对此密切关注，《欧洲的中东困境：寻求共同立场》[3] 就是一本具有代表性的著作。此外，一些有关的论文集中也收录了阿拉伯学者和以色列学者的相关研究。

中东变局也对欧盟国家产生了深刻的影响。这促使西方学者对欧盟的中东政策进行反思。《民主化阻碍民主：欧盟的对外政策如何在中东遭遇失败？》[4] 一书探讨欧盟在地中海南岸推广民主却遭受失败的原因。作者根据欧盟档案资料，结合民意调查结果，认为欧盟推行的民主理念与地中海南岸国家认同的内容相去甚远，二者的冲突集中于文化传统和社会经济发展程度的差异。欧盟提出的经济发展战略也没有反映出地中海地区人们追求社会正义和减少不平等的愿望。这种双重失败凸显了欧盟在地中海南岸地区推行民主的悖论：尽管名义上是解放性的，但实际上妨碍了当地民主和包容性的发展。论文集《欧洲—地中海关系 20 年》[5] 收录了自 1995 年欧洲—地中海伙伴关系建立后《地中海政治学刊》(Mediterranean Politics) 上发表的具有代表性的学术论文。这些论文关注欧盟与地中海地区的传统政治、经济和文化交往，也考察二者之间的民间交往、公共外交以及网络联系。

学术界关注欧盟成员国对欧盟政策形成的影响。《欧盟外交政策

---

[1] Albert Hourani, *Europe and the Middle East*, London: the Macmillan Press Ltd., 1980.

[2] Saleh A. Al-Mani', *Euro-Arab Dialogue: A Study in Associative Diplomacy*.

[3] Ilan Greilsammer and Joseph Weiler, *Europe's Middle East dilemma: the quest for a unified stance*, Boulder: Westview Press, 1987.

[4] Andrea Teti, Pamela Abbott, Valeria Talbot, Paolo Maggiolini, *Democratisation against Democracy: How EU Foreign Policy Fails the Middle East*, New York: Palgrave Macmillan, 2020.

[5] Richard Youngs, *Twenty Years of Euro-Mediterranean Relations*, London and New York: Routledge, 2015.

制定与中东冲突：国家外交政策的欧洲化》① 考察欧盟最主要的三个成员国，即英法德对欧盟外交决策的影响。这些成员国的国家外交政策经过相互博弈和融合，最终成为欧盟的集体意志。《北欧与欧盟地中海和中东政策的制定》② 研究欧盟地中海政策决策中的北欧因素。在欧盟对外政策形成过程中，南欧的成员国在欧盟的地中海政策中起主导作用，中欧和北欧国家则重点关注欧盟对东欧地区的政策。作者认为，欧盟内部存在"新老欧洲"和"南北欧洲"的竞争，这是欧盟不断扩张的结果，本质上是对欧盟领导权的再分配。北欧和中欧国家在地中海南岸同样有着不可忽视的利益诉求，他们在欧盟地中海政策中的话语权会不断上升。

欧盟对巴勒斯坦问题的政策一直是学术界关注的重要内容。《欧盟外交政策与哈马斯：矛盾与悖论》③ 主要研究2003年至2013年间欧盟对哈马斯的政策。作者以大量的欧盟档案文件和访谈为基础，结合田野调查，全面研究欧盟对哈马斯政策中的矛盾之处和造成此类现象的原因。作者认为，欧盟抵制哈马斯参与民主选举的政策行为与欧盟自身的民主信念和价值观相冲突，损害了欧盟的信誉。《欧盟与俄罗斯外交政策中的巴勒斯坦：国家地位与和平进程》④ 一书认为，欧盟与俄罗斯的巴勒斯坦政策都以推动巴以和解为核心，并以此扩大在中东地区的影响力。作者运用建构主义的理论框架，分析身份认同和自我认知在欧盟和俄罗斯制订中东和平进程相关外交政策中的作用。

东地中海地区的天然气合作是欧盟与地中海关系研究的新热点，但研究成果总体较少，《能源联盟：欧洲能源政策在东南欧和东地中

---

① Patrick Müller, *EU Foreign Policymaking and the Middle East Conflict: The Europeanization of National Foreign Policy*, London and New York: Routledge, 2012.
② Timo Behr and Teija Tiilikainen, *Northern Europe and the Making of the EU's Mediterranean and Middle East Policies: Normative Leaders or Passive Bystanders?* London and New York: Routledge, 2016.
③ Adeeb Ziadeh, *EU Foreign Policy and Hamas: Inconsistencies and Paradoxes*, London and New York: Routledge, 2017.
④ Malath Alagha, *Palestine in EU and Russian Foreign Policy: Statehood and the Peace Process*, London and New York: Routledge, 2016.

海的应用与成效（能源，气候和环境）》①是其中比较具有代表性的成果。作者认为，欧盟的能源供给主要来自东南欧和东地中海地区，而这两个区域都存在潜在的政治风险。

在这些成果中，虽然有不少学者关注到欧盟与中东的历史联系，但尚没有研究从殖民主义历史遗产的视角，探讨欧盟地中海政策的历史演变并进行综合分析。

三 档案文献介绍

欧共体/欧盟丰富的档案资料为本研究的顺利进行提供了便利条件。早在1985年欧共体就在中国设立了5个欧共体官方出版物寄存馆，保存欧共体/欧盟寄赠的官方出版物，包括官方文件《欧共体官方公报》（*Official Journal*）、《委员会文件》（*COM Documents*）、《欧洲统计资料》（*Eurostat*），以及欧共体自创立到发展为欧盟期间，制定和发布的各类条约、文件、立法草案等，从一个议案的提出到最后的决议，所经过的历次会议辩论过程，均有文件记载。国内外也编纂出版了专门的文件集。克里斯托弗·希尔（Christopher Hill）与凯伦·史密斯（Karen E. Smith）共同主编的《欧洲对外政策：主要文件》②比较完整地收录了2000年之前欧共体/欧盟有关对外政策的重要文件。此外，互联网也是获取欧共体/欧盟档案文献的便利渠道。

第三节 研究的意义与内容

一 研究的意义

国内外学术界都有对欧盟地中海政策的探讨，但从殖民主义历史遗产的视角进行系统、深入的整体性研究尚不多见。1995年开始的巴

---

① Michalis Mathioulakis, *Aspects of the Energy Union*: *Application and Effects of European Energy Policies in SE Europe and Eastern Mediterranean* (*Energy, Climate and the Environment*), London: Palgrave Macmillan, 2021.

② Christopher Hill and Karen E. Smith, eds., *European Foreign Policy*: *Key Documents*, London and New York: Routledge, 2000.

塞罗那进程标志着欧盟地中海伙伴关系的确立。然而，欧盟地中海政策的起源，应该追溯到20世纪70年代的欧阿对话及欧共体环地中海政策。在欧盟地中海政策的决策、实施及遇阻过程中，欧盟主要成员国与中东的历史联系特别是这些国家在当地的殖民遗产，发挥着重要的影响。因此，深入研究欧盟的地中海政策，需要站在历史的高度，系统梳理欧盟与地中海国家关系发展的历程，结合欧盟主要成员国在当地的殖民历史及其影响，进行深入分析。

国家利益是解释国际关系中国家对外政策行为的关键。欧盟虽然并非超国家行为体，但作为国际行为体，其对外政策的目的和动机也应该是维护和增进欧盟及其成员国的整体利益。因此，本研究尝试借用国家利益的概念对体现在地中海世界的"欧盟利益"进行探讨，从而分析欧盟对地中海政策的目的和动机。但这些利益涉及地缘政治、能源、经济、移民、安全等诸多领域的问题，把握起来有较大难度，只能是努力进行尝试。

研究欧盟的地中海政策具有很强的现实意义。在一定程度上，欧盟的政治合作始于成员国对阿以冲突的共同立场，对欧盟地中海政策进行历史性的研究，有助于进一步探讨欧盟政治合作的前景。作为国际社会的一个重要力量，欧盟在地中海地区乃至国际政治中发挥作用的方式，以及欧盟同其他重要国际行为体的利益关系，对国际局势具有重要影响。分析欧盟对地中海世界的政策，有助于认识国际政治走向，对最大限度地维护和促进我国在当地的全面利益，也可以提供一定借鉴。

二 研究方法和主要内容

本书研究欧盟的具体对外政策实践，在坚持马克思辩证唯物主义的历史唯物主义的基础上，综合采用历史学和国际政治学的研究方法，论述、分析欧盟对地中海政策，力求做到历史与现实相结合、实践与理论相结合。

从欧共体到欧盟，对地中海国家的政策是不断深入发展和演变的历史过程，离开了对这个历史演变过程的梳理，将无法深入地分析现实问题。本书利用历史分析法，首先梳理欧共体/欧盟对地中海国家政策由支离破碎到巴塞罗那进程发展10周年的历史脉络。因此，本书的研究主要围绕2006年以前的历史展开。在梳理欧盟对外政策发展过程时，也并非单纯地叙述史实，而是站在现实的角度，把历史与现实的新情况结合起来，利用相关国际政治理论进行分析，以求更深刻地理解欧盟错综复杂的对外政策。在分析欧盟对地中海政策的目的和动机时，采用要素分析法，将欧盟在地中海南岸及其纵深地区的利益构成分别予以分析。最后，将采用国际政治中的层次分析法研究制约欧盟对地中海政策的因素。层次分析法是国际关系研究中一种常用的方法。国内变量、国家变量和国际变量是我们通常观察分析国际关系的三个层次。针对欧盟这样一个特殊国际行为体，笔者将尝试从欧盟成员国、欧盟本身及欧盟所处的国际格局这三个层次入手，分析制约欧盟对地中海政策的因素。

本书的正文由五部分组成。第一章梳理西欧列强征服地中海南岸地区的历史，在此基础上，分析殖民主义在当地的遗产。接下来的两章集中论述欧盟对地中海政策的形成背景、内容和特点，其中第二章主要论述冷战时期欧共体对地中海政策从无到有、从支离破碎到形成共同立场、从仅有对外经济政策到形成对阿以冲突共同立场的历史过程。第三章主要分析海湾危机及其后的欧盟对地中海政策，重点主要集中在欧盟对地中海阿拉伯国家的政策。第四章探讨欧盟对地中海政策的目的和动机。借用国际关系中分析主权国家对外政策行为的概念"国家利益"来分析欧盟在地中海世界战略利益的构成，包括历史联系和殖民遗产、地缘政治、能源、市场、安全等因素。第五章研究制约欧盟对地中海政策的因素。由于欧盟是非国家行为体，它的对外政策不同于主权国家的对外政策，其对外政策的制定实施受到诸多因素的制约。这章从欧盟本身对外政策的制度安排、成员国国家利益与欧盟共同利益的矛盾分歧以及国际格局等几个层次分析欧盟地中海政策的局限性及其产生的根源。本书的结论部分，在对以上章节进行概括总结的基础上，探讨欧盟在地中海政策方面的"能力—期望值差距"。

第 一 章

欧洲殖民主义对地中海南岸的征服与败退

欧洲各国与地中海南岸地区有着悠久的历史联系，17世纪以后这种联系主要体现为西欧列强，尤其是英、法殖民主义对当地的侵略与征服。第二次世界大战后，美苏争霸的两极格局取代以欧洲为中心的国际格局，经过两次世界大战打击而衰落的西欧殖民主义国家逐渐退出对地中海南岸地区的争夺，最终丧失在当地的势力与利益，其标志性事件就是苏伊士运河战争[①]。

第一节 欧洲列强对地中海南岸的瓜分

欧洲与地中海南岸的接触很早就已经开始。西方资本主义兴起后，欧洲列强对西亚和北非的殖民与侵略是双方关系的主要形态。作为最早兴起的西欧资本主义国家，英、法、德、意等国通过殖民征服，与西亚北非地区建立了密切的历史联系，这种联系对日后欧盟的地中海政策产生了重要影响。

一 欧洲与地中海南岸的历史渊源

历史上，欧洲与地中海南岸联系密切，交往频繁。古希腊和罗马的文明滋养了地中海南岸世界，当地的阿拉伯—伊斯兰文明又为欧洲

---

① 苏伊士运河战争又称"第二次中东战争"。

文艺复兴做出了巨大贡献。率先完成现代化的欧洲则通过文化和经济渗透，影响着地中海南岸及其纵深地区。武力的征服与被征服是双方交流的重要形式，阿拉伯人和奥斯曼帝国曾征服过部分欧洲地区，但更多是欧洲人对地中海南岸地区的征服。

早在8世纪初，阿拉伯人就控制了西班牙，并在9世纪时征服了整个西西里岛。"十字军"东征时期，以法国、英国、德国、意大利封建主为首的"十字军"打着宗教的旗号，对地中海沿岸地区进行大规模的侵略，时至今日仍然难以消除影响。[①] 奥斯曼土耳其人不仅征服了整个阿拉伯世界，也征服了地中海北岸的南欧和巴尔干半岛，建立了横跨欧、亚、非三大洲、盛极一时的奥斯曼帝国。

二 欧洲列强在地中海南岸的争夺

18、19世纪，奥斯曼帝国日益衰落，成为西方列强竞相争夺的对象。资本主义国家把中东当作通向东方世界的桥梁，掀起瓜分奥斯曼帝国的狂潮，俄、英、法、奥等国为此争斗不休，在国际上形成"东方问题"。在这个背景下，北非和西亚的地中海沿岸国家都沦为欧洲列强的殖民地或保护国。

（一）欧洲列强对北非地中海沿岸的瓜分

英法两国对埃及的争夺在18世纪末达到高峰。1798年，法国远征军占领埃及，并北上入侵叙利亚。法国的侵略活动直接威胁到英国通往海外殖民地印度的交通线，在英军、奥斯曼军队以及当地民众的共同抵抗下，法国入侵叙利亚的战争失败，后被迫撤出埃及。埃及摆脱奥斯曼帝国控制后，对欧洲列强的依附加深，外国资本大规模涌入，特别是修建苏伊士运河，导致埃及财政破产，债权国英法趁机控制了埃及。1869年苏伊士运河的开通，进一步增强了埃及在英法殖民战略中的重要地位。1882年，英法武装干涉埃及，但法国既要镇压突尼斯

[①] 2001年，美国总统小布什在九一一事件后的新闻发布会上，用"十字军东征"形容打击恐怖分子的战争，引起一些阿拉伯国家和穆斯林团体的不满。白宫发言人为此正式道歉，解释小布什使用的是英语原词的传统含义，意思是"广泛的事业"。

的起义，又面临德国的威胁，被迫撤离，英国单独占领埃及与苏伊士运河区，对当地进行殖民统治和经济掠夺。第一次世界大战爆发后，英国强化了对埃及的控制。1936年，英国政府又迫使埃及政府签订英埃条约，取得在苏伊士运河区驻军20年的权利。

19世纪末20世纪初，法国对马格里布地区发动了持续的征服战争。1830年，法国入侵阿尔及利亚，经过长期的殖民战争，最终在1905年征服这个国家，阿尔及利亚沦为法国殖民地。在征服阿尔及利亚的过程中，法国残酷镇压当地人民的反抗，大规模掠夺土地，控制了这个国家的经济命脉，并推行同化政策，强迫阿尔及利亚人接受法语和法国文化，同时致力于改变当地社会的人口构成比例，积极鼓励法国人和欧洲人移居阿尔及利亚。第二次世界大战期间，阿尔及利亚人积极投身反对法西斯的战争，首都阿尔及尔曾是北非盟军指挥部所在地，一度成为法国的临时首都。但二战结束后，法国继续强化殖民统治，遭到阿尔及利亚人的强烈反抗。直到1962年，阿尔及利亚革命取得胜利，最终获得国家独立。

法国从1837年开始争夺突尼斯，在1881年与突尼斯签署《巴尔杜条约》，确立对突尼斯的占领。1883年，法国又强行与突尼斯签订新的条约，使突尼斯在保护国的名义下沦为法国的殖民地。欧洲列强对摩洛哥的侵占始于15世纪。19世纪下半叶，法国、德国、西班牙、英国以及美国等列强加紧对摩洛哥的渗透争夺。最终法国在1912年强迫摩洛哥签署《非斯条约》，将其置为保护国。在此基础上，法国又同西班牙和英国达成协议，将摩洛哥划分为3个区：法国属地、西班牙属地和国际共管区。在突尼斯和摩洛哥，法国都推行去本土化的政策，仅在名义上保留他们的国家首脑和行政机构，实际上权力都掌握在法国人手中。

法国1881年侵占突尼斯后，就准备兼并利比亚，但遭到其他列强的反对。英、意、西、奥等国特地缔结协议，要求维持地中海地区的原状。但意大利却通过与英、德、奥、西等国以及法国和俄国签署利益交换协议，得到他们的准许，准备侵占利比亚。1911年，意大利取得对土耳其战争的胜利，两国在1912年签署《洛桑合约》，承认了意大利对利比亚的侵占。这样，到19世纪末20世纪初，西方列强几乎瓜分了奥斯曼帝国在北非的全部领地。

（二）欧洲列强对西亚地中海沿岸的瓜分

19世纪初，西亚的地中海沿岸都属于奥斯曼帝国的边远省份。西方列强趁奥斯曼帝国衰落之际，加紧在当地扩张势力。到19世纪末，叙利亚、黎巴嫩和巴勒斯坦基本上成为英法两国的舞台。第一次世界大战爆发后，奥斯曼帝国加入德国一方对英法作战。为争取阿拉伯人的支持，英国答应麦加的谢里夫侯赛因·本·阿里，[1] 战后在奥斯曼帝国亚洲阿拉伯属地建立独立的阿拉伯国家，侯赛因则发动反对奥斯曼土耳其的阿拉伯大起义，配合英军作战。[2] 侯赛因和英国驻埃及高级专员亨利·麦克马洪在1915年以通信的形式对此进行相互保证，这就是《侯赛因—麦克马洪通信》。[3]

但在阿拉伯大起义前不久，英国就背着阿拉伯人，在1916年与法俄两国达成战后瓜分奥斯曼帝国亚洲部分的秘密协定，即《赛克斯—皮科协定》，其主要内容包括：

法国直接占有黎巴嫩和叙利亚沿海地区及土耳其部分地区；
英国直接占有伊拉克中部和南部以及巴勒斯坦的海法和阿卡两港；
巴勒斯坦中部地区建立国际行政机构；
在叙利亚东部和摩苏尔（合称"甲区"）以及伊拉克北部和

---

[1] 谢里夫，阿拉伯文音译，行政长官之意，"麦加的谢里夫"由先知穆罕默德之女法蒂玛的后裔世袭，专司看管伊斯兰圣地之职，地位极高。

[2] 通信的具体内容见《麦克马洪—侯赛因书简》，载尹崇敬主编《中东问题100年》，新华出版社1999年版，第7—9页。

[3] 对于巴勒斯坦是否属于麦克马洪在通信中承诺的阿拉伯独立国家的领土范围，英国政府和阿拉伯人各执一词。乔治·安东尼斯在《阿拉伯人的觉醒》中首次向西方读者披露了《侯赛因—麦克马洪通信》的全部内容，他认为巴勒斯坦包含在麦克马洪承诺的范围之内。具体参见 George Antonius, *The Arab Awakening: the Story of the Arab National Movement*, Philadelphia: J. B. Lippincott Company, 1939, pp. 164－183。安东尼斯的观点引起国际学术界的争论，具体参见王锁劳《麦克马洪承诺与巴勒斯坦争端》，《世界历史》2000年第2期，第113—116页。

外约旦（合称"乙区"）建立一个独立的阿拉伯国家或阿拉伯邦联国家。

"甲区"和"乙区"分别划为法国和英国的势力范围。①

《赛克斯—皮科协定》划定的英法势力范围基本上成为现代阿拉伯国家疆界的基础，对中东地缘政治产生了深远的影响。第一次世界大战结束后，英国占领伊拉克和巴勒斯坦，将侯赛因之子费萨尔扶上伊拉克国王的位置；将外约旦从巴勒斯坦分离出来，由费萨尔之兄阿卜杜拉任国王；在巴勒斯坦建立委任统治。法国将叙利亚一分为二，建立叙利亚共和国和黎巴嫩共和国，实施殖民统治。第二次世界大战后，英法实力衰弱，无力维护其在中东的战略和经济利益，伊拉克、叙利亚和黎巴嫩通过民族主义运动取得国家独立。

（三）欧洲列强对西亚地中海纵深地区的瓜分

1820年和1839年，英国通过不平等协定和条约，先后控制了巴林、亚丁和阿曼。19世纪七八十年代，英国通过与当地首领签订"保护条约"，分别建立"东亚丁保护地"和"西亚丁保护地"。1882年，英国入侵卡塔尔，并在1916年通过不平等条约，将卡塔尔变成"保护国"。19世纪末期，英国将巴林变成"保护国"，并于1899年在当地建立海军基地。通过在1899年与科威特酋长签订秘密协定，英国促使科威特脱离奥斯曼帝国，并在第一次世界大战期间宣布科威特为"保护国"。英国控制科威特，堵住了从北方进入波斯湾的通道，将英国在波斯湾的领地连接起来，使波斯湾成为英国的内湖。

通过持续的侵略和征服，到第一次世界大战结束后，英法作为战胜国，以委任统治等方式，瓜分了原来隶属于奥斯曼帝国的阿拉伯各行省和属地，其中英国占领了伊拉克和巴勒斯坦，将埃及作为自己的保护国，确立了在波斯湾的主导地位，法国占领了叙利亚和黎巴嫩，继续对马格里布三国阿尔及利亚、突尼斯和摩洛哥进行殖民统治。意大利则仍占领利比亚。

---

① 《赛克斯—皮科协定》，载尹崇敬主编《中东问题100年》，第9—11页。

第二节　英国殖民主义与阿以冲突

巴勒斯坦问题长期是中东问题的核心。阿拉伯人和犹太人围绕巴勒斯坦进行了长达百年的争夺，对国际和地区局势产生了深远影响，关于阿以冲突的政策，也是欧共体/欧盟对地中海政策的重要内容。英国对巴勒斯坦的殖民统治及其推行的"扶犹抑阿"政策，是巴勒斯坦问题产生的直接原因。

一　历史上的巴勒斯坦

在不同的历史时期，"巴勒斯坦"具有不同的含义。在历史上，巴勒斯坦是指地中海和约旦河之间及其毗邻地区，该地区并非单独的政治—地理区域，也没有严格的疆界。公元前5世纪的希腊历史学家希罗多德是首个记述巴勒斯坦地理范围的学者。[1] 他在《历史》中，五次提到巴勒斯坦[2]，并指出这是叙利亚的沿岸地带以及一直到埃及的地方的总称。[3] 奥斯曼帝国统治后期和英国委任统治时期，陆续划定的外围疆界使该地区东邻约旦及叙利亚、北接黎巴嫩、南连埃及的西奈半岛。

公元前20世纪前后，迦南人在地中海东岸的平原地区建立早期的城市国家，因此《旧约》把巴勒斯坦称为"迦南地"或"迦南人的国家"。公元前13世纪至公元前12世纪，腓力斯人（Philistine）进入迦南沿海地带，将这个地方命名为腓力斯提亚（Philistian），即"腓力斯人的地方"。腓力斯人将迈锡尼文明带入巴勒斯坦，特别是冶铁技术，使当地从铜器时代进入铁器时代。根据《旧约》记载，公元前2000年前后，希伯来人从两河流域移居迦南，后又流亡埃及，在公元前13世纪左右重返迦南。希伯来人在巴勒斯坦建立希伯来王国，后分裂为

---

[1] Nur Masalha, *Palestine: A Four Thousand Year History*, London: Zed Books, 2018, p. 45.
[2] ［古希腊］希罗多德：《历史》，王以铸译，商务印书馆2019年版，第一卷第105章；第二卷第104章和第106章；第三卷第5章和第91章；第四卷第39章；第七卷第89章。
[3] ［古希腊］希罗多德：《历史》，第七卷第89章，第587页。

北部的以色列王国和南方的犹大王国。巴勒斯坦不断遭到亚述、巴比伦、波斯、希腊、马其顿等的统治。公元前 1 世纪，罗马大军征服巴勒斯坦，残酷镇压当地犹太人的反抗。绝大部分犹太人离开巴勒斯坦，流亡世界各地，犹太人不再是巴勒斯坦的主体民族，直到 19 世纪末。

公元 7 世纪初，阿拉伯人统一阿拉伯半岛后，大举进攻巴勒斯坦。636 年，阿拉伯军队在雅穆克（Yarmūk）战役中大获全胜，除耶路撒冷和凯撒里亚外，巴勒斯坦都处于阿拉伯人控制之下。两年后，阿拉伯军队征服耶路撒冷。640 年 10 月，凯撒里亚投降。[①] 阿拉伯人统治时期，巴勒斯坦和叙利亚属同一个行政区，被称为沙姆（al-Shām）地区，包括当今的叙利亚、黎巴嫩、巴勒斯坦和约旦。随着阿拉伯人的征服及当地土著的阿拉伯化，逐渐形成巴勒斯坦阿拉伯人。1518 年，奥斯曼帝国素丹谢里姆一世打败埃及马木鲁克王朝，占领巴勒斯坦。从此，巴勒斯坦处于奥斯曼帝国统治之下，直到第一次世界大战结束。

二 《贝尔福宣言》与英国对巴勒斯坦的委任统治

19 世纪末期，饱受歧视与迫害的欧洲犹太人发起犹太复国主义运动，宣告将重返离开了 1700 多年的巴勒斯坦，并在那里建立"犹太家园"，为此积极寻求大国支持。英国早就想利用犹太人作为楔子打入巴勒斯坦，从而控制中东。1917 年 11 月 2 日，英国外交大臣贝尔福致函犹太复国主义联盟副主席、银行家罗斯柴尔德，宣布英国政府"赞成在巴勒斯坦建立一个犹太人的民族之家，并将尽最大努力促其实现"，但"绝不应使巴勒斯坦现有非犹太团体的公民权利和宗教权利或其他任何国家内的犹太人所享有的权利和政治地位受到损害"。这就是《贝尔福宣言》。[②]《贝尔福宣言》为犹太复国主义在巴勒斯坦的发展开辟了道路。

---

① [美]菲利浦·希提：《阿拉伯通史》（第十版），马坚译，新世界出版社 2015 年版，第 137 页。

② 《贝尔福宣言》，载尹崇敬主编《中东问题 100 年》，第 11 页。

1918年奥斯曼帝国投降后，英军占领巴勒斯坦全境。第一次世界大战结束后，1920年4月协约国在圣雷莫举行高级会议，将巴勒斯坦交给英国托管。英国在巴勒斯坦实施《贝尔福宣言》，支持犹太人移民，在当地推行"扶犹抑阿"政策，压制、削弱阿拉伯人的力量，使犹太复国主义势力得到迅猛发展，阿拉伯人的权利受到严重侵害。现代犹太人移民巴勒斯坦的历史始于19世纪80年代，经过1881—1900年、1904—1914年两次大规模的移民浪潮，巴勒斯坦的犹太人口急剧增多，到1908年已经达到8万。[1] 英国当局为犹太人移民巴勒斯坦敞开大门，导致当地人口结构发生巨大变化。1922年，巴勒斯坦犹太人口增加到8.3万多，到1931年就有17.4万多，1946年犹太人口则达到60多万，在巴勒斯坦总人口中的比例也由十二分之一增加到了三分之一。[2]

　　英国的殖民统治和犹太人势力的迅猛发展，使巴勒斯坦阿拉伯人面临着严重的生存危机，他们与犹太人之间的矛盾日益尖锐。1929年8月，阿犹双方在耶路撒冷西墙[3]附近发生较大规模的流血冲突。第二次世界大战期间，大批欧洲犹太难民涌入巴勒斯坦，阿犹双方的矛盾进一步激化，最终导致当地阿拉伯人在1936年掀起大规模运动，反抗犹太人的入侵和英国委任统治，并得到阿拉伯世界的支持。阿拉伯人的武装斗争遭到委任统治政府的武力镇压，1939年春，英国当局终于控制了局势。"1936—1939年起义是巴民族运动史上第一场全国性的大规模政治运动，表明巴民族主义组织已具备了较大的政治动员能力，奠定了当今已为国际社会所接受的巴勒斯坦'两国方案'的历史基础。"[4]

---

　　[1] Mim Kemal Öke, "The Ottoman Empire, Zionism, and the Question of Palestine (1880 - 1908)", *International Journal of Middle East Studies*, Vol. 14, No. 3, 1982, p. 336.

　　[2] [巴勒斯坦] 亨利·卡坦：《巴勒斯坦，阿拉伯人和以色列》，西北大学伊斯兰教研究所译，北京人民出版社1975年版，第21页。

　　[3] 西墙：又称哭墙。

　　[4] 刘中民：《从阿拉伯民族主义到巴勒斯坦民族主义——20世纪上半叶巴勒斯坦地区民族主义的发展与转型》，《西亚非洲》2011年第7期，第73页。

1939年，第二次世界大战迫在眉睫。英国为确保在中东的利益，转而争取阿拉伯人的支持，采取平衡阿犹势力的做法，限制犹太复国主义的活动。当年5月，英国发表关于巴勒斯坦问题的白皮书，声称自己承担的关于建立犹太民族之家的义务结束；主张在10年内建立阿犹双方分享政府权力的独立巴勒斯坦国，犹太人在其中的比例应为三分之一左右，故5年内在接受7.5万犹太移民的基础上禁止犹太人非法入境，5年后未经阿拉伯人默许不准更多的犹太移民入境；禁止或限制向犹太人转让土地。① 该计划"标志着英国巴勒斯坦政策从'扶犹压阿'到'限犹拉阿'的重大转变。""尽管这一转变与英国实力衰落和国际局势变化有重要关系，但它无疑也是巴民族主义斗争的结果。"②

第二次世界大战爆发后，进入巴勒斯坦的犹太移民特别是非法移民迅猛增加。委任统治政府严格限制非法移民，并在1940年2月颁布土地转让条例，制止犹太复国主义者兼并土地。这些政策没有取得什么效果，还加剧了英国与犹太复国主义者之间的紧张关系，双方矛盾激化。1942年5月，犹太复国主义组织在纽约比尔特莫尔饭店召开紧急会议，拒绝英国在1939年5月提出的白皮书，要求在巴勒斯坦建立犹太人联邦，决定向巴勒斯坦大规模移民，并向美国谋求支持。③ 这就是《比尔特莫尔纲领》，它构成了从1943年起直到1948年以色列国建立期间，犹太复国主义运动进行政治斗争的基础。④ 美国也试图通过支持犹太复国主义插手中东事务，因此赞同《比尔特莫尔纲领》，主张巴勒斯坦大门应为犹太难民开放。从此美国取代英国，成为犹太复国主义运动的积极支持者。1943—1945年间，美国国会通过一系列决议和宣言，支持在巴勒斯坦实行无限制移民和建立犹太国家。1945

---

① 《英国政府关于巴勒斯坦问题的白皮书（摘要）》，载尹崇敬主编《中东问题100年》，第17—24页。

② 刘中民：《从阿拉伯民族主义到巴勒斯坦民族主义——20世纪上半叶巴勒斯坦地区民族主义的发展与转型》，第73页。

③ 《毕尔莫纲领》，载尹崇敬主编《中东问题100年》，第25—26页。

④ 《关于〈毕尔莫纲领〉》，载尹崇敬主编《中东问题100年》，第28页。

年8月，美国总统杜鲁门致函英国首相艾德礼，要求立即把无处遣返的犹太人送到巴勒斯坦。在美国的压力下，1945年11月英美组成联合调查委员会，调查轴心国占领地区犹太人的处境和巴勒斯坦政治前途等问题。1946年4月30日，调查委员会提出：立即向犹太难民发放10万张移民许可证；撤销对犹太人购买土地的限制。① 这个建议有利于犹太人，满足了美国的要求，遭到阿拉伯人的强烈反对。而英国政府将发放移民许可证与解除犹太复国主义组织非法武装联系在一起的做法，受到犹太复国主义者及其支持者们的强烈批评。②

在英国的坚持下，美国派出以亨利·格雷迪为首的代表团，与以赫伯特·莫里森为首的英国代表团对英美调查委员会的报告"作为一个整体加以研究"。1946年7月，双方拟定了"地方自治计划"：将巴勒斯坦分成享有较大自治的犹太人省和阿拉伯人省，耶路撒冷地区和内格夫地区由中央政府直接管理，这四个地方仍受英国高级专员管辖。这就是后来著名的莫里森—格雷迪计划。③ 这个方案有利于英国，遭到阿犹双方的反对，也被杜鲁门拒绝。迫于形势压力，英国邀请阿犹双方的代表在伦敦讨论地方自治计划，由于双方立场相差巨大，会议陷入僵局。1947年2月，英国宣布将巴勒斯坦问题提交联合国。

二 联合国分治决议与第一次中东战争④

1947年4月，联合国召开特别会议，决定由11个"中立"的非常任理事国⑤组成特别委员会，调查巴勒斯坦问题。在为期三个月的调查期间，阿拉伯国家表明了强烈反对分治的立场，而巴勒斯坦阿拉

---

① "The Anglo – American Committee of Inquiry, 1946" in Walter Laqueur ed., *The Israel – Arab Reader: A Documentary History of the Middle East Conflict*, New York: Penguin Books, 1970, pp. 111 – 122.
② [英] 乔治·柯克：《1945—1950年的中东》，复旦大学历史系世界史教研组译，上海译文出版社1980年版，第370页。
③ [英] 乔治·柯克：《1945—1950年的中东》，第379、383—384页。
④ 第一次中东战争又称"巴勒斯坦战争"。
⑤ 这11个国家是：澳大利亚、加拿大、捷克斯洛伐克、危地马拉、印度、伊朗、荷兰、秘鲁、瑞典、乌拉圭和南斯拉夫。

伯最高委员会则认为，阿拉伯人在巴勒斯坦的自然权利无须他人判定，拒绝出席听证会，禁止巴勒斯坦阿拉伯人同特别委员会合作。当年9月，特别委员会向联大提交调查报告，主张结束委任统治，巴勒斯坦经过短期过渡后独立。但对于未来的政治形势，多数派方案主张采取两个独立国家的形式，在经济联合的基础上实施分治；少数派方案主张成立由犹太区和阿拉伯区组成的联邦国家。① 分治方案得到英国、美国和苏联的认可，犹太复国主义组织原则上赞成分治方案，阿拉伯国家则对两个方案都持反对态度。

1947年11月29日，联合国大会以33票赞成、13票反对、10票弃权的结果通过了《巴勒斯坦将来治理（分治计划）问题的决议》，即联大第181（二）号决议。6个阿拉伯会员国全部投了反对票，安理会5个常任理事国中，美国、苏联、法国投了赞成票，英国和中国投了弃权票。决议规定：英国于1948年8月1日前结束委任统治，在委任统治结束两个月内，成立阿拉伯国和犹太国；耶路撒冷及其附近郊区村镇成为一个"在特殊国际政权下的单独实体，并由联合国管理"。此外，分治决议还确立了"阿拉伯国"和"犹太国"之间"经济联盟下的分治"原则，两国将组成"巴勒斯坦经济联盟"。② 分治决议及其附图详尽规定了两国的边界和耶路撒冷的市辖范围，并提出对耶路撒冷的管理原则。在领土分配上，占当时巴勒斯坦总人口约31%的犹太人得到了58.7%的土地，而占总人口约69%的阿拉伯人只得到了约40.7%的土地。

阿拉伯国家和巴勒斯坦人坚决反对偏袒犹太人的联合国分治决议。1948年5月14日，英国结束对巴勒斯坦的委任统治，犹太人在特拉维

---

① UN Special Committee on Palestine (UNSCOP), *Question of Palestine/Majority plan (Partition), Minority plan (Federal State)*, A/364, 3 September 1947.

② 《联合国大会第二届会议关于巴勒斯坦将来治理（分治计划）问题的决议〈第181（二）号决议〉》，载尹崇敬主编《中东问题100年》，第29—50页。决议原文见：UN General Assembly Resolution 181, A/RES/181 (II), *Palestine Plan of Partition with Economic Union*, 29 November 1947.

夫宣布成立以色列国。随后埃及、外约旦①、伊拉克、叙利亚和黎巴嫩相继出兵巴勒斯坦，第一次中东战争正式爆发。战争结束时，以色列多占了联合国分治计划中划给阿拉伯国的大片土地，分治决议中的阿拉伯国家未能建立。近百万巴勒斯坦阿拉伯人流离失所，沦为无家可归的难民。

第三节 法国殖民主义对地中海南岸的统治和影响

法国从1920年开始对叙利亚和黎巴嫩进行委任统治，直到1946年才最终撤离。法国统治时期，叙利亚和黎巴嫩组建了议会，颁布了宪法，在形式上确立了议会民主制政治体制。但法国委任统治当局在当地推行"分而治之"的政策，加剧了两国的内部对立和教派冲突，使当地脆弱的社会结构更加复杂，埋下政治动荡的祸根。

一 法国对叙利亚地区的渗透和争夺

早在16世纪，法国的利益触角就伸到了叙利亚地区。1536年，法国与奥斯曼帝国签订协议，获得对叙利亚地区天主教徒的保护权。在奥斯曼帝国衰落之际，法国和其他西方列强趁机扩张势力，到17世纪末，法国的宗教团体如耶稣会、拉扎尔会和法语协会等机构遍布叙利亚地区。他们通过开办学校、建立慈善机构等方式扩大影响，为法国的殖民活动铺下第一块基石。通过长期的教会活动和文化、经济渗透，法国在叙利亚地区特别是天主教教徒占比例更高的黎巴嫩影响力与日俱增，在当地一些民众中培养出对法国的认同感，马龙派甚至把自己描述为"黎凡特的法国人"。②

19世纪40年代，开始新一轮殖民扩张的法国打着保护马龙派的

---

① 后改名为约旦哈希姆王国。
② Meir Zamir, *The Formation of Modern Lebanon*, Ithaca and London: Cornell University Press, 1985, p. 17.

旗号介入东方问题。1860年黎巴嫩发生教派冲突时，法国以此为借口派远征军登陆贝鲁特。① 在以法国为首的西方列强武力威慑下，奥斯曼帝国被迫在1861年与法国、英国、普鲁士、奥地利及俄国签署国际协定，承认并保证黎巴嫩山区的自治。这个协定以国际文件形式确认了黎巴嫩的教派归属原则，加深了教派之间的鸿沟，客观上鼓励了各教派在政治、经济和文化等方面的单独发展，也使从叙利亚中脱离出来的基督教实体逐渐成熟，成为现代黎巴嫩国家的基础。

第一次世界大战期间，法国大部分军队被牵制在德法边界，虽然不能像英军那样在叙利亚地区广泛活动，但仍竭力表明在这个地区的军事存在。法国派军舰参加了对叙利亚海岸等地的封锁，在当地建立海军基地进行情报活动，并派遣小分队参与英军在巴勒斯坦、叙利亚和黎巴嫩的军事行动。1918年10月，英军先后占领贝鲁特和整个叙利亚，结束了奥斯曼帝国在当地400年的统治。

英国在叙利亚的军事行动离不开阿拉伯军队的配合。1916年6月，谢里夫侯赛因发动阿拉伯大起义，宣布阿拉伯独立，侯赛因任"阿拉伯国王"。1918年10月，费萨尔的军队进入大马士革，宣布对整个占领地区拥有主权，并派部队接管贝鲁特，采取措施控制黎巴嫩。但英国没有遵守《侯赛因—麦克马洪通信》建立独立的阿拉伯国家的承诺。1918年9月30日，在费萨尔先遣部队进入大马士革的同一天，英法就在伦敦签订协定，就阿拉伯东方的占领制度达成一致，规定英国占领巴勒斯坦和叙利亚内陆，法国占领黎巴嫩和叙利亚沿海地带。1919年，协约国召开巴黎和会，不顾阿拉伯人的独立愿望，决定对阿拉伯领土实行委任统治。当年秋，法国军队替换驻扎在贝鲁特和黎巴嫩沿海地区的英军。

1918年占领大马士革后，费萨尔就在叙利亚建立了自治政府。1920年3月，对协约国深感愤慨的叙利亚民族主义者召开国民大会，宣布叙利亚独立，由费萨尔任国王。4月，协约国在圣雷莫召开会议，确定英法的委任统治制度和统治范围。1920年7月，法军占领大马士

---

① Meir Zamir, *The Formation of Modern Lebanon*, p.16.

革，将费萨尔驱逐出叙利亚。

二 法国在叙利亚的分而治之政策

在委任统治初期，法国对叙利亚和黎巴嫩进行直接统治。与英国对巴勒斯坦和伊拉克的委任统治不同，法国在叙利亚和黎巴嫩驻扎大量军队，任命军事将领作为高级专员管理当地。① 法国当局把黎巴嫩从叙利亚单独分离出来，将叙利亚其他地方划分成大马士革、阿勒颇、阿拉维和德鲁兹山等四个自治区，进行分而治之。委任统治当局任命各区代表组成"联合委员会"作为代议机构，但他们并没有实际权力，没有法国当局的批准，叙利亚人无法做出任何重要决策。②

法国统治激起当地人的激烈反抗，不断爆发农民起义和反法武装斗争。1926 年，叙利亚民族主义者提出进行议会选举和民族独立的要求，在制定宪法等问题上同法国当局进行反复斗争。但法国在叙利亚独立和撤军问题上不肯让步，并在 1933 年解散叙利亚议会。1936 年，为缓和叙利亚的反法斗争，法国当局与叙利亚民族主义者签订《法叙条约》，给予叙利亚形式上的独立，但条约一直没有得到法国议会的批准。1939 年初，面临第二次世界大战的法国宣布撤销《法叙条约》，恢复对叙利亚的直接统治。直到第二次世界大战结束后，法国才在 1946 年撤离叙利亚。

三 法国委任统治与黎巴嫩教派分权政治体制

黎巴嫩是阿拉伯国家中唯一由基督教和伊斯兰教两大宗教信徒构成的国家，也是一个多教派并存的国家。虽然面积只有 1 万多平方千米，但黎巴嫩国内的伊斯兰教和基督教却分属 17 个不同派别。③信奉

---

① D. K. Fieldhouse, *Western Imperialism in the Middle East* 1914 – 1958, New York: Oxford University Press, 2006, p. 39.

② D. K. Fieldhouse, *Western Imperialism in the Middle East* 1914 – 1958, p. 259.

③ 彭树智：《文明交往论和通史研究问题的思考——〈中东国家通史·叙利亚和黎巴嫩卷〉编后记》，《西北大学学报（哲学社会科学版）》2002 年第 2 期。

伊斯兰教的居民主要分为逊尼派、什叶派、德鲁兹派和阿拉维派；信奉基督教的居民主要分为马龙派、希腊东正教、希腊天主教、亚美尼亚正教、亚美尼亚天主教等派。长期以来，各教派为了生存、自卫和发展，围绕着宗教领袖形成结构严密、封闭的宗教社团。生活在教派和家族网络中的黎巴嫩人，忠诚于教派和家族，政党组织通常依附于教派和家族。长期以来，各教派和家族在国际势力的支持下，割据一方，独立为政。

黎巴嫩是中东地区唯一实行西方式多党议会民主共和制的阿拉伯国家,[①] 拥有宪法、议会等一套完整的民主共和制的政治设置，被西方人誉为他们在东方的"民主橱窗"。但黎巴嫩又不同于一般的议会共和制国家，其政治体制同教派密不可分。黎巴嫩的政治制度建立在教派结构的基础之上，各教派按人口和实力分配国家权力。当地主要的宗教派别马龙派、逊尼派、什叶派分别得到总统、总理、议会议长的职位，各教派根据人口比例分配议会和内阁席位，形成独特的教派政治和"教派政治体制"。这在当今世界上是一种异常特殊的国家政权组织形式，这样组成的政府本身就是矛盾的集合体。黎巴嫩教派分权的政治制度是一种不稳定的政治结构，也是酿成黎巴嫩局势长期动荡和长达16年内战的主要社会历史根源，对地区局势产生了重要而深远的影响。

法国的殖民统治，是黎巴嫩建立教派政治体制的重要因素。1920年9月，法国委任统治当局将叙利亚部分沿海地区和贝卡谷地与自治的黎巴嫩山区合并成一个政治区域。合并后的大黎巴嫩面积增加近一半，更具备建立国家的经济基础和条件，人口也由41万多（1911年数据）增加到61万（1921年数据）。但合并改变了黎巴嫩山区的人口结构。在此之前，基督徒占黎巴嫩山区总人口的79.5%，而在合并后的1921年，基督徒只占总人口的55.1%。通过将已经移民他国的人口和一战后定居黎巴嫩的亚美尼亚人都统计在内，基督徒才获得了在总

[①] 赵国忠主编:《简明西亚北非百科全书》，中国社会科学出版社2000年版，第199页、209页、593—595页。

人口中的微弱多数,如果没有这两部分人,穆斯林将占多数。合并后,马龙派仍然是黎巴嫩最大的派别,占总人口的32.7%,但丧失了之前占黎巴嫩山区总人口58%的绝对多数地位。合并之前占黎巴嫩山区人口总数3.5%的逊尼派则成为大黎巴嫩的第二大社团,占总人口的20.48%。但德鲁兹派在总人口中的比例从11.4%下降到7.16%,成为第五大社团。① 在教派主义政治盛行的黎巴嫩,人口结构的变化直接影响到各派的势力格局。黎巴嫩长期由马龙派和德鲁兹派角逐的政坛上出现多种教派并存和竞争的局面。法国殖民当局在各教派之间挑拨离间,加深了教派的对立。

1926年5月,黎巴嫩颁布宪法,宣布成为共和国,但仍然保留法国的委任统治权。宪法规定黎巴嫩设立民选的总统和议会,议会席位根据各教派人数按比例分配。宪法规定的黎巴嫩政治制度表面上具有西方民主制的色彩,但要在法国人的统治下承担职能,总统人选要由黎巴嫩实际最高统治者法国高级专员提名。1926年宪法将教派主义引入黎巴嫩国家政治体制,促进了各教派的单独发展和在国家政治生活中的竞争与对立,为黎巴嫩建立教派结构政治体制奠定基础。这部宪法经过多次修改,至今仍行之有效。

在第二次世界大战期间,英军和自由法国军队占领黎巴嫩,在形式上宣布黎巴嫩独立,但同时又任命法国高级专员进行管理。由于黎巴嫩民族独立运动的发展,加上英国的排挤和美国的压力,法国殖民当局被迫做出让步。1943年9月21日,在法国、英国和黎巴嫩三方代表监督下,黎巴嫩成立了第一届议会,马龙派的贝沙拉·胡里(Bishara al-Khuri)当选为总统,逊尼派阿拉伯民族主义者里雅德·苏勒赫(Ri'ad al-Sulh)被任命为总理。两人达成不成文的协议,即《民族宪章》。

《民族宪章》宣布,黎巴嫩是具有阿拉伯属性的独立国家,不应该成为殖民主义的基地或殖民主义威胁阿拉伯兄弟的工具。② 《民族宪

---

① Meir Zamir, *The Formation of Modern Lebanon*, pp. 98–99.

② Walid Phares, *Lebanese Christian Nationalism: the Rise and Fall of an Ethnic Resistance*, London: Lynne Rienner Publishers, 1995, p. 89.

章》以1932年人口普查为基础，按各教派人口比例分配议会和内阁席位，根据教派实力大小分配国家政权领导职位，在教派结构的基础之上建立整个国家机器。在这种权力分配中，马龙派占有较大的优势，占据了总统、武装部队总司令、中央银行行长和其他关键的行政职务，总理职务由逊尼派担任，并对总统的决定具有否决权，在保持权力均衡的同时，实际上形成总统和总理各自为政的局面。什叶派获议长职务，权力有限，议会的教派式结构使许多国家重大问题都凭各派的实力解决。1943年11月22日，黎巴嫩摆脱法国委任统治，正式宣布独立，成立黎巴嫩共和国。1946年12月英、法军队全部撤离黎巴嫩。

各教派之间的妥协一度促成了黎巴嫩的民族独立和国家统一，对黎巴嫩的社会发展起了积极作用。但教派分权的政治结构存在很多弊端。在教派分权的政治结构下，教派实力与他们在国家政权机构中分享到的权力密切相关，这使各教派都不遗余力地发展本派势力和武装。教派分权且各派拥有武装，削弱了中央政府的权力，形成教派割据的局面。各教派为了自身的生存、维护或扩张教派利益，要求教徒首先效忠所属教派，大大削弱了现代民族国家的观念和对民族国家的认同。各教派的政治领袖立足于本派宗教社团，以此作为追逐政治权力的资本。执掌国家权力的政治领袖在行使国家权力过程中首先考虑自己教派的利益。长此以往，不仅损害国家利益，还势必加剧教派矛盾和纷争。

随着国内政治力量对比的变化和国际形势的演变，黎巴嫩这种教派化的政治结构日益显现出脆弱性。在以教派实力为基础分配国家权力的政治背景下，动态的教派人口结构变化总是不断地打破原有的平衡，新崛起的拥有较强实力的教派当然要求根据实力重新分配政治权力和社会经济利益。黎巴嫩社会的教派政治结构及其面临的严重危机，成为20世纪70年代后半期和整个80年代黎巴嫩内战连绵不断的内在根源。

第四节　苏伊士运河战争与英法殖民主义的衰退

第二次世界大战后，分别以美国和苏联两个超级大国为首的资本主义和社会主义两大阵营，在全球范围内进行"冷战"。由于资源丰富，战略地位重要，加上战后阿以冲突的激化及民族主义浪潮的兴起，中东成为仅次于欧洲的冷战第二战场。原来的殖民宗主国英国和法国在战争的打击下变得衰弱无力，虽然对地中海南岸及其纵深地区仍具有一定影响，但不得不仰仗美国盟友的鼻息。苏伊士运河战争使英法殖民主义势力退出中东，美国则乘虚而入，与苏联在中东展开新的争夺。

一　苏伊士运河战争

1952 年，埃及的纳赛尔领导自由军官组织发动七月革命，推翻法鲁克王朝，废除君主制，成立共和国。纳赛尔执政后，高举阿拉伯民族主义大旗，反对英、法、美等帝国主义对埃及的干涉与控制，反对以色列扩张。在埃及政府的强烈要求下，英埃双方在 1954 年 10 月达成《关于苏伊士运河区基地的协定》，英国于 1956 年 6 月撤出在苏伊士运河基地的全部驻军。但英法殖民者仍然掌握着国际苏伊士运河公司的控制权。

纳赛尔领导下的埃及，是阿拉伯世界中人口最多、经济文化最为发达的国家，当仁不让地成为阿拉伯世界的领头羊。以埃及为首的阿拉伯世界，反对以色列，同情和支持巴勒斯坦人的斗争。1948 年第一次中东战争后，埃及与以色列之间的冲突仍不时发生，1955 年 2 月，以色列伞兵甚至在夜间越过停火线，袭击加沙地带的埃及驻军，埃以矛盾激化。为加强军事力量，埃及与捷克斯洛伐克签订军贸协定，间接从苏联购得武器装备，引起西方国家的责难。1956 年 6 月 19 日，埃及宣布将同苏联合作。与苏联的接近使埃及与美英法等西方国家之间的矛盾更加尖锐。7 月，美英相继宣布撤回对埃及修建阿斯旺水坝的援助，以此向埃及施加压力。埃及总统纳赛尔于7月26日宣布将英法资本控制的苏伊士运河公司收归国有，用于"支付阿斯旺堤坝的造价"，引发苏伊士运河危机。①

埃及的行动沉重打击了英法在中东的利益，两国决定以武力夺取苏伊士运河，推翻埃及的民族主义政权。但在第二次世界大战打击下日益衰弱的英法殖民主义深陷战后的民族解放运动，英国要镇压东南亚和肯尼亚等地的民族独立运动，法国忙于阿尔及利亚的殖民战争，都没有充足的军事实力投入在埃及的战争。法国首先提出要以色列参与他们的侵略计划。② 作为交换，法国同意向以色列提供武器。1956年10月24日，英法以三国达成秘密协议，决定联合入侵埃及，推翻纳赛尔政权。

1956年10月29日，以色列对埃及发动侵略战争，英、法随后出动军队加入战争。英法以三国的入侵受到埃及人的奋勇抵抗，也遭到国际社会的强烈反对，美苏同时向英法提出严厉警告。美国反对英法入侵埃及，对两国背着自己行动十分恼火，不仅在联合国对英法施加压力，而且采取各种措施施压，要求两国立即停火。美国第六舰队监视向埃及运送部队的英法舰只，停止供应英法石油，特别是给英镑制造困难，对英国经济构成严重威胁。在世界人民的反对和国际社会的强大压力下，三国被迫停止军事行动，12月英法军队全部撤离埃及领土。

二 英法势力退出中东

苏伊士运河战争以英法以三国的彻底失败和埃及在政治上取得重大胜利而告终。③ 英法两国是战争的策划者和挑起者，但军事和政治上的惨败，严重削弱了这两个老牌帝国主义国家的国际地位及其在中

---

① 《纳赛尔宣布苏伊士运河公司收归国有的决定》，载尹崇敬主编《中东问题100年》，第189—190页。

② 季国兴、陈和丰等：《第二次世界大战后中东战争史》，中国社会科学出版社1987年版，第146页。

③ 杨灏城、江淳：《纳赛尔和萨达特时代的埃及》，商务印书馆1997年版，第58—59页。

东的传统势力,加快了两国在中东地位的衰落和利益的丧失。苏伊士运河战争是英国在中东继伊朗石油国有化之后遭受的又一次严重打击,使英国失去了阿拉伯世界。[①] 1957年1月,埃及废除1954年《英埃条约》,废止了英国重返苏伊士运河的权利。战争失败动摇了英国在约旦和海湾国家的地位,1956年11月,约旦宣布废除与英国的同盟条约,撤销英国在约旦的军事基地。随着伊拉克1958年革命的爆发,英国也丧失了在伊拉克的利益。在此之前,法国已经被阿尔及利亚战争拖得精疲力竭,苏伊士运河战争失败的打击,使法国在中东地区的政治影响遭到严重挫败,成为法兰西第四共和国被推翻的一个因素。

美苏两国是苏伊士运河战争的最大获益者。由于在这次战争中的失败,英法在中东政治舞台退居次要地位,为美苏两个超级大国直接打入中东创造了机会。美国取代英法成为西方在中东的主要力量。美国利用英法在中东势力急剧衰落之时,乘机填补中东的"力量真空",在苏伊士运河战争后很快抛出"艾森豪威尔主义",加强同苏联在中东的争夺。苏联由于在战争中支持埃及而在阿拉伯世界赢得巨大声望,在中东的影响迅速增长。美苏两国开始在中东展开激烈角逐,进一步形成两个超级大国在中东对峙的局面。

苏伊士运河战争的发动者以色列,获得亚喀巴湾蒂朗海峡的通航自由,在埃以之间建立了缓冲带,成为区域性军事强国,基本达到了作战目的,但失去了国际舆论的同情。埃及是被侵略国,军事和经济上遭受巨大损失,但在政治上取得重大胜利,收回了苏伊士运河的全部主权,极大提高了埃及和纳赛尔在阿拉伯世界的地位。

---

① 季国兴、陈和丰等:《第二次世界大战后中东战争史》,第196—197页。

第 二 章

欧共体对地中海政策的初步形成

1952年,法国、联邦德国、意大利、比利时、荷兰和卢森堡六国组成欧洲煤钢共同体。1957年3月,欧洲煤钢共同体六个成员国签订《罗马条约》,决定成立共同市场(欧洲经济共同体)及原子能共同体。这三个共同体在1967年合并组建为欧洲共同体。

欧共体成立早期,在对外政策方面没有形成共同的立场。国际社会和西欧内部形势的发展推动欧共体加强在政治和安全政策方面的协调。1969年12月在海牙召开的欧共体各成员国首脑会议提出欧洲政治合作计划。1970年10月,欧共体六国通过《关于欧洲政治统一的报告》,即《卢森堡报告》,决定共同体成员国加强政府间合作,协调成员国的外交政策。报告要求成员国定期交换信息和磋商,以确保在国际政治重大问题上增进互相理解;加强团结与合作,尽可能协调彼此的观点与立场;采取共同的行动。为此报告设计了具体的政治合作机制,开启了欧洲政治合作的序幕。[1] 欧洲政治合作机制的启动,开始了欧共体在政治和安全政策方面的协调,成为欧共体成员国在重大国际问题上确定共同立场的工具。1974年欧洲理事会成立,欧共体开始进行真正意义上的政治合作。

新制度工具的建立及协调能力的提升,为欧共体和地中海国家关

---

[1] "First Report of the Foreign Ministers to the Heads of State and Governments of the Member States of the European Community (the Davignon or Luxembourg Report), Luxembourg, 27 October 1970", in Christopher Hill and Karen E. Smith, eds., *European Foreign Policy: Key Documents*, pp. 75 – 80.

系发展打下基础。在1973年石油危机的推动下，欧共体开始采取共同的对外政策。欧共体主要通过"环地中海政策"在经济领域与地中海国家进行制度化的合作，通过"欧阿对话"（Euro–Arab Dialogue）关注双方在政治和社会领域的合作问题，而在阿以冲突问题上逐渐形成共同立场则推动了欧共体共同对外政策的发展。由于双方对阿以冲突立场的分歧而中止欧阿对话后，欧共体与海湾合作委员会的对话和经贸合作在一定程度上确保了双方关系的延续。欧共体的环地中海政策以及与海湾合作委员会的经贸合作都成功地保持了下来，为20世纪90年代的巴塞罗那进程、欧盟与海合会建立自由贸易区的谈判打下了基础。

第一节　欧共体的环地中海政策

欧共体推行的对外经济政策是欧盟对外政策的最初形态。[1] 地中海国家对欧共体具有重要的政治、经济和战略意义，早在20世纪60年代，欧共体就与地中海国家签订了一系列的贸易合作协定。但成立初期的欧共体和地中海国家的经济关系以各个成员国为基础。1972年，环地中海政策的出台使欧共体与地中海国家在经济领域的合作制度化。

一　环地中海政策的实施

欧共体成立不久，就开始了与地中海国家的第一轮合作。马格里布国家摩洛哥、突尼斯和利比亚由于是前法属殖民地，在法国的坚持下，1969年欧共体分别与三国签订了范围有限的联系协定，黎巴嫩（1965）[2] 和埃及（1972）也与欧共体达成了类似的协议。

20世纪70年代，欧共体开始与地中海国家进行更加广泛的合作。

---

[1]　陈志敏、[比利时] 古斯塔夫·盖拉茨：《欧洲联盟对外政策一体化——不可能的使命？》，第139页。

[2]　欧共体1965年与黎巴嫩签署的是非特惠贸易协议，1968年7月生效。在黎巴嫩的要求下，双方对协议进行重新谈判，1972年签订了特惠协议。

1972年，欧共体巴黎首脑会议提出，把地中海地区作为一个整体对待，要求系统地协调发展同地中海国家关系，开始实施环地中海政策，由此展开与地中海国家的第二轮合作。环地中海政策的目标范围从马格里布国家扩展到包括马什雷克国家和以色列在内的整个地中海地区。在环地中海政策的框架下，欧共体在1975年第一个同以色列签订了协议，虽然招致阿拉伯国家的不满，但总体上没有影响政策实施。1976年4月，欧共体与阿拉伯马格里布国家突尼斯、阿尔及利亚、摩洛哥签订了联系国协定，1977年1月又与阿拉伯马什雷克国家埃及、约旦、黎巴嫩和叙利亚签订了联系国协定。

这些协定的基本框架都涉及优惠贸易安排、财政援助和双边机构的设立等。主要措施包括：取消这些国家进入欧共体市场的工业品的关税和配额壁垒，但对某些敏感产品如纺织品和服装设置配额限制；削减或减免向共同体出口的主要农产品的关税，如柑橘、其他水果和蔬菜、葡萄酒和橄榄等；欧共体用欧洲投资银行贷款和无须归还的补贴方式提供财政援助。这些贸易优惠基本上是单向的、非互惠的安排，即由欧共体单方面向地中海阿拉伯国家提供贸易优惠措施。

地中海南岸8个阿拉伯国家都是农业国，工业发展缓慢，经济脆弱。欧共体为这些国家的工业化、农业现代化及技术培训提供财政援助。1982年至1986年间，欧共体共向这些国家提供了10亿埃居[①]的援助。80年代中期，欧共体又与马格里布国家和马什雷克国家分别签订了为期6年（1986—1991）的贸易、金融、技术合作协定，提供了16.18亿埃居的财政援助，以保持欧共体与这些国家的贸易增长及经济合作。[②]

二 环地中海政策的效果

欧共体通过环地中海政策与地中海南岸国家的经济接触可以说是

[①] 埃居是欧洲货币单位（European Currency Unit）的简称，是欧共体各国之间的清算工具和记账单位。在1999年1月1日欧元诞生之后，埃居自动以1∶1的汇价折成欧元（EURO）。

[②] 潘琪昌主编：《欧洲国际关系》，经济科学出版社2000年版，第262页。

成功的，促进了双方之间的联系，和欧阿对话一起为巴塞罗那进程打下了基础。然而，环地中海政策没能缩减欧共体和地中海阿拉伯国家之间的经济差距。由于欧共体成员国都属于发达资本主义国家，阿拉伯国家在双方的经济关系中处于弱势地位，贸易逆差日益增大。1982年，马格里布国家和马什雷克国家对欧共体的贸易赤字分别达到17.68亿和51.1亿埃居。① 环地中海政策框架下的协定都是双边协议，在工业产品的优惠范围、农产品贸易的限制、资金和技术援助等问题上，各个国家都存在差别，这也引起一些国家的不满。成员国的贸易保护主义使得关税优惠谈判进展困难，欧共体对地中海国家的关税削减和发展援助十分有限。希腊、西班牙和葡萄牙三个地中海欧洲国家分别于1981年、1986年加入欧共体。这三个国家都是农业国，由于出口贸易结构相似，在农产品和纺织品方面与阿拉伯国家存在同质竞争，加上共同农业政策的实施，限制了欧共体给予阿拉伯国家农产品的优惠条件。

欧共体与地中海沿岸国家间关系的进一步发展不仅受到双方经济矛盾的限制，同时也受到一些政治因素制约。环地中海政策虽然是经济政策，仍然涉及政治问题。阿拉伯国家与以色列的冲突严重影响了欧共体与他们发展关系。20世纪70年代末，欧阿对话陷入停滞，打击了欧共体与地中海国家合作的积极性。由于人权问题，欧洲议会冻结了资助叙利亚的第三和第四次草案。1986年利比亚涉嫌支持恐怖主义，被排除在环地中海政策之外。

第二节　石油危机与欧阿对话

20世纪70年代，欧洲政治合作机制启动，为欧共体成员国协调政治和安全方面的对外政策提供了制度化的工具。在1973年石油危机的推动下，欧共体开始与阿拉伯国家进行对话。欧阿对话是欧共体对地中海政策的主要内容之一，虽然没有产生多少具体成果，但增进了

---

① 伍贻康主编：《欧洲共同体与第三世界的经济关系》，第23页。

欧共体与阿拉伯世界的关系，促进了双方立场的接近，对两极格局下的欧共体和阿拉伯世界都具有非常重要的意义。

一　石油危机与欧共体成员国

1973年10月6日，以埃及、叙利亚和巴勒斯坦游击队为一方，以色列为另一方的第四次中东战争[①]爆发。叙利亚军队突破戈兰高地的以色列防线，埃及军队强渡苏伊士运河，两线均取得重大胜利。但在关键时刻，以色列依靠美国提供的重要军事情报和大批军火物资，得以摆脱灭顶之灾并夺回了战争主动权。

对于第四次中东战争的爆发，欧共体成员国的立场各不相同。法国坚持一贯的反以立场，而荷兰却截然相反。10月6日荷兰外长发表公告，谴责埃及和叙利亚单方面破坏了自1970年以来各方的和平共处，应该为战争爆发负责。[②] 有的成员国呼吁在欧共体内部进行协商，而有的成员国则寄希望于联合国的干涉。欧洲政治合作机制并没有立即对战争的爆发做出反应，九国也没有为此召开专门会议。在10月11日至12日欧洲政治合作机制"正常"召开的会议上，荷兰还反对法国和英国"以欧洲的名义发言"。[③] 在英国和法国的压力下，欧共体九国才于10月13日发表联合公报，呼吁交战双方在联合国242号决议基础上停火并进行谈判。相比之前的不同立场，各成员国无疑为此联合公报的出台做出了极大的妥协，但这并没有跟上形势的迅速变化。

阿拉伯产油国将石油作为武器，打击对手以色列及支持以色列的国家。10月16日，海湾国家宣布，石油价格提高70%，直到以色列退回到1967年以前边界、巴勒斯坦人能够行使自决权。次日，石油输出国组织（简称欧佩克，OPEC）中的阿拉伯成员国决定石油每月减产5%。10月20日，沙特宣布对美国实施完全石油禁运。11月4日，阿拉伯石油输出国组织（简称欧阿佩克，OAPEC）在宣布进一步减产

[①] 又称十月战争、赎罪日战争、斋月战争。

[②] Simon J. Nuttall, *European Political Co-operation*, p. 94.

[③] *Le Monde*, 26 November 1973, cited in Ilan Greilsammer and Joseph Weiler, *Europe's Middle East dilemma: the quest for a unified stance*, p. 29.

的同时，根据石油进口国对阿以问题的态度确定相应的石油供应量。欧共体9国中，法国和英国被划为"友好国家"，石油正常供应；比利时、丹麦、联邦德国、爱尔兰、意大利和卢森堡被划为"中立国家"，每月削减5%的供应量，丹麦首相支持阿拉伯国家的讲话使丹麦没有被划入敌对国家；支持以色列的荷兰被划为与美国一样的"敌对国家"，实行完全石油禁运。除减产、禁运、提价外，阿拉伯产油国还出台了石油国有化和增加本国石油控制权等政策。

阿拉伯国家的石油斗争引发了世界性的石油危机。自当年10月份起阿拉伯产油国普遍减产10%以上，油价从每桶3.011美元提高到1974年初的每桶11.651美元。石油危机直接导致了第二次世界大战后西方国家最严重的一次世界性经济危机，尤其是欧洲受到的打击最大、最直接。20世纪60年代中期以后，石油取代煤炭成为西欧各国最主要的能源，但西欧石油资源贫乏。1972年欧洲经济共同体能源消耗的61%为石油，其中97%的石油消耗依赖进口，来自海湾地区的石油占1973年欧共体石油进口的68%。[①] 石油危机打乱了西欧国家经济各部门之间原有的平衡，致使经济发展速度急剧减慢甚至倒退，通货膨胀进一步恶化，外贸逆差猛增，国际收支严重失衡。为获得稳定、充足的石油供应，西欧许多国家都明确拒绝为美国向以色列运送军火提供方便，有些国家很快转而支持阿拉伯方面的立场和要求。

美苏两国在战争期间分别向交战双方提供大量武器装备，战局逆转后则包办调解活动。在美国的主导下，10月22日，联合国安理会紧急会议通过美苏联合提案，即安理会338号决议，要求交战双方执行安理会1967年6月通过的242号决议，以色列撤出占领地区，双方就地停火。之后，美国国务卿亨利·基辛格开展穿梭外交，邀请冲突双方参加在日内瓦召开的中东和平会议。会议由美国和苏联共同主持，欧共体国家被排除在外。

---

① Valerie Yorke and Louis Turner, *European Interests and Gulf Oil*, p. 6.

二 欧阿对话进程

早在石油危机爆发前，法国就向利比亚提出与阿拉伯世界进行对话的想法。① 石油危机后，保证获得稳定的能源供应成为欧共体发展与阿拉伯国家关系的最大动力。而阿拉伯国家面对受到美国支持的以色列的威胁，也迫切需要欧共体的支持来抗衡美国在中东的势力。1973 年阿拉伯代表团到访欧共体哥本哈根首脑会议，为阿拉伯联盟与欧共体之间的磋商打下基础。在法国的大力推动下，1974 年 3 月欧共体 9 国外长在布鲁塞尔举行会议，探讨与阿拉伯国家开展经济、技术和文化方面合作的途径。当月，阿盟突尼斯外长会议同意成立九人代表团，与欧共体就欧阿对话的形式和程序进行磋商。经过 1974 年 4 月初的初次接触后，7 月双方在巴黎召开由欧共体主席国法国和阿盟秘书长参加的欧阿联合会议，正式确立"欧阿对话"机制，并决定建立总委员会作为欧阿对话的最高决策机构。

经过一系列的半官方会谈进行准备工作后，1975 年 6 月，欧阿两个代表团在开罗召开首次会议。这次会议取得了很大的成功。会议发表的联合备忘录指出：欧阿对话是"出现在最高层次的、着眼于建立两个团体之间的特殊关系的共同政治意愿的产物"，呼吁"阿拉伯世界的整体发展，缩减阿拉伯和欧洲国家之间的技术鸿沟"②。备忘录表明欧共体与阿拉伯世界建立特殊关系的愿望，同时在广泛的"共同文化遗产"的基础上，强调欧阿关系的经济特征。备忘录被写入欧阿对话纲领，对以后欧共体地中海政策的发展起了重要作用。③ 双方正式成立了大使级的欧阿对话总委员会，同时建立了由专家组成的工业、基础设施、农业、金融合作、贸易、科学与技术、文化合作及劳工与社会事务等 7 个工作组，其中 6 个是关于经济和社会问题的工作组，

---

① Saleh A. Al‑Mani', *Euro‑Arab Dialogue: A Study in Associative Diplomacy*, p. 48.
② Europe Information, *The European Community and the Arab World*, EC Commission, 1982, p. 29.
③ Søren Dosenrode and Anders Stubkjær, *The European Union and the Middle East*, p. 92.

只有1个工作组负责文化问题。① 由于贸易和劳工关系涉及欧共体关税减让谈判问题，与欧共体南部农业成员国的利益有所冲突，欧共体一直不愿意谈这两个问题，但这次也包括到欧阿对话内容当中。

开罗会议后，欧阿对话总委员会在欧共体成员国首都和阿盟成员国首都轮流召开了五次会议，工作小组也召开专家会议研究合作的具体问题。1979年4月，埃及与以色列签署《戴维营协议》，单方面与以色列媾和，导致埃及被逐出阿盟，作为欧阿对话一方的阿盟陷入分裂。阿拉伯国家不满欧共体支持埃及与以色列单独媾和的立场，中止了欧阿对话。

三　欧阿对话的障碍

多种原因造成了欧阿对话的无果而终。首先，欧阿对话活动一开始就遭到美国的反对。美国应对石油危机的措施是建立能源消费国集团，联合起来与石油生产国进行谈判，在对抗石油输出国组织的同时，加强美国对西方联盟的领导者地位。因此，美国反对欧共体同阿拉伯国家单独进行联系，甚至将欧阿对话与美国对欧洲的安全保证联系起来。② 欧共体内部，英国认为在确定欧阿关系之前必须与美国协调。在强大的内外压力下，1974年6月欧洲政治合作机制与美国达成《居姆尼希妥协》（Gymnich Compromise），又称《居姆尼希协议》，同意在国际事务方面增加与美国的协商。除法国以外，欧共体成员国都参加了美国倡导的能源消费国集团，并最终在1974年11月正式成立国际能源机构（International Energy Agency，IEA）。《居姆尼希妥协》成为欧共体发展同阿拉伯国家关系的制约，一旦双方关系的发展威胁到美国的利益，美国就会毫不犹豫地予以阻止。

其次，欧共体对外政策安排的制度性缺陷妨碍了其与阿拉伯世界关系的发展。欧洲政治合作机制建立在严格的政府间主义基础之上，合作的范围仅限于外交政策事务。为避免超国家主义的影响，欧洲政

---

① Saleh A. Al‐Mani', *Euro‐Arab Dialogue*: *A Study in Associative Diplomacy*, p. 54.
② 陈乐民：《战后西欧国际关系1945—1984》，中国社会科学出版社1987年版，第313页。

治合作机制在制度安排上尽量避开属于超国家性质的共同体。由此形成欧共体对外政策的二元机制：对外政治关系，也就是外交问题由欧洲政治合作机制处理，对外经济关系则由欧共体负责，二者互不干涉。这种制度安排在一定程度上影响了欧共体与阿拉伯世界关系的发展。欧阿对话在欧洲政治合作机制的框架下进行，但对话的内容则是由欧共体负责的经济合作和技术交流。这种结构上的分裂是欧共体对外政策制度安排不成熟的重要表现，也成为欧阿对话的障碍。实际上，欧共体的对外经济政策与对外政治政策并不能完全分开。在发展合作及援助对象的选择方面，政治和地缘战略的考虑一直是影响欧共体/欧盟政策的一个重要因素。[1]

在欧洲政治合作机制与阿盟进行对话的同时，欧共体通过环地中海政策与地中海南岸国家发展关系。1975年欧共体在环地中海政策的框架下同以色列签订了第一个联系协议，给予其一系列的贸易优惠政策。欧共体与以色列的协议引起阿拉伯国家的不满。除了地中海沿岸的8个阿拉伯国家外，阿盟其他国家无法享受到环地中海政策框架下的贸易优惠及经济援助。虽然阿盟在对话中极力为其他阿拉伯国家争取同等的政策地位，但环地中海政策由欧共体负责，欧洲政治合作机制以其无法影响欧共体的政策为由拒绝了阿盟的要求。

再次，欧共体和阿盟在巴勒斯坦解放组织（简称巴解组织）地位问题上的分歧成为欧阿对话的最大障碍。1974年10月28日，阿拉伯首脑会议承认巴解组织是巴勒斯坦人的唯一合法代表，是阿拉伯国家联盟第21个成员，要求巴解组织参加欧阿对话。阿盟的要求遭到当时尚未承认巴解组织的欧共体的拒绝，导致欧阿对话进程陷入停滞。1975年2月的欧共体外长会议最终制定"都柏林规则"，要求对话由欧共体和阿盟的两个代表团组成，各代表团自由决定组成成员。都柏林规则得到阿拉伯国家的接受，解决了巴解组织的代表权问题，欧阿对话才得以顺利开始。

---

[1] 陈志敏、[比利时]古斯塔夫·盖拉茨：《欧洲联盟对外政策一体化——不可能的使命?》，第178页。

对话开始后，巴勒斯坦问题又成为欧阿双方争论的焦点。阿拉伯国家强调进行全面的欧阿对话应包括巴勒斯坦问题，并几次提出巴勒斯坦问题，要求欧共体承认巴解组织为巴勒斯坦人唯一合法代表。但欧共体认为，欧阿对话是促进双方经济合作的论坛，坚持把议题限定在经济范围内。在欧阿对话总委员会1976年召开的卢森堡会议和1977年召开的突尼斯会议上，欧共体都将政治问题排除在议事日程之外。埃以《戴维营协议》签署后，欧共体对埃及的支持最终断送了欧阿对话。

四 重启欧阿对话的努力

欧阿对话中断后，在1979年9月举行的欧洲政治合作机制会议上，欧共体成员国决定恢复双方的对话。为此欧共体轮值主席国几次会晤阿盟秘书长。但阿拉伯方面坚持将政治问题包括到对话中去，会谈无果而终。1980年6月欧共体威尼斯首脑会议发表《威尼斯宣言》，在阿以冲突问题上明显支持阿拉伯方面的立场。同时，威尼斯首脑会议再次表达了重启欧阿对话的愿望，得到阿拉伯国家同意。

1980年11月，欧阿双方在卢森堡召开会议，讨论重启对话的指导方针，决定成立特别小组，为1981年夏天召开的高规格部长会议做准备。特别小组为此举行了四次会议，但部长会议仍然两次延期。第一次延期是由于沙特法赫德王储提出解决阿以冲突的八点和平倡议，导致阿盟内部的分歧，部长会议延期至1982年。1982年欧共体成员国法国、英国、意大利、荷兰四国参加西奈多国部队并任观察员，遭到阿拉伯方面反对。不久之后以色列入侵黎巴嫩，导致部长会议再次延期。黎巴嫩局势的动荡及两伊战争扩大的威胁打断了1983年及1984年的对话谈判。1985年秋阿拉伯方面建议重开部长级会谈讨论政治事务，但欧共体拒绝讨论特定的政治问题：巴勒斯坦问题以及承认巴解组织为巴勒斯坦人的唯一合法代表，这次努力也没有取得什么成果。1989年欧阿双方又多次举行会议探索恢复对话的途径，但不久之后伊拉克入侵科威特，受海湾地区局势制约，恢复欧阿对话的努力陷入停滞。

五 欧阿对话的作用

欧阿对话进程一波三折，最终陷入停滞。在一些学者看来，欧阿对话的这种结果是不可避免的，"欧洲太犹豫而阿拉伯世界变数太多"[①]，欧阿对话没有产生多少具体的成果，很多计划召开的会议也没有如期举行。如果仅仅是根据这些具体的结果来衡量欧阿对话，那么对话几乎是以失败而告终。然而，作为欧共体对地中海政策的主要内容之一，欧阿对话虽然没有产生多少具体成果，但增进了欧共体与阿拉伯世界的关系，促进了双方立场的接近，对两极格局下的欧共体和阿拉伯世界都具有非常重要的意义。

对欧共体来说，欧阿对话使之与阿拉伯世界保持了良好的关系，在石油危机时期保证了欧共体的能源安全供应，以及阿拉伯市场对欧共体商品的正常开放。欧阿对话也为欧共体与海湾合作委员会对话铺平了道路。与阿盟的对话中断后，为保障石油稳定供应，欧共体在海湾合作委员会成立后不久，就积极谋求与之对话，成为欧阿对话的另一种存在形式。欧阿对话在一定程度上可以被视为1995年开始的巴塞罗那进程的先驱。与阿盟的对话也使欧共体成为影响中东局势的一个因素，虽然力量微弱，但在21世纪的中东和平进程中起到了重要的作用。[②]

欧阿对话也促进了欧共体政治一体化的发展。为协调欧阿对话，欧共体在内部组织结构方面，首次打破欧共体和欧洲政治合作机制之间的界线，成立了内部工作组，向欧共体常驻代表委员会（COREPER）和欧洲政治合作机制的政治委员会报告工作。这种机制在20年后的《阿姆斯特丹条约》中才得以制度化。欧阿对话也使欧共体成功地塑造了独立的国际行为体的身份，成为欧共体学习集体外交的论坛。

---

① Bichara Khader, "Europe and the Arab – Israeli Conflict: An Arab Perspective", in David Allen and Alfred Pijpers, eds., *European foreign policy – making and the Arab – Israeli conflict*, pp. 161 – 186.

② Søren Dosenrode and Anders Stubkjær, *The European Union and the Middle East*, p. 104.

对阿拉伯方面来说，欧阿对话有助于冲淡美国是中东唯一大国的现实。虽然欧阿对话很早就表明其不能成为满足阿拉伯国家需要的政治论坛，但它仍然是阿盟除美国、苏联两大政治力量之外的第三种外交选择的象征。通过欧阿对话，促进双方增加相互了解。由于阿盟坚持不懈地主张将阿以冲突等政治问题列入讨论的范围，使欧共体不得不重视阿拉伯方面的立场，缩小同阿拉伯方面立场的分歧。① 在这个过程中，欧共体成员国逐渐接受巴解组织，承认巴解组织是和平进程必不可少的参与者。

六　欧共体与海湾合作委员会的对话

海湾地区石油储量占世界石油总储量的三分之二，是世界上最重要的产油区。欧共体经济的生存和发展除了依靠海湾石油以平稳价格充足供应外，对海湾市场也有很大的依赖。海湾地区是欧共体工业产品、军火的重要市场，海湾国家的巨额石油美元深刻影响着欧共体各国的经济和金融。欧阿对话中断后，欧共体迫切感到与海湾国家建立关系的重要性。1981年巴林、科威特、阿曼、卡塔尔、沙特和阿联酋六国组成海湾合作委员会（海合会）。不久欧共体就开始与其谈判合作问题。1985年10月，欧共体与海湾合作委员会在卢森堡举行第一次部长级会议，开始就经济贸易合作举行谈判。由于欧共体的贸易保护主义政策及海湾国家在谈判中的强硬立场，双方迟迟未达成一致意见。经过长期的艰苦努力，1988年6月双方在卢森堡签署为期5年的经济贸易合作协定，同意在经济、农业和渔业、工业、能源、科学技术、投资、环境和贸易等领域开展合作。

欧共体试图在经济领域建立制度性框架，以此来加强与海湾国家之间的关系，扩大双方经济和技术合作，促进海湾六国的发展和经济多样化，并以此增强六国在地区和平与稳定中的作用。为促进经济贸易合作协定的实施，欧共体和海合会派代表组成了理事会，由理事会

---

① Thomas L. Ilgen and T. J. Pempel, *Trading technology*: *Europe and Japan in the Middle East*, p. 153.

制定合作的总体指导路线。理事会每年至少召开一次会议，其决定对双方均有约束力。理事会下设联合合作委员会作为分支机构，以促进理事会的工作。此外，理事会还可根据需要设立其他委员会。1990年1月合作协定付诸实施。

在欧共体对外政策中，与海湾国家之间的关系比与阿拉伯世界其他国家的关系及环地中海政策都具有优先性。欧共体与海合会之间的经贸合作谈判能够成功进行下去，显示出欧共体对海湾国家石油和市场的深刻依赖。欧共体绕过美国单独与海合会国家发展关系，表明欧共体对美国作为帮助盟国、确保海湾地区稳定的能力缺乏信心。欧共体与海合会双方谈判的成功是对欧共体国际行为体属性的再次肯定。

第三节　欧共体对阿以冲突共同立场

阿以冲突问题是欧洲政治合作机制关注的重点，但欧共体成员国初期的立场差异巨大。在石油危机的推动下，欧共体形成对阿以冲突的共同立场。自从1973年11月《布鲁塞尔声明》承认巴勒斯坦人的正当权利开始，欧共体在对待阿以冲突问题的立场越来越接近阿拉伯方面的期望，并且政策也越来越具有连贯性。

根据巴勒斯坦人的总结及阿拉伯人在欧阿对话中的要求，阿拉伯人对欧共体有以下期望：承认巴勒斯坦人是民族而不仅仅是难民；承认巴勒斯坦人的民族权利及自决权，包括建立主权国家的权利；承认巴解组织是巴勒斯坦人的唯一合法代表；承认巴解组织作为巴勒斯坦人的全权代表参加与冲突有关的所有和谈。除了这些基本原则外，阿拉伯方面还希望欧共体在被占领土问题及发生在被占领土上的政治、经济和文化压制问题表明立场。[①] 从1973年到1982年，通过发表各种声明和宣言，欧共体在不同程度上满足了阿拉伯人的要求，逐渐形成

---

① Bichara Khader, "Europe and the Arab–Israeli Conflict: An Arab Perspective", in David Allen and Alfred Pijpers, eds., *European foreign policy – making and the Arab – Israeli conflict*, pp. 161–186; Panayiotis Ifestos, *European Political Cooperation: Towards a Framework of Supranational Diplomacy*? p. 439.

对阿以冲突的共同立场。

一　欧共体成员国对阿以冲突的立场分歧

20世纪70年代以前，欧共体在对外政策方面没有合作，各成员国执行独立的外交政策。对于阿拉伯与以色列之间冲突，各国立场差异巨大，即使1967年的第三次中东战争①也没有使他们达成一致意见。战争爆发后，法国和意大利支持阿拉伯一方，比利时和卢森堡试图在联合国和北约的机制内寻求解决，联邦德国虽然宣布中立而实际上支持以色列，荷兰同样采取亲以立场。在战后谈判中，法国在1969年4月倡议同美国、英国和苏联召开解决中东问题的四大国会议。但会议逐渐成为美国代表同苏联代表之间的会谈，最后不了了之。

阿以冲突问题是欧洲政治合作机制关注的重点，在其成立后于1970年11月首次举行的慕尼黑会议上成为讨论的两大问题之一，也是讨论最多的问题，但各方立场相去甚远。② 1971年5月，欧共体六国通过欧洲政治合作机制首次形成对阿以冲突问题的共同立场，在会议公报中要求以联合国安理会242号决议为基础解决阿以冲突。③ 在法国的主导下，六国还达成被称为《舒曼文件》(Schumann Document)的报告，由于荷兰的反对及联邦德国和意大利的保留意见，报告内容没有公开。④ 但不久报告内容泄漏，在本国媒体的猛烈抨击下，联邦德国副总理兼外长瓦尔特·谢尔在访问以色列时贬低该报告的重要性，认为这仅仅是还没有被通过的工作文件，而法国认为是正式文件。⑤

在内部分歧和以色列的压力下，欧共体六国不得不在阿以冲突问题上保持中立的态度。这也清楚表明此时欧共体对阿以冲突共同立场

---

① 以色列方面称为六日战争，阿拉伯国家方面称为六月战争，亦称六五战争、六天战争。

② Panayiotis Ifestos, *European Political Cooperation: Towards a Framework of Supranational Diplomacy?* pp. 154 – 155.

③ European Communities: *Bulletin of the European Communities No. 6*, 1971, p. 31.

④ Panayiotis Ifestos, *European Political Cooperation: Towards a Framework of Supranational Diplomacy?* pp. 420 – 421.

⑤ Edward A. Kolodziej, *French International Policy under De Gaulle and Pompidou: the Politics of Grandeur*, Ithaca: Cornell University Press, 1974, pp. 510 – 512.

的局限。然而对这个阶段的欧共体来说，《舒曼文件》的意义不在于形成了一个共同的对外政策，而是欧洲政治合作机制的有效运作。[①]对阿以冲突问题的处理就是欧洲政治合作机制首次成功的实际运作，为欧共体形成统一的地中海政策奠定了基础。

二 石油危机与欧共体《布鲁塞尔声明》

石油危机沉重打击了西欧国家的经济，暴露了欧共体成员国对外政策的分歧程度，使欧共体充分意识到自己在经济和政治领域的脆弱性，由此产生了深化一体化的要求。石油危机使欧美关系中的矛盾表面化。美苏两家排除西欧、包办中东事务的做法引起欧共体国家领导人的普遍担心和愤怒，尤其是法国和英国这两个在中东有重要传统利益的国家。法国总统蓬皮杜认为，美苏两家包办中东事务"不符合欧洲国家应该起的作用"，"基于历史、地理和由于重大经济利益而与地中海国家建立起来的各种联系，欧洲国家与近东有着直接的利害关系"。他的观点基本反映了西欧各国领导人的想法。[②] 1973 年 10 月 31 日，法国总统蓬皮杜致信欧共体各成员国政府首脑，建议在年底举行九国首脑会议，就中东和其他问题交换意见、协调政策，得到欧共体成员国的赞同。

1973 年 11 月 6 日，在法国的倡议下，为首脑会议做准备的布鲁塞尔九国外长会议发表联合声明，敦促阿以双方严格遵守安理会 338 号和 242 号决议，希望以联合国各项决议为基础，在中东恢复公正与和平。《布鲁塞尔声明》要求：

> 不承认通过武力获取领土；以色列撤出 1967 年战争中占领的全部土地；尊重该地区每个国家的主权、领土完整和独立，以及在安全和公认边界内和平生存的权力；认识到在建立公正和持久

[①] Ilan Greilsammer and Joseph Weiler, *Europe's Middle East dilemma: the quest for a unified stance*, p. 28.

[②] 据法新社 1973 年 10 月 31 日报道。

和平过程中,必须考虑到巴勒斯坦人的正当权利。①

《布鲁塞尔声明》提出:阿以冲突应该在联合国框架内解决;国际协议必须得到国际保证。这个声明完全赞成阿拉伯国家要求以色列撤出1967年所占全部阿拉伯领土的主张,消除了联合国242号决议中模棱两可的地方,也是除阿拉伯国家外首次提到"巴勒斯坦人的正当权利"的国际文件。《布鲁塞尔声明》标志着欧共体与阿拉伯世界关系的新时期,为后来的欧阿对话铺平了道路。②

《布鲁塞尔声明》发表不久,得到在阿尔及利亚召开的阿拉伯首脑会议的回应。阿拉伯石油输出国组织宣布,12月份的5%石油减产不适用于欧共体国家,欧共体的阿拉伯新政策得到了特别的回报。12月14日至15日,欧共体在哥本哈根召开首脑会议。在会议的第一天,由阿尔及利亚、苏丹、突尼斯和阿联酋代表组成的阿拉伯代表团突然到访,引起世人瞩目。③ 当天晚上,阿拉伯代表团同九国外长就中东局势和能源问题举行会谈,他们向九国外长说明了11月阿尔及利亚阿拉伯首脑会议的立场。次日,丹麦首相作为欧共体现任主席代表九国首脑会晤阿拉伯代表团。这些会晤对于促进西欧国家发展同阿拉伯国家的关系、促进西欧在阿以冲突问题上采取有别于美国的立场,起了很大的推动作用。④

欧共体哥本哈根首脑会议发表《欧洲同一性文件》,明确指出欧洲必须团结起来,用一个声音说话。所谓"用一个声音说话"在对外

---

① "Statement by the Nine Foreign Ministers on the Situation in the Middle East, Brussels, 6 November 1973", in Christopher Hill and Karen E. Smith, eds., *European Foreign Policy: Key Documents*, pp. 300 – 301.

② Haiifaa A. Jawad, *Euro – Arab Relations: A Study in Collective Dimplomacy*, UK: Ithaca Press, 1992, p. 56.

③ 阿拉伯代表团的突然到来出乎欧共体大多数首脑的意料,有资料表明是英国和法国的安排。Panayiotis Ifestos, *European Political Cooperation: Towards a Framework of Supranational Diplomacy?* p. 429; Søren Dosenrode and Anders Stubkjær, *The European Union and the Middle East*, p. 87.

④ 陈乐民:《战后西欧国际关系1945—1984》,第312页。

关系方面就是"九国应该在对外政策方面逐步确定共同的立场"①。"用一个声音说话"首先在阿以冲突问题上得到了体现。从此以后，欧共体对阿拉伯世界有了自己比较鲜明的立场和政策。②首脑会议期间，法国和英国提出与阿拉伯国家建立特殊关系的想法。在会议发表的声明中，不仅重申了布鲁塞尔外长会议对阿以冲突问题的立场，还呼吁就经济、工业发展、工业投资，以及以合理价格向欧共体成员国稳定供应能源等问题，在广泛合作的总原则的基础上与产油国进行谈判，开启了欧共体和阿拉伯国家之间对话的大门。

三 欧共体《伦敦宣言》的突破

以美国为首的西方国家最初把巴勒斯坦问题看作是一个"阿拉伯难民"问题，更不考虑巴勒斯坦人的未来地位问题，只是将其笼统地称为"阿拉伯难民"。在1971年的《舒曼文件》中，欧共体也只是提出，阿拉伯难民可以选择回归或补偿。到1973年11月6日的《布鲁塞尔声明》时，欧共体就提出了"巴勒斯坦人"问题，把"巴勒斯坦人的正当权利"作为实现该地区公正和持久和平的前提。③ 对巴勒斯坦人正当权利的具体内容，欧共体九国也逐渐形成共同立场。1974年召开的第29届联合国大会用"巴勒斯坦人民（the Palestinians people）"的表达取代"巴勒斯坦人（the Palestinians）"。1975年12月，意大利大使代表欧共体九国在第13届联合国大会发言时进一步指出：除1973年11月《布鲁塞尔声明》中提出的原则外，还应该"承认巴勒斯坦人民表现其民族特性的权利"④。

1977年是阿以冲突形势发生巨变的一年，也是欧共体对阿以冲突立场发生转折性变化的一年。这年年初，卡特就任美国总统，他提出

---

① "Declaration on European Identity by the Nine Foreign Ministers, Copenhagen, 14 December 1973", in Christopher Hill and Karen E. Smith, eds., *European Foreign Policy*: *Key Documents*, p. 95.

② 陈乐民:《战后西欧国际关系 1945—1984》，第312页。

③ Panayiotis Ifestos, *European Political Cooperation*: *Towards a Framework of Supranational Diplomacy*? p. 440.

④ Simon J. Nuttall, *European Political Co-operation*, p. 101.

"全面解决中东问题"的新构想，对巴勒斯坦人的态度也发生了变化，表示必须为巴勒斯坦难民提供一个"家园"。① 美国态度的变化为欧共体九国出台新政策开了绿灯。

1977年年初，九国外长批准了欧洲政治合作机制提交的关于中东问题联合宣言的草案，但并没有公开发表。这年5月，贝京领导的利库德集团在以色列议会选举中，击败执政29年的工党。6月贝京出任总理。贝京曾建立地下军事组织"伊尔贡"，是个立场坚定的犹太复国主义者，主张用暴力在巴勒斯坦建立犹太国。他领导的利库德集团是态度强硬的右翼政党，主张吞并包括耶路撒冷在内的全部巴勒斯坦领土，反对与阿拉伯方面进行任何妥协。以色列政局的改变成为欧共体立场变化的推动因素。②

1977年6月，欧洲理事会在伦敦会晤，发表关于阿以冲突的《伦敦宣言》，欢迎所有结束冲突的努力，敦促各方参加和支持和平进程。《伦敦宣言》提出：

> 九国已肯定了他们的这种信念：只有巴勒斯坦人民有效地表现其民族特性的正当权利成为事实，并把巴勒斯坦需要有一个祖国这一点考虑在内，才有可能解决中东冲突。他们认为，冲突各方——包括巴勒斯坦人民——的代表必须以有关各方协调制定的适当方式参加谈判。在全面解决方面，以色列必须准备承认巴勒斯坦人民的正当权利；同样，阿拉伯方面必须准备承认以色列在安全和得到承认的边界内和平生活的权利。用通过武力获得领土的办法不能保证该地区各国的安全，而必须以有关各方为了建立

---

① 徐向群、宫少朋主编：《中东和谈史1913—1995年》，中国社会科学出版社1998年版，第151页。
② Ilan Greilsammer and Joseph Weiler, "Europe Political Cooperation and the Arab – Israeli Conflict: an Israeli perspective", in David Allen and Alfred Pijpers, eds., *European foreign policy - making and the Arab – Israeli conflict*, p. 137.

真正和平的关系而共同对和平承担的义务为基础。①

这个宣言与1973年11月的《布鲁塞尔声明》及1980年6月的《威尼斯宣言》一起，成为欧共体对阿以冲突的标志性文件。与《布鲁塞尔声明》相比，《伦敦宣言》把巴勒斯坦问题作为阿以冲突的核心问题，在两个方面有了突破。首先，提出巴勒斯坦人的正当权利，并进一步明确这种正当权利的内容，即巴勒斯坦人民有效地表现其民族特性，需要一个祖国（homeland）。从1977年到1980年，欧共体九国尽量根据《伦敦宣言》的精神对中东事务做出回应，在不同场合重申巴勒斯坦人建立祖国的必要性。虽然"祖国"一词并不必然意味着"主权国家"（statehood），但仍然遭到以色列的强烈反对。② 以色列否认巴勒斯坦人建立主权国家的权利，认为约旦就是巴勒斯坦人的国家，如果存在巴勒斯坦人问题的话，那就是难民问题，而不是其他。

其次，要求巴勒斯坦人民的代表参加和谈。《伦敦宣言》对巴解组织仍然持保留态度，没有公开承认巴解组织在和平进程中的作用。虽然不完全符合阿拉伯方面和巴解组织的立场要求，但他们仍然认为《伦敦宣言》要求巴勒斯坦人民的代表参加和谈是欧共体立场的积极发展。③ 此外，《伦敦宣言》也平衡了对阿以双方的立场，强调阿拉伯方面应该"承认以色列在安全和得到承认的边界以内和平生活的权利"。阿拉伯和以色列之间的"相互承认"也成为欧共体地中海政策的重要内容之一。

四　欧共体九国与《戴维营协议》

第四次中东战争停火后，经过美国国务卿基辛格的斡旋，1973年

---

① "Statement by the European Council on the Middle East, London, 29 June 1977", in Christopher Hill and Karen E. Smith, eds., *European Foreign Policy: Key Documents*, p. 301. 《中东声明》全文见《欧洲经济共同体通过〈中东声明〉》，载尹崇敬主编《中东问题100年》，第631—632页。

② Panayiotis Ifestos, *European Political Cooperation: Towards a Framework of Supranational Diplomacy?* p. 441.

③ Bichara Khader, "Europe and the Arab–Israeli Conflict: An Arab Perspective", in David Allen and Alfred Pijpers, eds., *European foreign policy–making and the Arab–Israeli conflict*, pp. 161–186.

12月21日在日内瓦正式召开由美苏共同主持的、阿以双方代表参加的中东和平国际会议。会议结束后,有关各国不断做出各种探索和努力,试图通过再次召开日内瓦会议,寻求"全面解决"中东问题的办法。

与此同时,美国在暗中撮合埃及同以色列单独和谈。1977年,美国的努力首先有了重大突破,当年11月埃及总统萨达特访问耶路撒冷,震惊整个阿拉伯世界。1977年11月22日,欧洲政治合作机制九国外长布鲁塞尔会议发表声明,对"萨达特总统的大胆首创"及"在耶路撒冷开始的史无前例的对话"表示支持。声明同时也重申了九国在《伦敦宣言》中提出的主要立场,希望埃及和以色列之间的对话"开辟全面谈判的道路,通向考虑到有关各方权利和立场的公正和持久的全面解决",指出"当务之急是为该地区所有人民,包括巴勒斯坦人民在内,以得到国际社会承认的、尤其体现在欧洲理事会1977年6月29日宣言中的原则为基础,取得最终的真正和平"。九国还表达了尽快召开日内瓦会议的愿望。①

欧洲政治合作机制的声明体现了欧共体对埃以单独媾和的保留意见,表明了欧共体的矛盾态度:一方面不想妨碍萨达特寻求和平的行动,但另一方面又坚持认为中东和平需要达成"全面、持久和公正解决"。《伦敦宣言》主张国际社会共同努力通过和谈达到全面和平,关键点是给巴勒斯坦人一个祖国,日内瓦会议是基本的讨论形式。② 但在美国主导下,中东局势正朝着与《伦敦宣言》相反的方向发展:通过支持埃以单独媾和,美国成功地排除其他外部势力的干涉,完全主导了中东和平进程;巴勒斯坦问题由埃及和以色列单方面谈判解决;阿拉伯世界内部发生分裂;欧共体重开日内瓦国际和会的希望破灭。埃以单独媾和导致中东政治地图发生改变,大大压缩了欧共体九国发挥外交努力的空间,注定了欧共体作为中东和平进程政治观察员,只

---

① European Communities: *Bulletin of the European Communities No.* 10, 1974, p. 92, cited in Panayiotis Ifestos, *European Political Cooperation: Towards a Framework of Supranational Diplomacy?* p. 444.

② Simon J. Nuttall, *European Political Co-operation*, p. 159.

第二章　欧共体对地中海政策的初步形成　/　63

有静待埃以和谈的结果。

1978年9月17日，埃及和以色列在美国的主持下达成《戴维营协议》。两天后欧共体成员国外长发表联合声明，在对卡特表示祝贺、对萨达特和贝京表示赞赏的同时，重申欧共体坚持"全面、持久和平解决"，强调"九国政府希望戴维营会议的结果是通向公正、全面和持久和平的重要一步，有关各方将能够加入这个进程以促进目标实现"①。这表明欧共体有条件支持《戴维营协议》的立场。1978年12月，欧阿对话总委员会在大马士革召开第四届会议。在阿拉伯国家的压力下，欧共体在会后发表的公报中不再提有条件支持《戴维营协议》的立场，而是强调"全面解决""建立巴勒斯坦祖国"，认为"以色列自1967年以来在被占领土上的行为违反国际法"，"是和平的严重障碍"②。这与《戴维营协议》实行逐步解决、不提巴勒斯坦人的民族权利及巴勒斯坦建国的精神和措辞都有根本区别。

1979年3月26日，埃以签署和约，双方都做了不同程度的妥协，但以色列坚持占领约旦河西岸与加沙地带的立场，埃及在以色列拒不从1967年占领的阿拉伯领土撤出、不承认巴勒斯坦人的民族权利的情况下与之签约。欧洲共同体各国发表声明，对卡特的和平意愿以及萨达特和贝京的努力表示赞赏，认为"要全面实施联合国安理会第242号决议还有一段艰难的路程"，和约只是"在埃以关系方面"正确执行了安理会242号决议的原则。声明再次重申坚持全面解决："中东公正持久的和平只能建立在一项全面解决的范围内。这样一种解决应以安理会第242号和第338号决议为基础，并且应当使巴勒斯坦人民建立一个祖国的权利得以实现。"最后，声明将对埃以和约的希望与以色列在被占领土上设立定居点的行为联系起来，认为这已经成为和平

---

① "Statement by the EEC Foreign Ministers on the Camp David Meeting, September 19, 1978", in John Norton Moore ed., *The Arab - Israeli Conflict Volume IV: The Difficult Search for Peace (1975 - 1988)*, p. 330.

② 《第四届阿拉伯—欧洲对话委员会会议公报（1978年12月13日）》，载尹崇敬主编《中东问题100年》，第635页。

的一个障碍。① 通过这个声明，欧共体承认了巴解组织及其在和谈中的作用以及巴勒斯坦人建立独立国家（state）的自决权，对阿以冲突的立场基本上满足了阿拉伯方面的要求。1979年6月18日，欧共体九国外长再次谴责以色列在约旦河西岸建立定居点的行为，认为这不符合联合国决议，违反了国际法，并对以色列进攻黎巴嫩南部地区进行了间接批评。②

1979年9月25日，爱尔兰外长作为共同体部长理事会主席在第34届联大发言，他阐述的欧共体立场进一步接近了阿拉伯方面的要求。他把巴勒斯坦人的合法权利界定为"有权建立自己的国家以及有权通过他们的代表在商谈实现中东和平的全面解决办法中发挥充分的作用"，认为"安理会242号和338号决议应该被包括巴勒斯坦解放组织在内的冲突各方接受为进行全面解决谈判的基础，各方都应该在这种谈判中发挥作用"。在这里欧共体九国不仅第一次提到巴解组织，而且表明不反对巴解组织参加和谈并发挥作用，但条件是其接受以色列的生存权。欧共体立场的另一大发展是关于耶路撒冷问题，共同体表示不接受任何可能改变耶路撒冷现状的单方面行动。③

五 《威尼斯宣言》与欧共体共同立场

20世纪70年代末80年代初，国际局势和中东地区都进入动荡不安的时期。1979年苏联入侵阿富汗，标志着东西方关系缓和时期结束，冷战进入新的高潮。海湾地区内部的重重危机也开始爆发。1979年初，伊朗的伊斯兰革命取得胜利，巴列维王朝被推翻，建立了伊斯兰共和国。伊朗推行"输出伊斯兰革命"的政策，与伊拉克的矛盾不断激化，双方在1980年爆发两伊战争。受中东局势影响，1978年至

---

① 《欧洲经济共同体就埃以和约签字发表声明（1979年3月26日）》，载尹崇敬主编《中东问题100年》，第635页。
② 《欧洲经济共同体外长会议谴责以色列在约旦河西岸建立居民点（1979年6月19日）》，载尹崇敬主编《中东问题100年》，第636页。
③ 《爱尔兰外长代表欧洲经济共同体在联大谈中东问题（1979年9月25日）》，载尹崇敬主编《中东问题100年》，第636—637页。

1980年底,国际原油价格大幅上涨,再次引发石油供应危机。欧共体一方面担心石油的稳定供应,另一方面开始怀疑美国维持中东安全和稳定的能力及其保护盟国的能力和决心。

从1973年石油危机爆发到1979年,欧共体九国通过一系列的宣言、声明,在阿以冲突问题上明显向支持阿拉伯一方的立场转变,在巴勒斯坦问题上满足了阿拉伯主流政治的大部分要求。欧阿对话也大大促进了双方的交流,无论是欧共体成员国与阿拉伯国家之间的双边关系还是欧共体与阿拉伯联盟两个集团之间的关系都有了很大发展。《戴维营协议》签署一年后,巴勒斯坦自治问题仍没有达成协议,持温和立场的阿拉伯国家也开始对美国失望,转而向欧共体寻求支持,将其作为美国、苏联之外的第三种势力。欧共体内部,在建立统一立场方面已经积累了较多的经验,通过欧洲政治合作机制对中东问题的处理,九国在对外政策方面确定共同立场的能力有所发展。但在1979年11月伊朗发生人质危机、12月苏联入侵阿富汗时,欧洲政治合作机制都未能及时协调出共同立场,欧共体迫切需要采取实际行动促进欧洲政治合作机制的发展。1980年初,巴勒斯坦自治谈判前景渺茫,通过《戴维营协议》解决巴勒斯坦问题的希望破灭,欧共体开始尝试在中东和平进程中发挥自己的作用。这使1980年成为欧共体对阿以冲突尤其是巴勒斯坦问题政策的一个转折点。

1980年3月,欧洲政治合作机制开始讨论在阿以冲突问题上采取新举措的可行性。欧共体成员国外长们原则上同意等到美以埃三方关于巴勒斯坦自治问题谈判的最后期限过后再有所行动。[1] 1980年4月,欧洲理事会在卢森堡召开会议,九国在公报中宣布"欧洲发挥作用的时机成熟","已经通知各国外长在6月威尼斯会议时提交有关中东问题的报告"[2]。在5月17日召开的欧共体外长会议为此进行了积极的准备:要求修改242号决议,确认巴勒斯坦人的自决权,承认巴解组

---

[1] Simon J. Nuttall, *European Political Co-operation*, p. 163.
[2] European Communities: *Bulletin of the European Communities No. 4*, 1980, point 1.1.15., p. 12.

织为巴勒斯坦人的合法代表,使其参加全面解决中东问题的和平进程。①

为阻止欧共体的行动,美国、以色列和埃及发动了大规模的外交攻势,共同体各成员国都承受着巨大的外交压力。最大的压力来自美国,卡特派国务卿去劝说欧共体不要采取任何有关中东问题的行动,卡特表示美国决不允许联合国有任何破坏242号决议的行为,并威胁使用否决权。②美国的施压起到了效果。6月初欧洲理事会主席、意大利外长到华盛顿向美国国务卿解释,欧洲不是要反对《戴维营协议》,只是想提出一些具有建设性的意见。联邦德国外长根舍也在波恩宣布,欧共体不打算提议修改242号决议。③在美国压力下,欧共体放弃了促使联合国修改242号决议的想法,在涉及巴勒斯坦人问题上的立场大为缓和,并且顾及埃及的立场,将重启欧阿对话的努力与阿以冲突问题分开考虑。

1980年5月26日,规定的巴勒斯坦自治谈判的最后期限到达,但谈判没有在任何问题上取得进展。埃及被迫宣布推迟谈判,指出这样的谈判形式已难以维持。1980年6月13日,欧洲理事会威尼斯首脑会议就中东问题发表声明,即《威尼斯宣言》。

在宣言中,欧共体九国认为他们"必须发挥特殊的作用,更具体地为实现和平而努力"。宣言重申了对联合国242号338号和决议的支持,表明欧共体政策的基础及两条原则是"该地区各国,包括以色列在内,有生存和得到安全的权利,对所有人民应当公正,这意味着承认巴勒斯坦人民的正当权利"。与以往的立场相比,《威尼斯宣言》在巴勒斯坦问题上的立场上更进一步,公开承认巴勒斯坦人的自决权:"巴勒斯坦人认识到他们是作为巴勒斯坦人民而存在的,因此,必须在全面和平解决办法范围内规定适当的程序使他们能够充分行使其自

---

① Panayiotis Ifestos, *European Political Cooperation*: *Towards a Framework of Supranational Diplomacy*? p. 456.

② Simon J. Nuttall, *European Political Co-operation*, p. 164.

③ Panayiotis Ifestos, *European Political Cooperation*: *Towards a Framework of Supranational Diplomacy*? p. 456.

决权。"承认巴解组织的作用,"这些原则适用于所有的相关方面,因而也适用于巴勒斯坦人民和巴勒斯坦解放组织,必须使这个组织同谈判发生关系"。对于耶路撒冷地位问题,强调"不接受旨在改变耶路撒冷地位的任何单方面倡议"。对于以色列定居点问题,要求"以色列必须结束自1967年冲突以来一直保持的对领土的占领",认为"以色列定居点构成对中东和平进程的一个严重障碍",根据国际法是"非法的"。对于欧共体九国发挥作用的形式,提出"九国决定同所有的相关方面进行必要的接触……并根据这个协商过程所取得的结果,决定他们方面的这样一种倡议所可以采取的形式"[1]。

《威尼斯宣言》以明确和严厉的方式陈述了欧共体的立场,但比其原定立场要缓和的多。因此美国的反应极为克制。但《威尼斯宣言》还是激怒了以色列,总理贝京亲自起草声明对其进行猛烈攻击,谴责这是一个试图破坏《戴维营协议》和中东和平进程的"慕尼黑阴谋"。[2] 欧共体同以色列的关系降到最低点,并且从未得到完全恢复。在威尼斯首脑会议召开之前,巴解组织对欧共体报以极高期望,但最后变得相当失望。巴解组织批评《威尼斯宣言》没有承认自己是巴勒斯坦人民的唯一合法代表,认为这个宣言忽视了中东取得公正、持久和平的基本前提和阿以冲突的核心问题,是美国压力下的产物,呼吁欧洲国家采取更加独立的立场,从美国的政策压力和勒索中解放出来。[3] 阿拉伯国家中,只有持温和立场的埃及、约旦、沙特等认为欧共体走出了重要的一步。

---

[1] "Declaration by the European Council on the Situation in the Middle East (Venice Declaration), Venice, 12 – 13 June 1980", in Christopher Hill and Karen E. Smith, eds., *European Foreign Policy: Key Documents*, pp. 302 – 304.《欧洲经济共同体首脑会议就中东问题发表声明(1980年6月13日)》,载尹崇敬主编《中东问题100年》,第638—639页。

[2] Ilan Greilsammer and Joseph Weiler, "Europe Political Cooperation and the Arab – Israeli Conflict: an Israeli perspective", in David Allen and Alfred Pijpers, eds., *European foreign policy – making and the Arab – Israeli conflict*, pp. 144 – 145.

[3] Panayiotis Ifestos, *European Political Cooperation: Towards a Framework of Supranational Diplomacy?* pp. 464 – 465; Ilan Greilsammer and Joseph Weiler, "Europe Political Cooperation and the Arab – Israeli Conflict: an Israeli perspective", in David Allen and Alfred Pijpers, eds., *European foreign policy – making and the Arab – Israeli conflict*, pp. 145 – 146.

《威尼斯宣言》是欧共体对阿以冲突共同立场发展的标志和顶点，也成为以后欧共体及欧盟对阿拉伯立场和政策的基础。作为欧洲政治合作成功的例子，《威尼斯宣言》也显示了欧共体作为独立的国际行为体的发展。但《威尼斯宣言》没有为阿以冲突提出成功的解决办法。由于以色列和巴解组织两方对《威尼斯宣言》及欧共体的失望和否定态度，限制了欧共体作为中东和平调停者的能力，也限制了《威尼斯宣言》对中东和平进程的影响。此外，欧洲政治合作机制尚未发展成熟，成员国无法克服传统外交政策的差异真正达成一致。来自美国的压力也极大地限制了欧共体采取独立的外交举措。这些因素是欧共体在对外政策方面形成共同立场所面临的障碍。

六　欧共体对阿以冲突共同立场的困境

1980年7月30日，以色列将耶路撒冷正式定为"永恒的与不可分割的"首都，为在耶路撒冷地位这一关键问题上继续谈判设置了严重障碍。8月15日，埃及宣布中止同以色列在巴勒斯坦自治问题上的谈判。戴维营和平进程搁浅。在这种情况下，欧共体开始按照《威尼斯宣言》所说，准备"同所有的相关方面进行必要的接触"。卢森堡时任轮值主席国，其外长加斯东·托恩率团访问了突尼斯、以色列、黎巴嫩、叙利亚、约旦、科威特、伊拉克、沙特和埃及等中东诸国，[①]并在贝鲁特会见了巴解组织主席阿拉法特。托恩向阿拉伯和以色列领导人解释了9国的倡议。对于欧共体的外交活动，阿拉伯领导人给予了一定的支持，以色列的态度则相当消极。

1980年12月初召开的欧洲理事会卢森堡会议决定继续进行这种和平努力。1981年春荷兰任轮值主席国后，外长率团访问中东国家，但没有取得什么成果。首先，荷兰一直保持传统的亲美和亲以立场，是以色列在欧共体最好的朋友，对巴解组织参加和平进程持保留态

---

① European Communities：*Bulletin of the European Communities No.*7/8，1980，point 2.2.68，p.85.

度。① 其次，新当选的美国总统里根不允许欧洲插手中东事务。从 1979 年开始，冷战进入新的高潮，美国所有的外交政策都围绕两大阵营之间的对抗展开，反对欧洲采取任何有可能危及美国全球战略的举动。再次，支持以色列和《戴维营协议》的密特朗接替德斯坦出任法国总统，政局的变化导致法国的中东政策一时尚未明确。最后，埃及与以色列单独媾和导致阿盟内部发生分裂，欧共体不得不采取谨慎态度。1981 年 6 月，欧洲理事会卢森堡会议要求各国外长继续为可能的欧洲和平计划努力，但欧共体失去了集体参与中东和平的动力，在 1982 年以色列入侵黎巴嫩之前，一直对阿以冲突局势发展采取观望态度。

1981 年 8 月，阿拉伯温和势力的代表沙特阿拉伯提出解决阿以冲突的八点建议，即法赫德和平计划，暗示着对以色列的承认。欧共体十国②公开对法赫德计划表示支持。但阿拉伯非斯峰会则否决了法赫德计划。

《埃以和约》规定以色列撤出西奈半岛。1981 年 8 月埃以达成协议，规定以色列撤走后，将建立国际监督部队驻扎在埃以边界。这项任务本应由联合国维和部队承担，由于苏联的反对，改由美国出面组建一支多国部队。法国、英国、意大利、荷兰四国参加了多国部队和观察员（MFO），遭到希腊的坚决反对，导致共同体内部出现分歧。四国参加多国部队也引起巴解组织和阿拉伯国家的强烈反对，认为这是向《戴维营协议》"屈服"。四国不得不从《威尼斯宣言》中寻找行动的根据，但又遭到以色列的反对。以色列坚持认为，多国部队只能建立在《戴维营协议》的基础上。经过两个月的争议，四国被迫承认他们在"埃以和以色列之间达成的各种协议"基础上参加多国部队，③ 对于他们的参加"不附任何与《威尼斯宣言》或其他文件相联

---

① Ilan Greilsammer and Joseph Weiler, *Europe's Middle East dilemma: the quest for a unified stance*, p. 60.

② 1981 年 1 月 1 日希腊正式加入欧共体。

③ Ilan Greilsammer and Joseph Weiler, *Europe's Middle East dilemma: the quest for a unified stance*, p. 66.

系的政治条件"。① 由此引发的共同体内部的分歧、与阿拉伯世界的紧张关系妨碍了欧共体采取独立举措的能力。此后几年，欧共体国家形成共同立场的努力重新回到民族国家层面，在中东问题上，成员国各自执行独立的外交政策，欧洲政治合作机制也只是偶尔发表宣言，没有再提出重要的集体行动计划。

埃以关系正常化后，黎巴嫩南部的巴解组织武装力量和驻扎在黎巴嫩的叙利亚军队成为以色列安全的最大威胁。1982年6月4日，以色列借口其驻英国大使遇刺而入侵黎巴嫩。9日，欧共体十国外长齐聚波恩发表措辞强烈的宣言，谴责以色列公然违背国际法，要求以色列立即无条件撤出所有军队，否则十国将考虑采取行动的可能。② 声明在谴责以色列的同时也提出了未指明的警告，这是各国立场妥协的结果：希腊希望明确提出制裁，法国同意提出未指明的警告，其他国家则反对提到采取措施，荷兰、联邦德国和丹麦还希望提到以色列驻英国大使遇刺。尽管各国立场存在分歧，最后仍然在英国的压力下很快达成妥协。

五天后，欧共体向以色列政府发出文件，提出允许国际人道援助组织进入、停火等十点要求，遭到以色列的拒绝。6月21日，欧洲理事会决定推迟同以色列签署经济协议，双方合作理事会会议延期召开。1982年6月底欧洲理事会在法国举行，十国再次谴责以色列的入侵行为，但并未就采取共同行动达成一致。黎巴嫩原是法国的委任统治地，因此法国积极参与黎巴嫩危机的解决，依靠联合国安理会常任理事国身份及与埃及的良好关系积极推行本国的中东政策。1982年8月，巴解组织武装力量撤出贝鲁特，法国和意大利参加了美国组织的多国部队监督撤军。9月，贝鲁特巴勒斯坦难民营发生大屠杀事件，法意美组成的多国部队重返贝鲁特，直到1984年法国驻军才全部撤离黎巴嫩。

---

① 《美、以关于西欧四国参加多国部队的联合声明（1981年12月3日）》，载尹崇敬主编《中东问题100年》，第640—641页。

② "Statement by the Ten Foreign Ministers on the Situation in Lebanon, Bonn, 9 June 1982", in Christopher Hill and Karen E. Smith, eds., *European Foreign Policy*: *Key Documents*, pp. 304 – 305.

第二章 欧共体对地中海政策的初步形成

在这个阶段，欧洲政治合作机制所做的只是表示支持1982年9月1日美国提出的里根计划和9日阿盟提出的非斯宣言，鼓励约旦和巴解组织进行的对话。此后虽然法国和英国极力推动中东和平进程及阿拉伯方面与以色列相互承认，但没有获得成功。在1989年冷战结束之前，除继续支持召开促进中东和平的国际会议和阿以对话外，欧洲政治合作机制没有提出更多的建议。

巴勒斯坦发表《独立宣言》后，欧共体认为巴勒斯坦国未确定边界，没有政府，并未在法律上承认巴勒斯坦国，但不少国家与巴解组织保持着各种形式的联系，不断为被占领土的巴勒斯坦人提供物质援助。在同巴解组织举行的各种会谈中，欧共体表示愿意加强双方在政治、经济、社会和文化等领域的合作。海湾危机发生后，西欧国家谴责巴解组织支持伊拉克入侵科威特，欧共体12国外长宣布冻结与巴解组织和阿拉法特的接触，直到海湾战争结束后，双方关系才有所恢复。

第 三 章

海湾战争与欧盟对地中海政策的发展

德国统一及海湾战争极大地促进了欧共体政治一体化进程的发展。在应对海湾危机的过程中，欧洲政治合作机制的局限性暴露无遗。欧共体国家在对海湾战争进行反思后认识到，为了有效地维护自身利益和在国际事务中有所作为，不能仅仅局限于深化经济一体化，还必须加强在政治和防务安全领域的联合，使欧共体拥有与其经济地位相称的政治实力和防务手段。1991年12月，欧共体12国首脑会议通过《欧洲联盟条约》（又称《马斯特里赫特条约》），决定实行共同外交与安全政策，成为统一对外政策进程中的一个重要里程碑。1993年11月1日，《马斯特里赫特条约》生效，欧洲共同体发展为欧洲联盟。海湾战争也促使欧盟重新评估其地中海政策、对中东和平进程的政策及与海湾合作委员会的关系，并根据变化了的国际和地区形势做出新的调整。

第一节 欧盟与海湾战争

1990年8月2日，在东欧形势剧变、美苏关系趋向缓和、世界两极格局走向瓦解之际，伊拉克突然入侵科威特，海湾危机爆发。美国在推动国际社会对伊拉克实行外交孤立、政治打击和经济封锁的同时，在1991年年初对伊拉克发动军事行动，海湾危机演变成海湾战争。欧共体在海湾危机初期的反应显示了成员国在对外政策方面的协调和统一，但随后对人质事件和通过外交途径解决危机问题的处理表明，当外交压力达到一定程度时，欧共体成员国总是各行其是，欧洲政治合作机制的局限性再次暴露出来。海湾战争后，在对伊拉克进行制裁和打击等问题上，由于成员国的分歧，欧共体共同外交与安全政策并没有发挥作用，民族国家的主权独立外交占据了主导地位。

一 欧共体与海湾危机

（一）欧共体对伊拉克的制裁

伊拉克入侵科威特后，欧洲政治合作机制迅速做出反应，在几小时内就发表声明谴责这种侵略行为，要求伊拉克立刻撤军。两天后，欧共体政治委员会在罗马召开会议，决定对伊拉克实施经济制裁，宣布停止从伊拉克和科威特进口石油，冻结伊拉克在欧共体成员国境内的财产，对伊拉克实施武器禁运，中止同伊拉克在军事层面的任何合作，中止同伊拉克的技术和科技合作，中止对伊拉克实施的普惠制。[①] 在1990年8月6日联合国安理会决定对伊拉克实施广泛禁运后，欧共体于8日决定实施对伊拉克的制裁。

有学者认为，实施制裁是欧洲政治合作机制解决国际危机的一个传统武器，另一个典型的武器是伸手拿支票本。[②] 海湾危机爆发后，大量外国人滞留在伊拉克和科威特两国。1990年8月11日，伊拉克开始允许来自阿拉伯国家和第三世界国家的外国人离开。这些身无分文的人大部分涌入约旦、埃及和土耳其，等待资金中转回国。欧共体及其成员国通过非政府组织、红十字会/红新月会、联合国以及埃及、约旦政府共为他们提供了9900万埃居的紧急援助。[③] 海湾危机导致的石油价格上涨及国际社会对伊拉克的制裁使一些国家的经济受到打击。9

[①] "Statement by the Community and its Member States on the Invasion of Kuwait by Iraq, Rome and Brussels, 2 August 1990", in Christopher Hill and Karen E. Smith, eds., *European Foreign Policy: Key Documents*, pp. 331 – 332.

[②] Simon J. Nuttall, *European Foreign Policy*, Oxford: Oxford University Press, 2000, p. 131.

[③] Simon J. Nuttall, *European Foreign Policy*, pp. 131 – 132.

月7日，欧共体决定向因对伊拉克实施制裁而遭受严重经济损失的埃及、约旦和土耳其提供经济援助。但成员国就援助资金来源问题产生了不同意见，直到12月4日才达成一致。

欧共体虽然做出了制裁伊拉克的决定，但并没有能力实施。对伊拉克实施禁运需要在红海和波斯湾部署军舰进行封锁。比利时、法国、意大利、荷兰、西班牙和英国准备参与海军封锁行动，但根据相关规则，他们不能在欧洲政治合作机制的框架内讨论军事行动问题。只有西欧联盟提供了有限的军事合作平台。法国从1990年7月开始任西欧联盟主席，在其倡议下，西欧联盟在8月21日召开外长和国防部长联席会议，决定各成员国就介入海湾危机的总体行动构想、军事部署、后勤支援和情报交流等方面进行协调。8月27日，西欧联盟还首次召开成员国参谋长会议，起草了实施禁运的联合指导方针的原则。总体上讲，对于成员国在红海和波斯湾进行的海军封锁及空中监视活动，西欧联盟进行了相对有效的协调。[①]

（二）欧共体与人质事件

海湾危机爆发后，欧共体成员国有将近8000人滞留在伊拉克和科威特两国境内，被伊拉克当作人质，其中一部分人被安置在易遭袭击的军事、石油设施及要害部门。欧共体在授权轮值主席国意大利进行协调的同时，对伊拉克进行严厉警告，要求保障人质的安全。意大利代表欧共体向联合国安理会提交要求伊拉克释放第三国公民的提案，在1990年8月18日获得安理会通过。

伊拉克利用西方人质作为打破国际制裁、分化反伊拉克联合行动的一种工具。在伊拉克的诱使下，欧共体成员国开始单独采取行动。1990年10月22日，法国327名人质被伊拉克政府宣布全部释放。[②] 英国和荷兰等国因此而怀疑法国单方面与伊拉克当局进行了谈判，达成了秘密交易。在法国人质获得释放的同时，英国前首相希思在巴格达进行活动，使33名年老及生病的英国人质获释。10月28日，欧洲

[①] Simon J. Nuttall, *European Foreign Policy*, p. 136.

[②] Simon J. Nuttall, *European Foreign Policy*, p. 138.

理事会罗马会议发表声明,提出解决人质问题的方针,要求成员国保持团结,不得与伊拉克谈判释放人质问题,以防止伊拉克的分化政策。11月12日召开的欧共体外长会议再次强调了这个立场。① 但在国内民意压力下,德国总理科尔同意前总理勃兰特对伊拉克进行"非正式"访问,德国人质随之释放。与法国掩盖其解救人质的行动相比,德国毫无顾忌地打破了共同体的底线。欧共体其他成员国对德国的行为极为愤怒,在罗马召开欧洲政治合作机制特别会议讨论这个问题。三国对人质问题的处理削弱了共同体在这个问题上的共同立场,使欧洲政治合作机制蒙上阴影。

二 欧共体和平解决危机的努力与参加海湾战争

海湾危机爆发后,美国的军事压力和国际制裁都没能迫使伊拉克改变立场。1990年11月29日,联合国安理会发出最后通牒:如果伊拉克到1991年1月15日还不从科威特撤军,就授权成员国对其动武。伊拉克入侵科威特后,萨达姆把海湾危机与阿以冲突联系起来,坚持二者同步解决,要求以色列撤出所有占领的阿拉伯领土。萨达姆的外交策略引起了阿拉伯国家的共鸣。欧共体在阿以冲突问题上一直比较支持阿拉伯方面立场,担心对伊拉克的战争将影响到欧共体与阿拉伯国家之间的传统关系。因此,欧共体在支持联合国安理会决议的同时,积极开展外交活动,谋求和平解决危机。1990年12月5日,欧共体12国邀请伊拉克外长塔拉齐·阿齐兹到罗马会晤,但在美国的反对下不得不取消。1991年1月4日,欧洲政治合作机制在卢森堡召开部长级特别会议,建议"三驾马车"与伊拉克外长会晤,遭到伊拉克的拒绝。② 为说服伊拉克撤军,欧共体及其成员国一直积极开展外交活动,

---

① "Statement by the Community and its Member States on the Gulf Crisis, Rome and Brussels, 12 November 1990", in Christopher Hill and Karen E. Smith, eds., *European Foreign Policy: Key Documents*, pp. 333–334.

② "Press Statement by the Presidency on the Gulf Crisis, Extraordinary European Political Cooperation (Ministerial) Meeting, Luxembourg, 4 January 1991", in Christopher Hill and Karen E. Smith, eds., *European Foreign Policy: Key Documents*, p. 334.

直到 1 月 14 日联合国的最后通牒到期、海湾战争爆发前欧共体才不得不承认外交努力失败。

在通过外交途径解决海湾危机的过程中，欧共体成员国之间的分歧又一次暴露出来。海湾危机爆发后，英国迅速与美国站在了一起。法国把政治解决放在优先地位，希望在联合国对伊拉克实施制裁的基础上求得海湾危机和平解决，避免被美国拖入一场西方国家和阿拉伯国家之间的战争。1990 年 9 月 24 日，法国总统密特朗在联合国大会上提出解决海湾危机的四点方案，把解决海湾危机与解决中东其他问题联系起来，与伊拉克的观点比较接近。[①] 美国反对把伊拉克从科威特撤军与中东其他问题相联系，拒绝法国的方案。10 月 3 日，密特朗开始访问海湾国家，强调"法国将努力寻求和平解决危机的办法"。联合国做出最后通牒后，法国仍然强调，在最后通牒期满前，法国不会忽视任何和平解决的可能性，再次提出把解决海湾危机与中东其他问题挂钩的主张，并建议召开中东问题国际会议。[②] 1991 年 1 月 14 日，法国在没有与其他成员国协商的情况下，单独提出一个六点和平计划。这显然背离了欧洲政治合作机制关于成员国在采取外交政策以前应与其他成员国进行协商的要求。法国的举动引起英国和荷兰的不满，法国则指责两国过于听从美国，妨碍了欧共体采取共同立场。

1990 年 8 月 7 日，美国开始执行"沙漠盾牌"军事计划，用 3 个月的时间完成了第一阶段军事部署，11 月又大规模增兵海湾，实施第二阶段的部署。英国紧跟美国政策，向海湾地区派驻军队。法国虽然派出了部队，但强调自己的独立性，只是在最后和平努力失败后才逐步介入军事行动，向美国政策靠拢，并将部队交由美国统一指挥。1991 年 1 月 17 日，海湾战争爆发后，意大利也加入战争行列。德国由于宪法禁止参与军事行动而没有参战，但通过资助美国表明了立场。除英法意三国参加了对伊拉克的战斗之外，欧共体其他成员国多是象

---

① 张锡昌、周剑卿：《战后法国外交史（1944—1992）》，世界知识出版社 1993 年版，第 559 页。

② 张锡昌、周剑卿：《战后法国外交史（1944—1992）》，第 559 页。

征性参与，热情并不高。

三 对伊拉克的战后安排与欧盟成员国的分歧

海湾战争期间，伊拉克北部的库尔德人、南部的什叶派穆斯林趁机发动起义，反对复兴党的统治。战争结束后，美国停止对库尔德人的支持，伊拉克政府在镇压什叶派后大举进攻库尔德人武装。欧共体12国谴责伊拉克的镇压行为，同时又根据英国的提议，向联合国建议在伊拉克设立"库尔德人保护区"。[①] 1991年4月底，美国将伊拉克北纬36度以北设为安全区，由美英法军队在此保护库尔德人，禁止伊拉克军用飞机和直升机进入该地区上空。1992年7月下旬，英法又追随美国在伊拉克北纬32度以南地区上空设立"禁飞区"，以保护当地的什叶派穆斯林。这两个禁飞区削弱了萨达姆当局对40%国土的控制能力，使美国加强了对伊拉克的军事监视。禁飞区建立后，美伊围绕各种问题屡屡发生冲突，美国多次对伊拉克实施军事打击。在1993年1月和1995年1月对伊拉克发动的打击中，英法同美军一起空袭了伊拉克的军事设施。

欧共体各国虽然暂时达成一致，但成员国之间的分歧日益增大，主要集中在解除对伊拉克的制裁问题上。海湾战争结束后，美国仍然大肆渲染萨达姆对和平的威胁，主张继续对伊拉克实施制裁，并几次空袭伊拉克军事设施。1998年，美国在未得到联合国授权的情况下，以伊拉克没有完全履行武器核查义务为借口，对其发动代号为"沙漠之狐"的空袭。英国完全支持美国继续对伊拉克实施制裁的政策，不仅与美国一起成为对伊拉克进行武器核查工作的主力，在几次核查危机中都支持美国的行动，还参加了美国的军事行动。空袭结束后，英国又追随美国采取了全面压制伊拉克的做法，包括支持伊拉克国内反对萨达姆的力量进行颠覆活动。

美英的做法遭到法国的反对。海湾战争后，法国不仅未能从美国主导海湾局势的政治架构中得到很好的回报，在伊拉克原有的经济利

[①] Christopher Hill and Karen E. Smith, eds., *European Foreign Policy: Key Documents*, p. 330.

益也遭受损失。出于本国利益考虑，法国从1994年开始改善与伊拉克的关系。在伊拉克承认科威特主权和联合国划定的科伊边界并接受联合国监督武器生产之后，法国认为伊拉克已经基本上满足了联合国的要求，与俄罗斯一起呼吁解除制裁。1996年，法国停止在禁飞区的飞行活动。在1997年10月与1998年1月的两次武器核查危机中，法国都主张通过外交途径解决危机，并派出特使进行斡旋。法国不同意对伊拉克动武，宣布不会参加针对伊拉克的军事行动，也不会为此类行动提供后勤支援。2000年，法国飞机更是不顾美国禁令，运载人道主义物资抵达巴格达。

　　成员国立场的分歧使欧盟在伊拉克问题上的作用减少。由于担心对刚刚开始的共同外交与安全政策造成危害，欧盟成员国避免讨论分歧众多的伊拉克问题。一个负责共同外交与安全政策的高级官员说，针对伊拉克问题只是"断断续续地讨论些表面问题，偶尔做出个最低限度的声明"①。尽管如此，内部的分歧还是使欧盟共同外交与安全政策很少再通过有关伊拉克的决定。2003年在美国发动推翻萨达姆政权的伊拉克战争问题上，欧盟彻底分裂为"主战"与"反战"两派。主战派支持并积极追随美国政策，英国不仅为攻打伊拉克的"倒萨"战争摇旗呐喊，还与美国一起绕过联合国对伊拉克进行军事打击；西班牙、意大利、丹麦等成员国也对美国表示了支持；即将加入欧盟的中东欧十国还发表支持美国的声明。然而，法德等国坚决反对在没有安理会授权的情况下对伊拉克发动军事打击。2003年伊拉克战争爆发后，法国和德国继续坚持政治解决伊拉克问题的立场，对美国和英国在伊拉克的军事行动提出批评，敦促他们停止战争，要求回到政治解决伊拉克问题的轨道上来。在战后伊拉克重建问题上，欧盟内部的分歧也依然存在。

四　海湾战争对欧盟地中海政策的影响

　　海湾危机是欧共体对地中海政策的转折点。欧洲政治合作机制是

---

① Richard Youngs, *Europe and the Middle East: in the Shadow of September 11*, p. 33.

欧共体成员国应对海湾危机及海湾战争的主要制度框架,它的局限性在这次外交政策合作实践中充分显露出来。因此,欧共体在酝酿深化外交与安全合作的同时,也开始重新评估其对阿拉伯世界的政策。海湾战争尚未结束,欧共体就开始酝酿战后地区安排问题。

对伊拉克的空袭一开始,欧洲政治合作机制就在巴黎召开特别会议,表示"将通过一个新的地中海政策、重启欧阿对话、加强与海湾合作委员会、阿拉伯马格里布联盟及该地区所有相关国家的关系,发展对该地区的全面政策"[1]。1991年2月19日,欧共体外长会议提出海湾战争后对地中海政策安排的总体设想,认为阿以冲突和巴勒斯坦问题是地区不稳定的根源,应该重开国际和会寻求全面解决,并表达了探索加强与地中海、中东及海湾地区合作与交流的意愿。[2] 为应对海湾战争结束后将出现的危机,欧共体积极展开外交活动,派出以"三驾马车"为首的代表团同叙利亚、埃及和海湾国家、阿拉伯马格里布联盟、约旦等国进行会谈。这一切都表明欧盟调整与深化地中海政策的意图。海湾战争后,欧盟开始调整、深化对中东的政策,主要集中于制定实施新的地中海政策、促进中东和谈、深化与海湾合作委员会的经贸合作等措施,首当其冲的就是地中海政策。

第二节　欧盟—地中海伙伴关系

冷战后,欧盟为应对地中海地区局势的演变,逐渐发展起来欧盟—地中海伙伴关系。欧盟—地中海伙伴关系是欧共体20世纪60年代与地中海南岸国家的贸易合作及70年代环地中海政策的延续和发展。

一　冷战后地中海局势的变化

1989年柏林墙倒塌后,东西方两大集团在地中海地区的争夺随之

---

[1] European Communities: *Bulletin of the European Communities Jan - Feb.* 1991, 1.4.17, cited in Simon J. Nuttall, *European Foreign Policy*, p. 145.

[2] "Declaration by the Twelve Foreign Ministers on the Gulf Crisis, Brussels, 19 February 1991", in Christopher Hill and Karen E. Smith, eds., *European Foreign Policy: Key Documents*, p. 336.

结束，但随着海湾战争的爆发，地中海南岸地区的安全和稳定问题又成为欧共体关注的重点。地中海地区自古以来就是文明交汇的地方，不同的民族和宗教在此交流、碰撞，冷战的结束使该地区原来被两极格局所掩盖的民族、宗教、边界、领土等地区矛盾日益凸显。由于经济发展不平衡所导致的南北问题仍然存在，位于地中海南岸的阿拉伯国家除了在经济发展水平上与地中海北岸的欧共体国家存在巨大差距外，还普遍存在经济转轨困难、贫富悬殊、人口猛增等一系列发展问题，成为社会不稳定的主要根源。加上阿以争端长期得不到解决、海湾危机的爆发等，都刺激宗教极端势力在地中海地区的蔓延。欧共体国家担心地区安全环境的恶化不仅使能源供应无法保证，自身的安全和社会稳定也会受到地中海南岸不稳定因素的威胁，甚至导致大量难民流向欧洲。地中海南岸国家曾长期为西欧国家殖民地，双方存在着密切的历史、政治和经济联系。西欧国家是地中海南岸国家传统的劳务市场。但西欧国家自20世纪80年代以来经济发展缓慢，失业率居高不下，国内要求限制外来移民劳动力的呼声高涨。因此，帮助地中海南岸国家解决经济问题，促进经济增长，创造就业，限制移民流入欧洲，维持地中海地区的稳定成为欧共体及以后欧盟面临的迫切任务。

二 欧共体/欧盟对地中海地区的关切

欧共体内部，自12个成员国在1986年2月签署《单一欧洲法令》后，一体化建设取得飞跃式进展，各成员国的对外政策合作得到很大推动，共同体对外经济政策的超国家性得到明显加强。国际和地区局势的变化及建设统一大市场的要求促使欧共体对原有的地中海政策做出修订。1990年，欧共体对马格里布和马什雷克国家的援助和贸易优惠幅度增大。[①] 当年12月，欧共体通过"新地中海政策"（the Renovated Mediterranean Policy, RMP），在加强现有措施的同时，支持地中海的伙伴国家进行经济结构调整和社会改革，推动中小企业的建立和发展，采取措施进行环境保护，重视人权，充分发挥大学与媒体的社

---

① Christopher Hill and Karen E. Smith, eds., *European Foreign Policy: Key Documents*, p. 347.

会作用。欧共体在谈判修订地中海政策过程中出现的新思想和概念对欧盟—地中海伙伴关系的最终形成起了重要作用。①

早在1990年，位于地中海北岸的欧洲国家就积极探索与南岸国家建立合作机制，马格里布国家是欧共体最优先考虑的合作伙伴。1990年9月，西班牙和意大利提议建立"地中海安全与合作会议"（Conference on Security and Cooperation in the Mediterranean，CSCM）。10月法国、西班牙、意大利和葡萄牙四国与马格里布联盟五国组成"九国集团"，并开始强调地中海两岸在稳定与发展问题上的密切关系。后来马耳他加入欧洲四国，与马格里布五国阿尔及利亚、利比亚、摩洛哥、毛里塔尼亚和突尼斯以"5+5"的形式在共同框架内谈判伙伴关系协议。但不久海湾危机和海湾战争接连爆发，1991年年底中东和平进程在美国主导下开始，1991年阿尔及利亚政局变化，1992年1月联合国制裁利比亚，地中海地区局势的巨大变化使欧共体与南岸国家进行合作的努力都没有成功。②

1992年初，葡萄牙和西班牙率先提出以缔结自由贸易协定的方式建立"欧洲—马格里布伙伴关系"的建议，迅速得到欧共体的支持。当年4月，欧共体提出《欧共体与马格里布未来关系》文件，要求与马格里布三国就建立新关系进行谈判，签订《欧洲—马格里布协议》，该协议将包括开展政治对话、经济合作（尤其是在促进经济发展领域，如投资、宏观经济问题、技术交流等）、自由贸易及财政合作。③

中东和平进程的重新开启也为欧共体发展地中海政策提供了新的动力。1991年10月底，马德里和会召开后阿以步入双边谈判进程。1993年9月，巴以和谈取得重大突破，以色列与巴解组织签署《临时自治安排原则宣言》，即《奥斯陆协议》，为全面解决巴勒斯坦问题奠

---

① Søren Dosenrode and Anders Stubkjær, *The European Union and the Middle East*, p. 126.
② Roberto Aliboni, "Collective Political Co-operation in the Mediterranean", in Roberto Aliboni, George Joffé and Tim Niblock, eds., *Security Challenges in the Mediterranean Region*, London: Frank Cass, 1996, p. 51.
③ Tim Niblock, "North-South Socio-Economic Relations in the Mediterranean", in Roberto Aliboni, George Joffé and Tim Niblock, eds., *Security Challenges in the Mediterranean Region*, p. 126.

定了初步基础。1993年9月,欧共体提出《共同体与中东的未来关系及合作》文件,认为紧密地合作是地中海安全和稳定的基础,把发展地区经济合作当作减少冲突的有利工具,为此共同体将采取措施支持该地区建立对经济和福利发展至关重要的合作,如开展能源和水资源合作问题。① 在这个文件里,中东的范围被限定为埃及、叙利亚、黎巴嫩、以色列、约旦和巴勒斯坦被占领土,② 除约旦外,都是地中海国家。

《与马格里布未来关系》和《与中东未来关系》两个文件表明了欧共体通过促进成员国与地中海非欧国家之间的政治经济合作,来支持地中海非欧国家社会经济发展的立场。这两个文件都是由欧洲委员会提交部长理事会,并且都获得了批准。然而这两个文件将中东与马格里布国家区别对待,表明了他们对欧共体重要性的差异。

1994年6月,欧盟科孚岛首脑会议委托理事会和委员会对环地中海政策进行评估,并要求加强这种政策。③ 10月,欧盟委员会和理事会都提交了关于地中海政策的报告,提出关于"加强与地中海国家之间的合作、建立欧盟—地中海国家伙伴关系"的设想,并在当年12月召开的欧盟埃森首脑会议上取得共识。会议通过的《关于未来地中海政策》报告认为"地中海地区的和平、稳定和繁荣是欧洲最优先考虑的问题之一",提出在原来环地中海政策结构基础上加强地区合作,从而建立欧盟地中海伙伴关系;在民主、善治和人权基础上加强政治对话,建立欧盟—地中海地区的政治稳定和安全;逐步建立欧盟—地中海自由贸易区;报告还提出加强财政援助以实现这些目标。④ 这个报告将地中海国家作为一个整体对待,欧盟建立自由贸易区的范围从

---

① Tim Niblock, *Security Challenges in the Mediterranean Region*, p. 125.
② Søren Dosenrode and Anders Stubkjær, *The European Union and the Middle East*, p. 127.
③ European Council, *Conclusions of the European Council on Relations with the Mediterranean Countries*, Corfu, 24 – 25 June 1994.
④ European Council, "Council report for the European Council in Essen: concerning the future Mediterranean Policy", *European Council Meeting on 9 and 10 December 1994 in Essen Presidency Conclusions*, 1994, http://www.consilium.europa.eu/ueDocs/cms _ Data/docs/pressData/en/ec/00300 – 1. EN4. htm.

原来设想的马格里布地区扩展至整个地中海南岸地区。欧盟埃森首脑会议成为明确提出并大力推进欧盟—地中海战略的起点。①

三 欧盟—地中海伙伴关系的建立与发展

（一）《巴塞罗那宣言》与欧盟—地中海伙伴关系

1995年3月，欧盟委员会通过《建立欧洲与地中海国家伙伴关系的方案》，要求欧盟先与地中海国家分别建立"联系国"伙伴关系，到2010年逐步建立起包括地中海南岸12个国家在内的欧盟—地中海自由贸易区。为落实这一方案，1995年11月，欧盟和地中海国家外长在西班牙巴塞罗那召开了第一届合作会议。欧盟成员国和机构都参加了会议，除利比亚由于洛克比空难受到联合国制裁没有被邀请参加外，巴勒斯坦当局、阿尔及利亚、塞浦路斯、埃及、以色列、约旦、黎巴嫩、马耳他、摩洛哥、叙利亚、突尼斯和土耳其等12个地中海沿岸政治实体都参加了会议。除塞浦路斯、以色列、马耳他和土耳其外，其余均为阿拉伯政治实体。阿拉伯马格里布联盟、阿盟和毛里塔尼亚作为观察员出席。

巴塞罗那会议通过了著名的《巴塞罗那宣言》和《行动纲领》。《巴塞罗那宣言》提出，欧盟与地中海国家建立"全面伙伴关系"，包括政治和安全、经济和财政、社会文化和人事三个部分，其目标是通过制度性的政治对话确立和平、稳定、安全的共同空间；加强经济和财政合作，最终建立自由贸易区；在社会文化和人事方面进行合作，发展人力资源，促进民间社会之间的文化交流和理解。具体内容包括：1.在政治和安全方面，各国同意加强定期政治对话，接受人权、自由、法治、民主这样一些基本原则，尊重社会的多样性和多元化，并在反对恐怖主义、打击有组织犯罪、查禁毒品等方面实施合作。2.在经济和财政方面，长期目标是促进社会经济的持续发展，提高人民生活水平或改善人民生活条件，增加就业，缩减欧洲与地中海地区的发展差距，鼓励地区合作和一体化。为了将地中海

---

① 赵慧杰：《欧盟中东政策的特点》，《亚洲纵横》2005年第3期。

建成共同繁荣的区域，争取到 2010 年建立欧盟—地中海自由贸易区。欧盟保证从 1995 年到 1999 年期间，提供 46.85 亿埃居的援助，外加来自欧洲投资银行的贷款，用以帮助部分国家实现经济转轨。
3. 在社会、文化和人事方面，承认文化和宗教之间的对话和尊重是人们接近的前提，双方加强议会、宗教和其他社团之间的对话，在环境保护，控制人口，防止非法移民，打击犯罪、恐怖主义、腐败、种族主义及毒品贩运等方面开展合作。①

《行动纲领》为实施《巴塞罗那宣言》提出了具体的措施。从1996 年第一季度开始，欧盟与地中海伙伴国家定期举行高级官员会晤，进行政治对话，为下一阶段的外长会议提供建议。巴塞罗那会议的召开标志着欧盟—地中海伙伴关系，即巴塞罗那进程的正式启动。到 2003 年，欧盟和地中海各国共举行了六届外长会议。自 1999 年 4 月斯图加特第三届外长会议起，利比亚开始作为观察员参与巴塞罗那进程，一旦联合国取消对其制裁、利比亚接受巴塞罗那进程有关要求就可以正式加入。②

（二）欧盟—地中海伙伴关系的结构和内容

欧盟地中海伙伴关系由多边关系和双边关系两部分组成，其中多边关系体现为地区合作，双边关系体现为欧盟与地中海伙伴国签署的《欧盟—地中海联系协定》，多边关系是双边关系的补充和强化。地区合作通过多边会议与地区合作项目实施。地区合作机制包括作为最高指导机构的外长会议、各领域部长会议、政府专家和民间社会代表会议。"欧洲—地中海巴塞罗那进程委员会"是巴塞罗那进程的多边"指导委员会"，由欧盟成员国、地中海伙伴国及欧盟委员会代表组成，欧盟轮值主席国任主席。作为地区合作的全面指导机构，委员会有权根据"欧洲对地中海发展援助计划"（MEDA）地区指导项目决定资助活动，并为部长会议特别是高级官员会议、专家和民间社会代

---

① Euro – Mediterranean Conference, *Barcelona Declaration adopted at the Euro – Mediterranean Conference*, 27 and 28 November 1995, The Council of the European Union, 1995.

② Third Euro – Mediterranean Ministerial conference, *Chairman's Formal Conclusions*, Stuttgart, April 1999. http：//www.euromed – seminars.org.mt/archive/ministerial/iii – stuttgart.htm.

表会议做准备。① 地区合作项目将占欧洲援助基金的近14%，包括了政治与安全、经济与财政、社会与文化三个方面的众多问题。②

与地中海各国谈判签署《欧盟—地中海联系协定》以取代20世纪70年代签署的合作协议是欧盟实施地中海伙伴关系的基本特征。随着2004年10月与叙利亚谈判的结束，地中海伙伴关系联系协定的框架全部完成。③ 联系协定已经生效的国家有突尼斯（1998年）、以色列（2000年）、摩洛哥（2000年）、约旦（2002年）、埃及（2004年）以及与巴勒斯坦民族权力机构签署的临时协定（1997年）。欧盟与阿尔及利亚（2001年12月）和黎巴嫩（2002年1月）也签署了联系协定。④ 联系协定的实施期限为12年。为了协定的实施，各国都成立了两个共同的机构：负责领导工作的部长级的"联系理事会"，由有关官员组成的负责具体实施的"联系委员会"。

由于地中海南岸国家的国情差异，欧盟与伙伴国签署的联系协定的内容也有所不同，但仍存在一些共同之处，主要包括开展政治对话，以加强彼此对国际事务的沟通；尊重人权和民主；通过12年过渡期，建立与世界贸易组织规则相符合的自由贸易区；制订与知识产权保护、政府采购、服务贸易、竞争机制、国家补贴和垄断有关的法规；扩大经济合作领域；加强社会事务和移民方面（包括非法移民的再入境等）的合作（后来为适应新形势需要，将合作协议内容从原来的仅限于反洗钱、反走私和在移民方面的合作，扩大到包括司法、自由、安全条款以及打击有组织犯罪、反腐败、加强宪法和法律、打击恐怖主

---

① The Euro - Mediterranean Partnership, Multilateral Relations (Regional Cooperation) http://ec.europa.eu/external_relations/euromed/multilateral_relations.htm.

② The Euro - Mediterranean Partnership, Multilateral Relations (Regional Cooperation), http://ec.europa.eu/external_relations/euromed/multilateral_relations.htm.

③ 塞浦路斯、马耳他、土耳其三国按照欧盟候选国对待，塞浦路斯和马耳他在2003年正式签署入盟协议，2004年正式入盟。

④ The Euro - Mediterranean Partnership, Association Agreements http://ec.europa.eu/external_relations/euromed/med_ass_agreemnts.htm.

义等内容）；加强文化交流与合作。①

经济合作是欧盟与地中海国家经济合作协定的主要内容，主要包括以下几点：1. 对于工业产品，各国协议中均规定允许采取不对等的贸易开放政策，即协议一旦生效，欧盟将立即向地中海国家开放市场，其产品可以零关税进入欧盟市场，而地中海国家可以享有一定的过渡期，根据各方达成的时间表逐步取消关税。另有保障条款，规定地中海国家可在有限的时期内，采取增加或重新启用关税的特别保障措施。2. 对于农产品，将根据互利互惠原则及各国市场敏感程度，采取分产品、渐进式方式逐步开放市场。地中海国家的大部分农产品在一定的配额内可以立即以零关税进入欧盟市场。地中海国家将逐步向欧盟国家开放农产品市场。3. 根据关贸总协定规定的原则，逐步开放服务贸易领域；根据世界贸易组织规定的原则，进一步加强对知识产权的保护；制订有关竞争的法律；加强投资领域合作。

"欧洲对地中海发展援助计划"（MEDA）是欧盟实施地中海伙伴关系的主要财政工具。欧盟另一重要的资金来源是欧洲投资银行（EIB）。欧盟通过欧洲对地中海发展援助计划和欧洲投资银行向地中海伙伴国提供必要的技术和资金援助与扶持，支持其推行经济转轨和社会改革，促进私营经济的发展。自1995年以来，欧洲对地中海发展援助计划共提供了约88亿欧元的资金，其中第一阶段（1995—1999年）为34.35亿欧元；第二阶段（2000—2006年）为53.5亿欧元。1995年至1999年间，欧盟拨给欧洲投资银行用于地中海伙伴国家项目的资金为48.08亿欧元，2000年至2007年，这笔资金达到64亿欧元。在1995年至1999年的欧洲对地中海发展援助计划项目中，86%的资金投入阿尔及利亚、埃及、约旦、黎巴嫩、摩洛哥、叙利亚、突尼斯、土耳其和巴勒斯坦当局等伙伴国，12%投入所有地中海伙伴国和欧盟成员国都能受益的地区活动，2%留给技术援助办公室。②

---

① The Euro – Mediterranean Partnership, Association Agreements http：//ec. europa. eu/external_relations/euromed/med_ass_agreemnts. htm.

② The Euro – Mediterranean Partnership, Financial Cooperation / MEDA Programme, http：//ec. europa. eu/external_relations/euromed/meda. htm.

欧盟除与地中海国家建立双边的自由贸易关系之外，还积极推动地中海国家之间实现地区一体化和实施自由贸易。在欧盟的积极推动下，马格里布五国摩洛哥、阿尔及利亚、突尼斯、利比亚和毛里塔尼亚建立了马格里布共同市场。2004年2月，摩洛哥、突尼斯、约旦和埃及又签订了阿加迪尔自由贸易协议。以色列和约旦已签署自由贸易协定。埃及、以色列、摩洛哥和突尼斯也与土耳其签订了双边贸易协议，其他地中海国家也与土耳其商讨建立同样的贸易关系。

（三）欧盟地中海共同战略

为促进地中海政策的发展，2000年6月19日，欧洲理事会通过《关于地中海地区的共同战略》。这是欧盟共同外交与安全政策支柱的三个共同战略之一。这个文件明确指出："地中海地区对欧盟具有战略重要性。这个地区的繁荣、民主、稳定和安全，以及对欧洲采取开放的态度，将最为符合欧盟以及整个欧洲的利益。"[①] 欧盟将以欧盟—地中海伙伴关系为基础，通过支持巴塞罗那进程、促进中东和平进程的巩固来实现伙伴关系的原则，谋求与地中海地区及利比亚进行广泛的合作。在具体行动方面包括通过合作和信息交流加强对话，建立防止武器扩散的机制，防止大规模杀伤性武器、核武器、化学和生物武器在中东地区的扩散。在经济方面，实施欧盟—地中海联系协定，加强私营部门，吸引投资，以促进自由贸易。打击非法移民，帮助移民融入当地社会。这个共同战略原计划执行四年到2004年结束，后又延长到2006年1月。[②]

四 九一一事件后欧盟与地中海国家

2001年九一一事件发生之后，当年11月，欧盟与地中海伙伴国外长在布鲁塞尔举行非正式会议，宣布反对任何形式的恐怖主义，决心全面参加联合国主持下的打击恐怖主义的国际联盟，并敦促中东各

[①] "Common Strategy of the European Council of 19 June 2000 on the Mediterranean region (2000/458/CFSP)", *Official Journal of the European Communities*, L183/5, 22.7.2000.

[②] EU Common Strategy for the Mediterranean, http://europa.eu/scadplus/leg/en/lvb/r15002.htm.

方无条件恢复和谈。针对国际安全环境的变化，欧盟通过巴塞罗那进程提出关于安全、反恐及进行政治改革等许多重要举措。① 对地中海阿拉伯国家，欧盟一方面强化直接安全，另一方面在政治改革领域提出新政策。为强化安全，欧盟加强与阿拉伯国家的反恐合作，同时加大对移民的控制。从2001年底开始，欧盟与第三国签署协议时坚持写入反恐合作条款，与阿尔及利亚和黎巴嫩的联系协定谈判已经到了最后阶段，仍然加入了这一条款。反恐合作首次正式进入巴塞罗那进程部长级会议的议程，成员国也加强了国内的反恐立法。

　　2002年，在轮值主席国西班牙的提议下，欧盟开始在欧洲安全与防御政策的名义下加强与地中海国家的安全合作，到2004年这种安全合作已经系统化。欧盟在地中海地区实施了包括地区裁军和控制大规模杀伤性武器计划在内的防扩散措施，让地中海国家参与欧盟成员国的军事训练，设立军事联络官，参加欧盟领导的危机管理工作。欧洲警官大学和欧盟五国（法、西、葡、英、瑞典）也就打击恐怖主义、打击人口贩卖、反洗钱、打击有组织犯罪、查禁毒品等问题与地中海南部加强合作。② 在巴塞罗那进程十周年纪念首脑会议上，各方虽然没有形成共同接受的恐怖主义概念，但同意加强在反恐领域的合作。为加强对非法移民的控制，2002年4月召开的第五届欧盟—地中海外长会议在伙伴关系中增加了司法和国内事务合作的内容。法国、意大利、西班牙、葡萄牙和马耳他与马格里布五国重开"5 + 5"对话，到2004年已经召开的三次会议都主要讨论非法移民问题。2003年1月，英、法、西、葡、意五国举行联合演习，以提高边界保护及地中海地区军舰巡逻的能力和效率。以减轻移民压力为目的的援助也相应增加。

　　在强调安全合作、加强移民控制的同时，民主和人权因素也得到强化。欧盟把政治改革作为防止革命的重要举措，将安全合作与地中海国家政治改革日程联系起来。欧盟认为，反恐合作"应该尊重和促

---

① Richard Youngs, *Europe and the Middle East: in the Shadow of September 11*, p. 95.
② Euromed Synopsis, No. 262, 4 March 2004.

进法治、人权和政治参与"①。巴塞罗那进程将合作扩大到司法、自由和安全领域,支持司法改革项目,并为来自地中海南部国家的合法移民提供职业培训。欧洲援助基金设立了人权基金,资助有关人权和民主的项目,2002年至2004年又发起针对移民、禁毒和反恐的项目。欧盟委员会也组织地中海伙伴国的非政府组织、记者及妇女团体参加活动,作为促进民主的措施。

五 欧盟—地中海伙伴关系评价

(一)巴塞罗那进程的成就

巴塞罗那进程一个最基本的成就,是通过系统的、有组织的对话与合作,创造了一个信任程度不断增加的气氛,使伙伴国能够更好地互相理解。② 在欧盟—地中海伙伴关系的框架下,定期召开多边会议、部长会议、高级官员及专家会议,不仅进行总的协调工作,还在经济、社会文化等各个领域开展广泛合作。在欧盟地中海联系协定的框架下,联系理事会和委员会定期召开会议,下设的一系列技术分会保证了协定的实际实施。

欧盟与地中海伙伴国及伙伴国之间的关系得到促进,欧盟更为关注地中海国家,地中海伙伴国也更加重视欧洲一体化进程及其对自己的影响。为促进各国的交流与合作,2004年3月欧盟—地中海议会代表大会正式成立,到2005年已经设立了3个委员会。议会代表大会取代了自1995年以来的议员对话论坛,每年至少召开一次会议。为促进各国之间的文化对话,设立了安娜·林德欧盟地中海文化对话基金会,作为巴塞罗那进程中首个由全部伙伴国和欧盟委员会共同出资的机构,通过技术、文化和民间社会之间的交流来促进地区文化对话和巴塞罗那进程。为促进民间社会之间的交流,建立了非政府的欧盟地中海讲台作为交流平台。

---

① Council of the European Union, "Presidency Conclusions for the Euro – Mediterranean Meeting of Ministers of Foreign Affairs, Hague, 29 – 30 November 2004", Council document 14869/04.

② Conclusion for the VIIth Euro – Mediterranean Conference of Ministers of Foreign Affairs, Luxembourg, 30 – 31 May 2005. http://trade.ec.europa.eu/doclib/docs/2005/july/tradoc_124231.pdf.

在经济方面，欧盟和地中海国家的利益都得到促进和发展。欧盟地中海伙伴关系双方的市场都得到扩大，欧盟成为地中海国家主要的商品和服务贸易伙伴，地中海地区50%以上的贸易是与欧盟进行的，部分国家70%的出口面向欧盟。[1] 2000—2006年，地中海国家对欧盟的出口年平均增长10%，其中阿尔及利亚和埃及年平均增长17%，突尼斯、叙利亚和约旦年平均增长6%；地中海国家从欧盟进口年平均增长4%。[2] 地中海国家市场的开放程度增强，欧盟对其出口随之增加。自20世纪90年代中期开始，欧盟对地中海国家的出口年平均增长5.2%，相当于出口增长额的60%。[3] 2006年除土耳其外，欧盟与地中海国家贸易总额达到1200亿欧元，占欧盟外贸总额的5%还多。[4] 欧盟也成为地中海国家旅游业的主要客源和移民的首要目的地。欧盟地中海伙伴关系为地中海国家增加了优惠资金供应，欧盟成为地中海国家最大的外资直接投资来源地，也是地中海地区最大的财政资助者和资金提供者，每年提供近30亿欧元的贷款和资助。到2005年，欧盟通过两期欧洲援助基金项目，为地中海南岸国家提供了97亿欧元资金支持，目前每年的支持额度超过8亿欧元，为这些国家的经济转轨、社会经济平衡发展及地区一体化提供了重要支持。[5]

（二）巴塞罗那进程面临的困难

巴塞罗那进程在取得一定成就的同时，也面临很多困难。官方层面的政治和安全合作进展缓慢，欧盟地中海伙伴关系对该地区尚未解决的主要冲突都没有产生任何直接影响。促进地中海伙伴国的改革和

---

[1] Conclusion for the VIIth Euro – Mediterranean Conference of Ministers of Foreign Affairs, Luxembourg, 30 – 31 May 2005.

[2] European Commission – External Trade – Trade Issues – Bilateral Trade Relations – Mediterranean region, http：//ec. europa. eu/trade/issues/bilateral/regions/euromed/index_en. htm.

[3] Euro – Med Trade Facts, 10 March 2006, http：//trade. ec. europa. eu/doclib/docs/2006/march/tradoc_127736. pdf.

[4] European Commission, *External Trade – Trade Issues – Bilateral Trade Relations – Mediterranean region*, http：//ec. europa. eu/trade/issues/bilateral/regions/euromed/index_en. htm.

[5] Conclusion for the VIIth Euro – Mediterranean Conference of Ministers of Foreign Affairs, Luxembourg, 30 – 31 May 2005.

民主进程等也是欧盟也中海伙伴关系的目标，但大多数观察家认为没有达到最初的期望。另外，欧盟地中海伙伴关系效率低下，尤其是地中海援助基金项目，无论是欧盟还是伙伴国的程序都相当复杂，且资金支付缓慢。① 中东和平进程的反复、双方贸易关系的不平衡、欧盟东扩、地中海国家与欧盟利益和观念的分歧等都限制了伙伴关系的发展。

首先，中东和平进程的反复制约了伙伴关系的发展。

在巴以谈判取得重大突破背景下开始的巴塞罗那进程，将以色列和阿拉伯国家置于共同的广泛安全合作机制中，有助于阿以和谈的进行，但这也使欧盟地中海伙伴关系的发展深受和平进程的制约。1995年11月，以色列总理拉宾遇刺身亡，强硬派势力上台，中东和平进程陷于停滞，已经达成的协议也未能落实。2000年9月，以色列利库德集团领导人沙龙强行闯入阿克萨清真寺，引发了巴勒斯坦和以色列之间新一轮的暴力冲突，双方陷入报复与反报复的恶性循环，奥斯陆中东和平进程停滞。巴勒斯坦的内部矛盾也逐渐激化，各种激进势力崛起，挑战巴勒斯坦民族权力机构的权威。

奥斯陆和平进程的失败直接影响到欧盟—地中海伙伴关系的安全合作计划，包括和平与稳定宪章的实施、预防冲突网络和措施、建立军事互信措施、联合国常规武器登记、地中海范围的调解机制等一系列安全措施都未能按计划实施。阿以双方的紧张关系使得欧盟—地中海伙伴关系难以顺利进行。中东和平问题多次占据了欧盟地中海外长会议的主要日程。在2000年11月的第四届外长会议上，由于阿拉伯伙伴国外长对欧盟在巴以冲突问题上的立场强烈不满，导致有关欧盟—地中海合作的讨论没有取得任何进展，会议没有通过原计划公布的共同声明，不得不草草结束。2002年4月，第五届外长会议原计划讨论实施建立欧盟—地中海自由贸易区的问题，但愈演愈烈的巴以冲突问题再次成为会议的焦点，与会的阿拉伯国家外长在以色列外长佩

---

① Fourth Euro－Mediterranean Conference of Foreign Ministers Presidency's Formal Conclusions http：//www.euromed－seminars.org.mt/archive/ministerial/iv－marseilles.pdf.

雷斯发言时纷纷退场。叙利亚和黎巴嫩则因反对以色列武装占领巴勒斯坦而未与会。

其次，经济的不平衡发展使伙伴关系受到影响。

虽然伙伴关系使欧盟与地中海国家的贸易和投资都得到很大促进，但距离"共同繁荣的自由贸易区"还有很大距离。首先，由于欧盟和地中海国家经济发展水平差距很大，在贸易中不可避免地出现垂直分工现象。欧盟对地中海国家出口总量的80%是工业产品，尤其是机器、交通设备和化学制品，进口产品则主要是能源（石油）和纺织品。地中海国家技术水平落后，享有免税地位的工业品在欧盟国家仍然没有多少竞争力。其次，通过"特殊性"和"互惠"两种措施，欧盟—地中海伙伴关系有关自由贸易的安排使欧盟单方面得利。经济联系协定取消了联系国关税，从而确定了互惠原则，但同时又将地中海国家拥有一定优势的农业排除在外。直到2005年欧盟才决定开始与地中海伙伴国谈判开放农产品和渔业贸易。再次，在地中海国家方面，由于行政不透明、非竞争模式的经济体制等都使其吸收欧洲援助基金的能力很弱，也缺少对外国直接投资的吸引力。地中海国家之间的贸易额也很少，仅占该地区外贸总额的15%，是全球最低的地区之一。1995年地中海国家内部的贸易不到10亿欧元，2004年才达到26亿欧元。[1] 在双方贸易中的不利地位使地中海国家长期出现逆差。加上减免关税、欧盟对移民及劳工的限制所导致的侨汇减少，使地中海国家的财政收入减少。自由贸易政策的实施迫使地中海国家大批企业或在竞争中破产或通过减员来提高效率，对国内就业造成巨大压力，不利于这些国家国内局势的稳定，这也成为欧盟与地中海国家双边关系发展的一个制约因素。

再次，欧盟东扩分散了欧盟对地中海地区的关注。

冷战后欧盟对地中海地区的重视程度有所提高，但地中海地区在欧盟战略中并非处于绝对优先位置。欧盟成员国中，只有法国和西班

---

[1] Euro - Med Trade Facts, 10 March 2006, http://trade.ec.europa.eu/doclib/docs/2006/march/tradoc_127736.pdf.

牙等少数地中海北岸国家高度关心地中海地区,其他国家更为关心的是使中东欧尽快加入欧盟。欧盟的援助资金和投资也更多地流向了新成员国。2003年3月,欧盟提出睦邻政策,扩大的欧盟的邻国包括俄罗斯、苏联解体后新独立的国家和地中海国家。在这些新邻国中,最重要的是与欧盟有共同边界的欧洲国家,尤其是俄罗斯和乌克兰。2004年,欧盟接纳了十个东欧新成员后,必须关注自身的协调发展,给予新成员大量援助和补贴。这在很大程度上影响了欧盟与地中海国家关系的深化发展。

最后,地中海伙伴国家与欧盟在价值观念和利益上存在分歧。

欧盟地中海伙伴关系的重要目标之一就是促进地中海国家的民主化,在对伙伴国提供经济援助的同时,要求其尊重人权,施行西方式自由民主,改革行政与司法体制;实施经济转轨,发展私营经济。地中海各国只有按照欧盟的意图进行改革,才能得到必要的经济和技术援助。而地中海地区的阿拉伯国家对西方式的自由民主及人权并不认同,对外界强加给他们的政治改革方案极为敏感。欧盟迫切要求地中海国家实施民主化,但按照欧洲思维模式强行在阿拉伯国家推行民主,很可能会导致政治反对派通过普选掌权,直接导致反对欧洲的政权的建立,这不能不说是一个悖论。

限制来自地中海国家的移民也是欧盟—地中海伙伴关系的一大目标。但来自欧洲移民的侨汇是地中海伙伴国家一项重要的国民收入,经常比外国实际投资额还高。欧盟严格控制边界很可能将直接影响这些国家的国内经济,最终威胁到地中海伙伴国的国内稳定。因此大量减少向欧洲的移民对地中海国家来说具有政治风险,限制移民只能是一个长期目标。

第三节 欧盟与海湾合作委员会及也门的关系

九一一事件发生后,欧盟对海合会和也门的关注提高,努力增强对该地区的政策。2003年12月,欧盟强调要扩大和深化与海合会之间的对话,将欧盟海合会关系与欧盟地中海关系框架联系起来,并将也门也纳入进来。① 欧盟与海合会国家的关系着重于进行建立自由贸易区的谈判及推动其进行政治改革，但这两个问题的进展都不是一帆风顺。迄今为止，欧盟与海合会关系中占主导地位的仍然是能源和经济问题。也门位于阿拉伯半岛西南端，与海合会国家沙特、阿曼相邻。也门与海合会国家积极探索实施地区经济一体化进程。2001年底，海湾合作委员会第22届首脑会议决定接受也门参加海合会下属的卫生、教育、劳动与社会事务等专项委员会的活动。次年也门首次以正式身份参加了海合会上述专项委员会会议，进一步拓展了与海合会国家的合作领域与范围。2005年海合会邀请也门加入海湾自由贸易区。欧盟与也门的关系着重于发展援助和反恐合作。

一　欧盟对海合会政策的发展历程

欧盟对海合会政策的发展可以分为三个阶段。第一阶段从1985年10月双方在卢森堡举行第一次部长级会议，就经济贸易合作举行谈判开始，以自由贸易谈判的停顿而结束。在这个阶段，双方最大的成就是1988年6月在卢森堡签署的为期5年的经济贸易合作协议，同意在经济、农业和渔业、工业、能源、科学技术、投资、环境和贸易等领域开展合作。这个于1990年生效的协议是双方不懈努力的结果：由于欧共体实施贸易保护主义政策及海湾国家在谈判中坚持强硬立场，双方为达成一致意见进行了艰苦谈判，终于成就了欧盟与阿拉伯区域组织签署的首个协议。协议提出了3个总目标：为双方关系提供制度性框架、拓宽经济和技术合作关系、促进海合会国家的发展和经济多样化。欧盟海合会关系的制度化、经济合作及自由贸易谈判是实施这些目标的工具。

欧盟海合会关系的制度化主要体现在双方建立的联合理事会制度，"定期召开会议，规定合作的总指导方针"。联合理事会由双方代表组成，每年至少召开一次会议。理事会下设联合合作委员会，并根据需

---

① European Commission and Council of the European Union, *Strengthening the EU's Partnership with the Arab World*, Dec. 4, 2003.

要设立专门的委员会。这样,联合理事会就为欧盟与海合会讨论双方关心的问题提供了制度性的框架。

双方的经济合作通过建立专门的能源、环境和工业工作小组来实施,合作的主要方式基本是组织召开各种会议。为了帮助海湾各国清理海湾战争导致的石油泄漏和由此造成的环境污染,欧盟启动环境合作项目,在沙特的朱贝勒地区建立了海湾地区海洋动物栖息地和野生动物保护区。由欧共体成员国、沙特和科威特的科学家组成的科学工作队自1991年10月开始在朱贝勒工作。该项目成功实施,成为双方在环境方面合作的典范。此外双方还在标准化、关税、人力资源和投资等领域进行合作,具体的合作方式体现为欧盟为海湾国家提供的相关培训。双方提出在投资方面进行合作,但尚未落实。在贸易方面,欧盟和海合会国家互相给予最惠国待遇,海合会国家在欧盟普惠制的条件下获得进入欧盟市场的优先权。但普惠制是欧盟针对所有发展中国家的政策,并非专门针对海合会国家的政策。合作协议不包括任何关税优惠措施,也没有要求海合会国家提供任何贸易互惠政策。因此,1988年合作协议下的经济关系缺乏制度保证,也不存在具体的经济贸易内容。

以最终建立自由贸易区为目标的自由贸易谈判是合作协议规定的实现3个总目标的工具之一,占据着双方关系发展的中心地位。合作协议生效后,自由贸易谈判立即开始。但欧盟坚持要求,在实现双方自由贸易之前海合会首先要建立统一关税,这导致谈判自1993年起陷于停顿。自由贸易谈判的出师不利也宣告了欧盟对海合会政策发展的第一个阶段结束。

自由贸易谈判停滞以及由此导致的合作关系进展缓慢,促使欧盟与海合会寻求改进的措施。1995年,欧盟与海合会在格拉纳达召开部长级会议,提出促进双方关系发展的建议,包括加强政治对话,寻求结束自由贸易谈判僵持状态的解决办法;加强经济合作;通过文化对话促进相互理解。由此开始了欧盟与海合会关系发展的第二阶段(1995—2001年)。格拉纳达部长会议的建议随后得到了1995年9月在纽约召开的欧盟海合会外长会议批准。考虑到主要是贸易问题对双方关系造成不良影响,从1995年开始,争议明显的自由贸易谈判不再占中心地位,在合作关系中突出经济合作与政治对话的地位。双方的合作领域扩展到大学教育合作、工商实业人士合作和新闻传媒合作等领域,并建立了三个相应的工作小组。双方每年召开两次高级官员层次的会议,以加强政治对话。自1996年起,外长取代高级官员成为参加联合理事会的大部分代表,也表明双方加强政治对话的愿望。综合每年联合理事会发表的联合公报可以看出,国际政治、尤其是中东政治问题是双方的主要议题。然而双方的经济合作仅仅停留在宣言的水平上,通过学术界和民间社会组织进行的文化对话仍然处在低级水平,可以说几乎不存在。[1]总体来说,冷战结束后的整个90年代,欧盟对海湾合作委员会及也门的政策没有产生多少具体成果,因而也不引人注意。[2]

九一一事件后,欧盟将促进经济发展和支持政治改革,促进民主作为遏制极端主义的手段。在此背景下,欧盟与海合会的关系发展进入第三阶段。建立自由贸易区的谈判和支持海合会国家的改革是欧盟在该阶段政策的两个主要内容。1999年,海合会承诺在2005年之前建立关税同盟(2001年又决定提前至2003年统一关税),消除了导致首次自由贸易谈判失败的关税障碍,双方再次出现建立自由贸易区的要求。2002年,联合理事会在格拉纳达举行会议,决定开始建立欧盟海合会自由贸易区的谈判。然而,欧盟这次要求达成一个包括服务、投资和政府采购在内的全面的自由贸易协定,而不是简单的商品协议。2005年欧盟又要求在自由贸易谈判中加入人权和移民的条款。协议的全面性加大了谈判难度,许多问题超出了海合会的开放程度。谈判年年进行,多次宣布即将签署自由贸易协议,可一直没有结果。到2007年7月,海合会宣布与欧盟的自由贸易谈判已完成了95%,在开放投

---

[1] Gonzalo Escribano – Francés, "An International Political Economy View of EU – GCC Partnership", Paper presented at the "International Conference on Challenges of Economic Development for the GCC Countries", Kuwait City, 29 – 31 January 2005, organized by the Kuwait Institute for Scientific Research (KISR) and sponsored by The World Bank.

[2] Richard Youngs, *Europe and the Middle East: in the Shadow of September* 11, p. 171.

资、天然气定价、知识产权、政府采购、服务贸易市场准入等方面仍存在分歧。

在欧盟大力发展与地中海国家关系的背景下,其与海合会的关系也得到推动。2003年12月,欧盟强调要扩大和深化与海合会之间的对话,将欧盟海合会关系与欧盟地中海关系框架联系起来,并将也门也纳进来。① 受九一一事件影响,推动海合会国家进行政治改革成为欧盟政策的一个重要内容。为应对美国提出的大中东计划,欧盟于2004年6月通过《与地中海和中东地区的战略伙伴关系》文件,提出与地中海和中东国家建立新的战略伙伴关系,并将海湾地区纳入这一战略伙伴关系的总框架之中,同时建议开始与海合会成员国发展"双边政治参与",以求在政治改革问题上加强双方合作。② 这与以往欧盟强调在地区基础上发展双边关系相比是明显的转变。欧盟同时还承诺投入更多资源支持海合会国家的改革。围绕战略伙伴关系,欧盟部分成员国开始加强与海合会国家关系,努力在其改革中发挥作用。但总体来说,欧盟很多国家对发展与海合会国家的关系并不积极。③ 因此,虽然九一一事件后欧盟对海合会的关注提高,努力增强对该地区的政策,但受自由贸易谈判进展困难的影响,双方关系总体来说发展并不顺利。

二 欧盟与海合会关系发展的障碍

欧盟与海合会自由贸易谈判进展困难,关系发展缓慢,源自以下几方面的障碍:首先,欧盟的贸易保护主义措施成为双方自由贸易的绊脚石。海合会国家希望进入欧洲市场,尤其是石化产品。而化学工业特别是石化工业是欧盟重要的制造业,在其经济发展中起着重要作

---

① European Commission and Council of the European Union, *Strengthening the EU's Partnership with the Arab World*.

② Final Report, "On an EU Strategic Partnership with the Mediterranean and the Middle East", approved by the European Council in June 2004. http://ec.europa.eu/external_relations/euromed/doc.htm.

③ Richard Youngs, *Europe and the Middle East: in the Shadow of September* 11, p.171.

用。海合会国家作为石油生产国具有原料优势,在与欧盟石化工业竞争中处于有利地位。为此欧盟国家的石化集团强烈反对与海合会国家签署自由贸易协议。为增强成员国化工行业的竞争力,1998年欧盟开始着手制订新的化学品管理制度,以建立统一的化学品监控管理体系,提高国外企业在欧盟的投资、销售成本。2005年《欧盟关于化学品注册、评估、许可和限制法规》(简称REACH法规)在全欧盟实施,提高了化工产品进入欧盟市场的成本,实际上成为一道新的技术性贸易壁垒。此外,多年以来,欧盟对从海合会国家进口的初级铝征收高达6%的关税,一直令这些国家的出口商愤愤不平。

其次,贸易和投资的不平衡状态影响了双边关系发展。欧盟的贸易保护主义政策造成海合会国家的一些产品难以增加对欧盟的出口量,双边贸易一直处于不平衡状态。在2005年的双边贸易中,海合会的逆差达到130亿欧元。另一方面,双方的相互投资发展也不均衡。欧盟许多成员国认为海合会缺乏透明和开放的投资环境,而不愿意在当地投资。90年代末期欧盟在海合会国家的投资大幅下降,1999—2001年降幅过半。2001—2003年,欧盟在海湾地区(包括伊拉克和也门)的投资从2001年的18亿欧元下降到2003年的6亿欧元;而同期海湾地区对欧盟的投资则从1亿欧元增加到8亿欧元。[1]

再次,欧盟实施的环境政策同海湾国家的利益存在明显冲突。为执行《联合国气候变化框架公约》,全面控制二氧化碳等温室气体排放,欧盟提出要在成员国范围内对使用能源和煤炭征收强制性的二氧化碳税,希望通过提高能源价格迫使欧盟各国缩减能源消耗。这项政策将直接影响到依赖石油收入的海合会各国利益。

然后,有关人权、民主、反对恐怖主义等问题的争论妨碍了双方关系的发展进程。有关人权等问题的定义差异经常造成欧洲议会与海湾国家之间的争吵,对这些问题的讨论常常导致会议中断。欧洲议会

---

[1] European Commission, European Union in the World, External Relations, The EU & the Gulf Cooperation Council (GCC), overview, http://ec.europa.eu/external_relations/gulf_cooperation/intro/index.htm.

还以人权、民主等理由反对双方达成自由贸易协议。虽然最近几年人权成为双方可以讨论的问题，但没有取得什么实质性的进展，每次谈判的最终结果仅仅表现为连篇累牍的公报。2008年底海合会与欧盟的自由贸易谈判再次宣告失败，海合会国家反对将保护人权条款写入协议，成为双方的主要分歧之一。此外，欧盟在自由贸易谈判中不断增加新的附加条件，包括非法移民、大规模杀伤性武器、知识产权及保护外国劳工等问题，导致双方迟迟达不成一致。虽然欧盟声称这些条款是所有其与第三方关系协议的一部分，并非专门针对海合会国家，但海合会成员国普遍认为，这是几个欧盟成员国为保护本国利益故意为双边贸易自由化设置的障碍。

另外，欧盟要求海合会成员国增加政府采购、招投标等经济活动的透明度和公开性。而在海合会国家，商业活动的"幕后交易"流行，政府的大规模订单通常不进行公开招标，而是与王室成员和部落之间的资源分配方式密切相关的非正式协商一致的结果，以求保持权力的平衡与稳定。[①] 由于涉及社会和政治制度的核心结构，在自由贸易谈判中海合会国家对此问题一直非常谨慎。

三 障碍产生的根源：欧盟方面的因素

欧盟方面，成员国的利益差异、对外政策的二元结构、缺乏连续性及不确定性都制约着与海合会关系的深入发展。

首先，对于两个区域组织之间的关系发展，欧盟成员国有几种不同意见。英、法等在海湾地区具有历史遗产的国家希望欧盟与海合会关系的发展能为本国在该地区的双边外交提供更多的支持，同时也不放弃发展与海合会国家的双边关系。而在海湾地区缺乏历史存在的一些成员国则不希望欧盟在这方面投入过多精力。就经济关系发展来说，英、法、德等已经在双边关系基础上与海合会成员国建立密切商业联系的国家则倾向于支持维持现状，担心在欧盟层面上发展更广泛的经

---

① Richard Youngs and Ana Echagüe, "Europe and the Gulf: Strategic Neglect", *Studia Diplomatica*, No.1, 2007.

济关系会损害自己的商业利益。

意大利等与海合会成员国经济联系较少的国家由于担心当地不透明的投资环境而不愿意促使双方经济关系更进一步。部分成员国支持《与地中海和中东地区的战略伙伴关系》文件提出的在大中东政策框架下发展与海湾地区关系,将海合会与伊拉克、也门放在一起,与欧盟地中海伙伴关系相提并论。而另一些成员国则认为,欧盟政策发展应该优先考虑地中海地区。西班牙就坚持主张,无论欧盟对海湾国家采取任何政策,都应同时对地中海地区做出相应的平衡措施;抱怨《与地中海和中东地区的战略伙伴关系》中提出的大中东政策主张反映的是美国利益,甚至是恢复英国帝国主义;认为只有通过对地中海南岸国家的支持,才能推动海湾国家的改革及其与欧盟关系的发展。在很多成员国不积极的情况下,英、法与海合会国家的双边关系占据了主导地位。尤其是英国作为原来的殖民宗主国,几乎垄断了双边关系发展。[1]

导致这种状况的原因在于欧盟成员国国家利益的差异。经过几十年的一体化,欧盟虽然已经发展成为超国家行为体,但仍然只是一个区域性组织,而不是一个国家。维护和增进国家利益仍然是国际关系中欧盟成员国对外政策行为的基本动因,当本国国家利益与其他成员国利益或欧盟共同利益发生矛盾冲突时,成员国都倾向于维护本国利益。自成立以来,欧盟逐渐发展壮大,到2007年1月1日,成员国达到27个。庞大的成员国数目增大了欧盟内部协调的难度,尤其是在涉及有关成员国国家利益的对外政策方面,分歧更加明显。欧盟形成对海合会政策的过程是各成员国磋商、协调和讨价还价的过程,成员国共同利益之外的特殊国家利益成为欧盟对海合会政策形成和发展的制约因素。欧盟对海合会政策也是各成员国国家利益博弈的最终结果,为维护本国利益,成员国尤其是大国都竞相争夺欧盟对外政策的主导权,以促使欧盟形成有利于本国国家利益的政策。

其次,对外政策的二元结构也极大地制约了欧盟海合会关系的发

---

[1] Richard Youngs, *Europe and the Middle East: in the Shadow of September 11*, p. 180.

展。欧盟对外政策的二元结构源自经济和政治分属共同体事务和共同外交与安全政策的支柱型结构。这两个支柱性质不同,具有相对的独立性。对外经济政策属于共同体支柱,是欧盟内最具超国家特性的部分,而属于共同外交与安全政策支柱的对外政治政策则保留着强大的政府间主义因素,由此导致欧盟的对外经济政策与对外政治政策之间的条块分割。自由贸易谈判作为欧洲一体化程度最高的贸易政策的一部分,由超国家机构欧盟委员会代表欧盟与海合会进行谈判和签订有关协定。进入20世纪90年代后,对外经济政策被逐步纳入欧盟统一的对外政策框架中,政策目标和政策体制都开始具有浓厚的政治色彩,成为政治外交的一个重要支撑。民主、人权、武器扩散等政治问题也成为欧盟与海合会自由贸易谈判的重要内容。但受对外政策二元结构制约,这些新增政治条款的有关谈判由共同外交与安全政策的主要决策机构欧盟理事会领导进行。由此产生的跨支柱协调问题进一步增大了自由贸易谈判的难度。

再次,欧盟在海合会没有外交代表,其政策的连续性、可信度缺乏应有的保障。承担着共同外交与安全政策主要决策任务的欧盟理事会在运行机制上实行政府间主义,这一性质决定了轮值主席国在其实际运作中发挥着关键性作用。轮值主席国由欧盟成员国轮流担任,国家利益差异使各轮值主席国在任期的外交优先选择不同,然而半年时间的任期又限制了政策实施的连续性。欧盟成员国规模、实力不等,外交资源和能量悬殊,部分担任轮值主席的小国甚至没有足够的外交资源承担相应职责。也有一些国家在担任轮值主席时被国内问题牵扯了主要精力。这些都影响到欧盟对外政策的可信度。虽然欧盟设有共同外交与安全政策高级代表一职,但由于涉及权力、法律和主权这些敏感的领域,通过技术性方案解决问题所能产生的效果让人不能寄予太多期望。而专门针对海合会的外交机构直到2004年年底才在沙特首都利雅得设立。[①]

[①] Gerd Nonneman, "EU – GCC Relations: Dynamics, Patterns & Perspectives", *The International Spectator*, Vol. 41, No. 3, 2006, pp. 59 – 74.

最后，欧盟对外政策的死板、僵硬及不确定性令海合会国家深感失望。欧盟对海合会政策所涉及的每个因素都是成员国之间、委员会和成员国、轮值主席国和委员会之间谈判妥协的结果，掌握着预算决定权的欧洲议会有时也会成为影响政策的强有力因素。而欧盟谈判与妥协机制的二元特征、复杂的决策制度都不同于传统民族国家和国际制度。这种复杂的制度安排致使海合会国家很难充分考量欧盟立场形成的背景，更无法估计谈判结果和政策实施的前景。自由贸易谈判中的非法移民条款就充分显示出欧盟政策的死板和僵硬。海合会六国劳动力缺乏，经济发展严重依赖外籍人员。可欧盟仍在 2005 年提出有关非法劳工移民的条款，导致双方关系一度紧张。海合会认为欧盟提出这样一个不太可能与他们有关的问题是在故意分散注意力，而欧盟坚持认为这是所有其与第三方关系协议的一部分。①

四 障碍产生的根源：海合会的性质和特点

海合会作为地区政府间国际组织，经济一体化程度不高，缺乏超国家机构，在作为欧盟的对等谈判伙伴问题上存在困难。海合会主要是一个政治安全组织，外部的安全威胁和政治利益是其成立的主要动因，军事和防务是成员国合作的主要内容。海合会经济一体化进程起步晚，且成员国利益相差巨大，在很多问题上无法形成共同立场。为推动地区经济一体化，2001 年年底海合会六国决定在 2010 年实现统一货币。但 2007 年 1 月阿曼以本国经济准备不足为由，正式宣布退出货币一体化进程。随后，科威特为遏制通货膨胀宣布其货币第纳尔与美元脱钩，转而与一揽子主要国际货币挂钩。两国的决定使海合会的经济一体化遭受巨大打击，2009 年年初海合会公开承认货币统一延期。海合会国家的经济开放程度也没有达到能与欧盟进行自由贸易的程度，特别是一些海合会国家没有加入世界贸易组织，在很多问题上难以与欧盟达成协议。

---

① Richard Youngs and Ana Echagüe, "Europe and the Gulf: Strategic Neglect".

在体制上，海合会缺乏超国家机构来全面负责与欧盟的谈判。海合会秘书处规模有限，除了六国政府特批的专项资金外没有独立预算，与能够代表所有成员国进行外贸协定谈判的欧盟委员会相比，没有独立的超国家谈判能力。① 对超出权限的经济问题，海合会秘书处缺乏谈判授权，其秘书长甚至无权代表全体成员国发言。正如欧盟成员国之间具有不同的利益，海合会成员国更是如此。

但欧盟坚持将海合会国家作为整体对待，在此基础上发展双方的经济关系。欧盟提出海合会国家要建立自己的关税同盟，作为双方自由贸易谈判的前提。但海合会国家在关税结构、税率等方面存在很大差异，短时间内无法形成统一关税。例如，阿拉伯联合酋长国的经济传统上依赖于对外贸易，因而积极赞同降低整个地区的关税。而沙特阿拉伯出于保护本国工业的考虑，坚持征收12%—20%的高关税。2003年1月1日，海合会正式启动关税同盟，但2004年9月巴林就与美国签署自由贸易协定，突破了共同关税的限制，致使建立统一关税的过渡期又延长至2009年年底。关税问题在90年代给欧盟与海合会的自由贸易谈判带来许多困难，2008年双方自由贸易谈判再次失败。欧盟反对海合会国家保留选择性出口关税，这是除人权问题外双方的又一重要分歧。

除了在统一关税问题上难以达成一致外，海合会成员国在其他许多领域与欧盟也存在分歧。在货物贸易和服务贸易自由化方面，海合会成员国的法律法规各有不同。海湾各国的经济利益也不尽相同，沙特与欧盟主要是在石化产品上存在争议，而阿联酋和巴林与欧盟的争议则主要集中在铝制品问题上。

五　国际环境的制约

欧盟与海合会国家关系的发展也受到国际环境的影响。首先，美国对欧盟发展与海合会关系造成制约性影响。第二次世界大战后，西欧国家在中东的势力逐渐丧失，并最终被美苏两个超级大国取代。冷

---

① Gerd Nonneman, "EU - GCC Relations: Dynamics, Patterns & Perspectives", pp. 59 - 74.

战时期美苏激烈争霸的中东没有欧共体发展独立政策的空间，其在海湾地区的利益不得不依赖盟友美国的保护。冷战结束后，美国通过海湾战争战后安排加强了在海湾地区的军事存在，通过与海湾国家签订的一系列双边防务合作协议从政治上加大了对海湾地区的控制力度，巩固了对该地区事务的主导地位，排斥任何其他势力染指。九一一事件后，为应对新形势，美国制定了一系列中东新政策，进一步强化对该地区的控制。2002年12月，美国提出"美国—中东伙伴关系计划"，支持阿拉伯世界的经济、政治和教育改革，试图通过促进阿拉伯国家的民主变革，从根本上解决中东恐怖主义问题。2003年2月，美国又宣布到2013年建立美国中东自由贸易区。美国的这些中东新政策成为欧盟政策的强大挑战。

对于盟友欧盟，美国只有当欧盟与自己立场一致、需要其出钱出力时才允许它作为"伙伴"辅助实施本国政策。为防止欧盟的竞争，美国限制欧盟发展独立防务，并且利用欧盟内部大西洋主义派与欧洲主义派之间的分歧分化瓦解欧盟的共同外交立场，从而使欧盟不得不依赖美国。而两极格局的解体也使美国成为唯一有能力主导中东局势的大国。由于丧失了在美国和苏联之间寻找第三种选择的外交回旋余地，阿拉伯国家也都把美国作为解决地区问题的首要选择。海合会六国更是把维护海湾地区安全的希望寄托在美国身上。在经济上，美国与巴林和阿曼单独进行自由贸易谈判并签订了协议，在削弱海合会内部团结合作的同时，也直接提高了欧盟与海合会的谈判门槛。欧盟提出，拒绝接受任何低于美国的谈判条件。

另外，近年来，亚洲国家的经济有了长足发展，随着他们与海合会贸易的大幅度增加，欧盟在海合会贸易总量中所占的比例也出现下降趋势。如果欧盟作为海合会主要贸易伙伴的地位出现边缘化的迹象，双方自由贸易谈判的前景就更加难以预测。

欧盟坚持将海合会六国作为整体对待，在地区基础上发展两个区域组织之间的关系。受两个区域性组织的一体化程度所限，欧盟的这个立场成为双方关系发展障碍产生的最根本原因，也使自由贸易谈判走入死胡同。欧盟成员国与海合会国家双边关系的发展具有悠久的历史，近几十年来，大部分海合会国家在安全领域与欧洲国家订立双边协定，以平衡对美国安全保护伞的依赖。对海合会国家来说，目前摆脱这种双边关系发展模式，将欧盟作为整体发展关系是困难的。正是意识到在地区基础上发展集体关系的困境，欧盟才开始建议成员国与海合会成员国发展"双边政治参与"，以求在政治改革问题上加强双方合作。

虽然双方的自由贸易谈判目前处于搁置状态，但欧盟与海合会发展关系的经济驱动力依然强大，2009 年多次传出双方准备重新开始自由贸易谈判的消息就是证明。然而，由于自由贸易谈判不仅仅是单纯的经济问题，还涉及人权、民主等诸多敏感的政治问题，最终的前景还要看双方一体化进程的发展。

六 欧盟与也门的关系发展

1978 年，欧共体与阿拉伯也门共和国开始进行合作。1984 年，欧盟与阿拉伯也门共和国的经贸关系在发展合作协议框架下逐步正式化。1990 年也门实现统一后，欧盟在 1984 年签署的合作协议于 1995 年 3 月 6 日推及整个也门。1991—1992 年，欧盟与也门之间贸易较为均衡。但在 1993—1995 年间，欧盟从也门的进口额迅速下降。1996—1997 年间，双方的进出口都有了不同程度的增长。1997 年 11 月也门与欧盟签署了内容更加广泛的合作协议，涉及商业、发展、经济合作等多个领域，取代了 1984 年的协议。该合作协议在 1998 年 7 月生效，为双方提供了长期合作的基础，是强化和拓展双边关系的重大举措。这个协议的主要内容包括：贸易和商业合作；发展合作，援助也门构建可持续发展的经济社会框架；经济合作，根据近期的发展，双方都承认存在广泛合作的潜力，都同意就宏观经济问题进行定期的对话；在环境、文化、科技、社会和人力资源发展等领域开展合作。自 2000 年以来，欧盟与也门的双边贸易额继续保持增长势头，2003 年，双边贸易总额达到 7.44 亿欧元，其中欧盟出口额为 6.74 亿欧元，进口额为 0.7 亿欧元。农产品是双边贸易中最重要的部门，贸易额达到 2.36 亿欧元。除此之外，能源和石化产品也占有一定比重。

九一一事件后，也门国内极端组织势力上升，接连发生针对西方国家的恐怖袭击事件。也门积极打击国内的极端主义和恐怖主义，成为反恐前线国家。针对也门安全形势的恶化，欧盟加强了双方在反恐方面的合作，这也是欧盟成员国与也门双边关系的主要内容。英国和意大利不断为也门海岸护卫队提供支持，法国政府为也门内政部提供警察顾问。2005年法国和也门签署新的军事和安全合作协议，由法国提供设备和人力，在红海建立法也巡逻队。2003年10月欧盟也门共同合作委员会宣布建立政治对话，强化双边关系。2004年6月，欧盟提出与地中海和中东国家建立长期战略伙伴关系，也门也包括在内。7月欧盟与也门召开首次政治对话会议，主题集中在民主、人权、合作反恐等问题上。在这次会议上，双方确定了政治对话的内容、目标和条件。

为消除冲突和恐怖主义产生的根源，欧盟对也门进行大量的发展援助，帮助也门实施减少贫困战略、加强民主、人权和民间社会，并为也门加入世界贸易组织谈判提供技术援助。自1990年也门统一后，欧盟对也门的援助超过1.8亿欧元，2002—2004年，欧盟为也门提供了7000万欧元的援助。欧盟成员国中德国与荷兰是也门的主要援助国，每年分别援助4000万欧元和2500万欧元。此外，英国、法国、意大利、波兰和捷克也对也门进行了援助。截至2004年，欧盟的援助占也门接受外援的20%还多，成为也门的主要援助者。[1]

第四节　欧盟与中东和平进程

海湾战争后苏联解体，美国成为唯一超级大国，美苏争霸中东的历史结束。阿以冲突走出超级大国角逐的阴影，成为地区性争端。阿拉伯世界在海湾战争中围绕支持或反对伊拉克分裂为两大派，力量受到削弱，整体实力下降。巴解组织由于支持伊拉克而受到严重挫折。

---

[1] European Commission, European Union in the World, External Relations, The EU's relations with Yemen, overview, http://ec.europa.eu/external_relations/yemen/intro/index.htm.

受到伊拉克飞毛腿导弹的打击，以色列扩大领土以求安全的观念向以和平求安全转变。美以关系也发生微妙变化，美国在保持同以色列特殊关系的同时，重视改善同阿拉伯国家的关系，要求以色列在与阿拉伯关系中做出让步。

世界格局和中东局势的巨大变化为政治解决阿以争端提供了新的机遇。欧盟在此后的中东和平进程中主要发挥了两方面的作用：主持多边会谈中的地区经济发展工作组，为巴勒斯坦提供经济援助。虽然欧盟并不满足于仅仅充当和平进程"付账者"的角色，但由于自身实力不足及美国的限制，欧盟在中东和平进程中发挥更大政治作用的尝试没有取得什么成果。

一　欧盟与马德里和平进程

海湾战争暴露出欧共体对外政策的局限性，成为刺激欧共体加深一体化进程的动力。欧共体希望在中东和平进程中发挥关键作用，宣布海湾战争后将提出欧洲和平计划，希望在联合国的主持下召开国际和平会议，但由于成员国之间的分歧太大而被迫放弃。英国和德国支持美国的和平计划，而法国则想以《威尼斯宣言》为基础提出独立的和平计划。最终欧盟加入美国主导的马德里和平进程。

1991年10月30日，中东和平会议最终在美国的倡议筹划下召开。由于西班牙在伊斯兰教和犹太人历史上的特殊地位，其首都马德里被选为会议地点，开始了马德里和平进程。美国邀请处于崩溃边缘的苏联共同主持和会，欧共体与联合国、海湾合作委员会都作为观察员参加和会。马德里和会由双边谈判与多边会谈共同组成。双边谈判由以色列分别与叙利亚、黎巴嫩、约巴联合代表团分三组进行。欧盟由于采取亲阿拉伯立场得不到以色列的信任，加上美国的排斥，在双边谈判中没有发挥作用。但欧盟要求巴解组织参加和谈的一贯主张最终被以色列接受。巴解组织在1992年1月第3轮谈判时与约旦分开，与以色列组成第四个双边谈判小组。在双边谈判无法取得突破的情况下，巴解组织和以色列经挪威牵线，绕过马德里和会通过秘密谈判达成协议。

欧盟在马德里和会的多边会谈中发挥了一定作用。多边会谈于1992年1月开始，目的是将以色列与其阿拉伯邻国及马格里布国家、海湾国家召集在一起，组成一个国际论坛，讨论地区问题及双方关心的其他问题。双边谈判主要集中于领土控制、主权、边界划分、安全安排及巴勒斯坦人的政治权利等政治问题，而多边会谈则讨论地区经济、社会和环境问题，如水资源、环境、难民、军备控制和地区安全、地区发展合作等。但双边谈判是解决阿以争端的关键，只有双边谈判达成一致，多边会谈才会有结果。虽然如此，创造有利于促进和影响双边谈判的宽松气氛也是多边会谈的重要目标之一。多边会谈建立了5个专门的工作小组，其中最大的小组——地区经济发展工作组（REDWG）由欧盟主持。欧盟积极支持在中东地区内部建立经济联系纽带和制度，促进各方的经济合作。在1992年的三轮会谈中，地区经济发展工作组列出了十个合作领域，主要集中于发展基础设施和探索部门合作领域。这十个领域包括法国主持的通信和运输、欧盟主持的能源、日本主持的旅游、西班牙主持的农业、英国主持的金融市场、德国主持的贸易、美国主持的培训、欧盟主持的网络、埃及主持的机制、部门和原则、加拿大主持的委托权限。

巴以《奥斯陆协议》签署后，欧盟主持地区经济发展工作组立即在哥本哈根举行第四轮多边会谈。在巴以双边谈判取得突破的推动下，会议通过了《哥本哈根行动计划》，列出了33个项目，包括通讯、运输、旅游、农业、金融市场、训练等方面，以吸引外资参加中东的建设。行动计划成为地区经济发展工作组此后工作的基础。为促进计划实施，欧盟宣布从1993年到1997年间将捐助1520万美元，用于准备进行基础设施可行性研究以及在城市、大学和媒体之间建立通信网络。[①] 欧盟带头鼓励地区各方探索未来经济关系的性质，为潜在的地区合作开发提供支持与维系的机制和框架。

[①] Stelios Stavridis, Theodore Couloumbis, Thanos Veremis and Neville Waites, eds., *The Foreign Policies of the European Union's Mediterranean States and Applicant Countries in the 1990s*, London: Macmilian Press Ltd., 1999, p. 304.

在地区经济发展工作组之后召开的拉巴特会议上，各方就指导原则达成一致，特别是承认需要通过协调集聚共同力量解决共同问题；消除私营部门发挥更大作用的障碍；促进地区贸易、投资和基础设施发展；鼓励本地区内人员、货物、服务、资本和信息的自由流动。会议专门成立由各方人员参加的小型监事会，以使阿以冲突的核心国家埃及、以色列、约旦和巴勒斯坦在实施《哥本哈根行动计划》中起到直接作用。监事会下设四个部门，分别由埃及负责金融、以色列负责贸易、约旦负责促进地区基础设施、巴勒斯坦负责旅游。在约旦首都安曼设立秘书处，由欧盟担任监事会执行秘书，服务于监事会和四个部门的工作。

地区经济发展工作组的主要目的虽然是促进地区合作，但事实上也是满足巴勒斯坦直接经济需要的重要论坛，尤其是在巴以和谈的早期阶段。在欧共体的倡议下，世界银行提交了巴勒斯坦被占领土经济状况报告，并列出了优先发展项目。《奥斯陆协议》签署后，在华盛顿召开的捐助者大会承诺为巴勒斯坦提供24亿美元直接财政援助，就是以此报告为基础的。

二　欧盟在中东和平进程中的经济作用

（一）欧盟及其成员国对巴勒斯坦的援助

欧盟及其成员国是巴勒斯坦最大的经济援助者和技术帮助者。巴勒斯坦脆弱的经济状态决定了国际社会援助的必要性。国际援助和捐赠是中东和平进程的重要组成部分。欧盟是第一个直接向巴勒斯坦提供财政援助的国际机构。《奥斯陆协议》签署之前，欧共体就宣布向巴解组织捐助3500万埃居作为"运行费用"，使其能够建立满足巴勒斯坦人民紧急需求的机构。在1993年10月的华盛顿捐助大会上，欧盟成员国另外承诺从1994年到1998年捐助5亿埃居，用于约旦河西岸和加沙地带经济的恢复和发展。这些捐助占华盛顿会议捐助总额的四分之一。当年成立了特别联络委员会（Ad-Hoc Liaison Committee）作为国际捐助的协调机构，欧盟作为主要捐助者，在其中起了领导作用。

1996年1月欧盟委员会宣布当年拨款增加75%，总共达到1.2亿美元。而巴勒斯坦的其他主要捐助者沙特的捐款额为1亿美元,世界银行为9000万美元,美国为7100万美元,日本为4300万美元。① 欧盟为巴勒斯坦立法委员会成立的准备工作及国际监督也提供了2400万美元的资金,为立法委员会的成功建立提供了条件。此外,欧盟还为巴勒斯坦民族权力机构的安全部队和管理部门的培训工作提供资金和设备援助。1994年至1999年间,欧盟及其成员国共向巴勒斯坦提供16亿埃居的无偿援助和贷款,占所有国际援助的60%以上。此外,欧盟每年通过联合国近东巴勒斯坦难民救济和工程处(UNRWA)向巴勒斯坦难民提供援助,从1994年到2004年,援助资金累计5.81亿欧元。②

欧盟通过"和平项目"在机构建设、人员和学术交流、学术研究等领域对巴勒斯坦的大学进行援助。这个项目发起于1991年,在欧盟委员会、联合国教科文组织等国际机构的资金支持下,由12所欧洲大学与耶路撒冷圣城大学、成功大学、比尔宰特大学、伯利恒大学、加沙伊斯兰大学和希伯伦大学等巴勒斯坦6所大学签订"巴勒斯坦—欧洲教育领域学术合作"(Palestinian – European Academic Co – operation in Education)协议。"和平"(PEACE)一词即该项目名称的英文首字母缩写。巴勒斯坦民族权力机构建立后,和平项目得到进一步发展,目前成员范围扩大到欧洲52所大学和巴勒斯坦12所大学。

在2000年之前,欧盟对巴勒斯坦的捐助主要集中于发展援助。2000年9月巴以大规模冲突爆发后,欧盟为陷于经济困境的巴勒斯坦当局提供了大量的直接财政援助,从2000年到2006年,财政援助金额总计5.1825亿欧元。加上欧盟为基础设施、难民、人道主义及食品等项目提供的援助,七年总共援助巴勒斯坦资金18.2523亿欧元。③ 欧

---

① "EU/Palestine – Ecu 15 million to support the Palestinian budge", RAPID, 8 May 1996, cited in Rosemary Hollis, "Europe and the Middle East: Power by Stealth?" *International Affairs*, Vol. 73, No. 1, 1997.

② The EU, the Mediterranean and the Middle East – A longstanding partnership, MEMO/04/294 – Brussels, 10 December 2004.

③ "EC support for the Palestinians 2000 – 2006", http://ec.europa.eu/external_relations/occupied_palestinian_territory/ec_assistance.

盟及其成员国提供的财政援助一定程度上缓解了巴勒斯坦民族权力机构的财政困境。这些援助和阿拉伯世界提供的援助使巴勒斯坦政府保持了最低限度的公共服务，解决了公务员的工资，避免了当地经济完全崩溃。

2006 年，哈马斯取得巴勒斯坦立法委员会大选胜利上台组阁，但哈马斯明确拒绝美国和以色列提出的承认以色列、放弃暴力、接受业已达成的和平协议等条件，遭到美以等国家的联合抵制和经济制裁。欧盟开始通过临时国际机制直接向巴勒斯坦人提供资助。国际援助有力地巩固了巴勒斯坦政权，并且极大地促进了约旦河西岸和加沙地带的基础设施重建工作，对当地经济发展和保障人民生活水平起到了很大的推动作用。

(二) 欧盟与巴勒斯坦国际援助管理

欧盟在巴勒斯坦国际援助管理中发挥着重要的作用。国际社会对巴勒斯坦的援助由世界银行负责全面协调和控制。1993 年 10 月，中东和平多边会谈程序小组成立特别联络委员会（Ad Hoc Liaison Committee，AHLC）作为国际协调机构，把美国、欧盟、日本和沙特等主要捐助者、巴勒斯坦民族权力机构及以色列政府聚到一起，协调政策，以促进约旦河西岸和加沙地带的开发。特别联络委员会约每 6 个月召集一次会议，成员包括加拿大、欧盟、美国、日本、俄罗斯、挪威和沙特，联合国、以色列、巴勒斯坦解放组织、埃及、约旦、突尼斯是准成员。挪威为委员会主席，世界银行负责秘书处工作。同时，世界银行成立了巴勒斯坦顾问小组会议（Consultative Group for Palestine，CG），作为所有捐助者都参加的论坛。顾问小组会议每年召开几次，由捐助者承诺捐助资金及讨论具体的项目或纲要。

1994 年 11 月，特别联络委员会建立联合联络委员会（Joint Liaison Committee，JLC）和地方援助协调委员会（Local Aid Co-ordination Committee，LACC）。地方援助协调委员会作为地方论坛，用于促进主要援助机构之间及其与巴勒斯坦民族权力机构的协调，由挪威、联合国特别协调办公室、世界银行共同担任主席，世界银行和联合国特别协调办公室共同承担秘书处工作，每月召开会议。地方援助协调委员会成员包括巴勒斯坦民族权力机构和在当地设有代表的捐助机构，国际货币基金组织定期与会。联合联络委员会是讨论经济政策及有关捐助者的实际事务的论坛，主要负责处理援助资金到位过程中遇到的重大障碍，查验巴勒斯坦民族权力机构的预算、创收以及技术援助的重点，其功能等同于特别联络委员会的一般功能。联合联络委员会成员包括巴勒斯坦民族权力机构和在当地设有代表的捐助者，国际货币基金组织、日本和以色列参加会议，世界银行、联合国、美国、欧盟共同承担联合秘书处工作。地方援助协调委员会建立了 12 个部门工作小组（SWGs），以促进技术层面的信息共享和协调。除了这些多边机制以外，捐助者及有关机构也同巴勒斯坦民族权力机构进行双边协商。

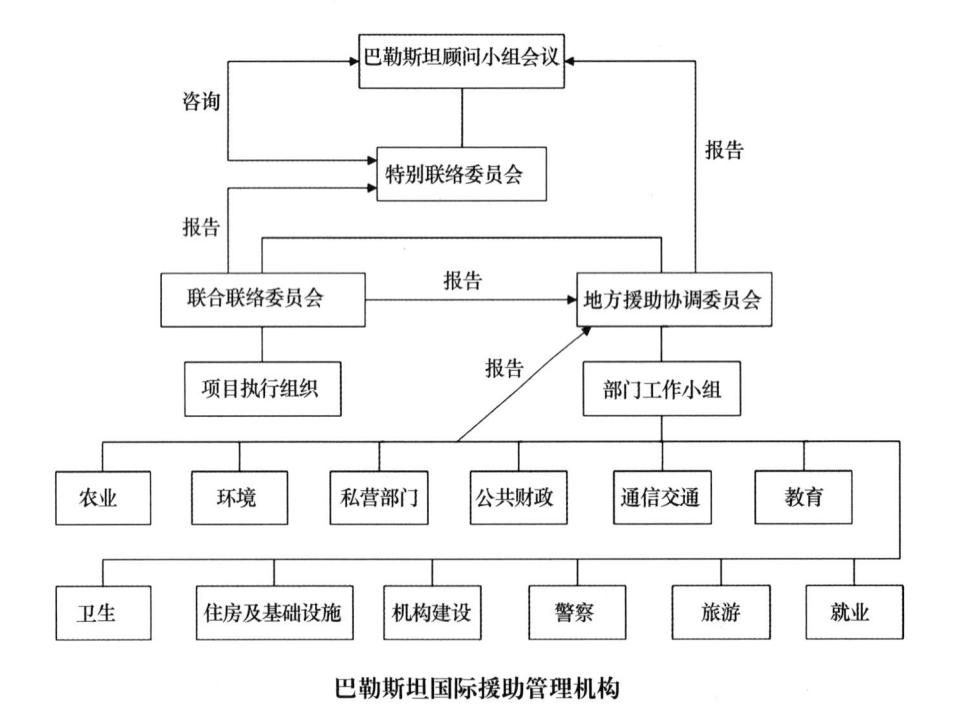

巴勒斯坦国际援助管理机构

资料来源：Palestinian Academic Society for the Study of International Affairs, Jerusalem, http://www.passia.org.

世界银行除在以上机构中起着重要作用外，还负责管理技术援助信托基金（Technical Assistance Trust Fund，TATF）和约翰·朱根·霍尔斯特和平基金（Johan Jurgen Holst Peace Fund）。技术援助信托基金用于技术援助，特别是巴勒斯坦的技术和基础设施建设。霍尔斯特和平基金用于支持巴勒斯坦民族权力机构的启动和经常开支。2004年4月底，世界银行宣布建立公共金融管理改革信托基金（Public Financial Management Reform Trust Fund），以减轻国际社会对巴勒斯坦援助资金管理不善及遭到挪用的担忧，帮助巴勒斯坦恢复援助资金来源，从而使面临严重财政危机的巴勒斯坦自治政府能够维持公共服务。

（三）欧盟促进地区国家合作的努力

在对中东和平进程进行经济援助的同时，欧盟积极谋求促进地区各国的合作，尤其是经济领域的合作。1995年11月欧盟发起欧盟—地中海伙伴关系，即巴塞罗那进程，试图为地中海地区的和平与合作建立新的合作制度。巴塞罗那进程的创立和发展建立在阿以和谈取得突破的基础上，但它是马德里和平进程的补充，双方并非竞争关系。巴塞罗那进程为缓和阿拉伯国家与以色列之间的紧张关系创造了有利的外交环境，成为促进中东和平进程向前发展的重要推动因素。①

叙利亚和黎巴嫩就坚持认为，多边会谈为时尚早，阿拉伯国家应该等到与以色列的双边谈判达成政治解决协议后，再与以色列讨论地区合作问题，因此拒绝参加多边会谈。而欧盟的地中海伙伴关系则成功地使叙黎以三国加入同一多边合作的论坛。中东和平进程停滞后，在欧盟—地中海伙伴关系的框架下，阿拉伯国家与以色列仍然能够坐在一起就水资源、工业和能源政策、旅游和环境等问题展开讨论。巴塞罗那进程的最终目标不仅包括经济一体化，还包含有政治、安全和文化合作的内容，这也为阿以双方民间社会的接触和交流创造了机会，成为推动双方长期和解的一个有利因素。

在欧盟—地中海伙伴关系框架下，欧盟委员会与新成立的巴勒斯

---

① Stelios Stavridis, Theodore Couloumbis, Thanos Veremis and Neville Waites, eds., *The Foreign Policies of the European Union's Mediterranean States and Applicant Countries in the 1990s*, p. 313.

坦民族权力机构签署欧盟地中海临时贸易与合作联系协定，以促进约旦河西岸和加沙地带经济的长期发展。该协定和欧盟与地中海其他国家签署的联系协定类似，而且考虑到了巴勒斯坦地区的特殊地位。协定重申了欧盟从1986年起给予巴勒斯坦的贸易优惠政策，并且希望在此后五年内建立自由贸易区。为支持巴勒斯坦的工业发展，协定也规定了范围广泛的经济和金融合作。[1] 协定的政治意义远远大于纯经济因素，对于促进巴勒斯坦经济发展及局势稳定具有积极意义。

三 欧盟寻求在中东和平进程中发挥更大的作用

由于欧盟无法参与中东和平进程中核心的政治问题，大部分成员国对此不满。[2] 希拉克担任法国总统后试图在对外政策方面摆脱对美国的依赖，发挥法国和欧盟的积极作用。1995年5月，希拉克就职不久就表示，欧盟作为中东的主要捐助者应该在地区事务中发挥更大的作用。1996年4月、7月和10月，希拉克三度出访中东，每到一处都表明积极支持和谈，坚持"土地换和平"的原则。1996年6月，以色列内塔尼亚胡上台执政，推行强硬政策路线，导致巴以双方爆发大规模的暴力冲突，和平进程陷入僵局和危机状态。在以色列演讲时，希拉克呼吁建立巴勒斯坦国，要求以色列完全撤出戈兰高地和黎巴嫩，并认为欧盟应该与美国和俄罗斯共同主持和平进程，法国和欧盟的参与将有助于巴以建立互信。作为首个在巴勒斯坦立法委员会演讲的外国首脑，希拉克又公开批评以色列的行为，再次呼吁欧盟更多地参与中东和平进程。在访问耶路撒冷老城时，希拉克公开对以色列警卫发火。

希拉克的言行受到巴勒斯坦和广大阿拉伯世界的欢迎。然而法国在打着欧盟旗号行动之前并没有与其他成员国进行协商，引起他们的不满。在欧盟内部，许多成员国认为希拉克是在谋求法国的利益，而

---

[1] "Euro-Mediterranean Interim Association Agreement on trade and cooperation between the EC and the PLO", *Official Journal* L187, 16/07/1997 P. 0003 – 0135.

[2] Stelios Stavridis, Theodore Couloumbis, Thanos Veremis and Neville Waites, eds., *The Foreign Policies of the European Union's Mediterranean States and Applicant Countries in the 1990s*, p. 308.

第三章 海湾战争与欧盟对地中海政策的发展 / 115

不是提高欧盟在中东和平进程中的作用。法国的行动也刺激了欧盟在中东的外交活动，成员国也开始讨论欧盟在和平进程中的作用。①

为提高对中东和平进程的参与，1996年11月欧盟设立中东特使，并任命西班牙驻以色列大使莫拉蒂诺斯担任。欧盟中东特使的职责定义宽泛，但最基本任务是与中东和平进程有关各方建立和保持关系，向欧盟报告和平进程的发展，促进和平协议的实施，确保欧盟及欧盟成员国之间的政策协调。② 受任期限制，欧盟三驾马车在参与中东问题时具有明显局限性，如三驾马车出访时间有限，政策缺乏连续性等。中东特使的任命将在一定程度上弥补这种缺陷。另外，与《奥斯陆协议》类似，中东和平进程的许多谈判通过秘密渠道进行，这是欧盟这样的庞大机构无法做到的。缺乏保密性和担心泄密削弱了欧盟的可信度，尤其是在中东这样高度敏感的环境中。③ 虽然中东特使不可避免会受到欧盟机构性质的影响，但能保证一定程度的保密。欧盟中东特使的存在及其协调工作为各方提供了解决分歧的又一途径。在1997年以色列从希伯伦撤军问题上，中东特使及时任轮值主席国的英国与美国一起成功地说服巴以恢复谈判。但在随后的怀伊协议谈判中，欧盟仍然被排除在外。

根据巴以《奥斯陆协议》规定，为期5年的巴勒斯坦自治过渡阶段应于1999年5月4日结束，并在加沙地带和约旦河西岸建立巴勒斯坦国。但直到1999年9月巴以双方才正式启动最终地位谈判。1999年3月至4月间，阿拉法特多次声称将按协议规定单方面建立巴勒斯坦国。为劝说阿拉法特不要单方面宣布建国，欧盟动用了最大的能力。1999年3月，欧盟委员会柏林首脑会议发表有关中东和平的声明，呼

---

① Rosemary Hollis, "Europe and the Middle East: Power by Stealth?".
② "Joint Action by the Council of the European Union Adopted on the Basis of J. 3 in Relation to the Nomination of an EU Special Envoy for the Middle East Peace Process, 25 November 1996 (96/676/CFSP)", in Christopher Hill and Karen E. Smith, eds., *European Foreign Policy: Key Documents*, pp. 313–314.
③ Søren Dosenrode and Anders Stubkjær, *The European Union and the Middle East*, pp. 135–136.

吁巴以就过渡阶段延长问题达成一致，希望尽早恢复有关最终地位的谈判。声明重申支持巴勒斯坦建国的权利，提出"在已有协议的基础上，通过和谈建立民主的、可生存的、和平的主权巴勒斯坦国"是以色列安全的最大保障，欧盟将适时承认根据上述原则建立的巴勒斯坦国。① 宣言被认为是欧盟迄今为止对巴勒斯坦国家原则最坚定、最直接地支持。② 在欧盟及国际各方的努力下，巴解组织最终决定推迟宣布建国。

四　欧盟与巴勒斯坦改革

2000年9月，巴以爆发大规模武装冲突，巴勒斯坦人发动阿克萨起义，反抗以色列的军事行动和占领。当年10月12日，两名以色列士兵在拉姆安拉的警察局被当地居民打死，作为报复，以色列军队袭击了巴勒斯坦警察总部和阿拉法特住宅。巴勒斯坦激进势力不断发动针对以色列的暴力袭击活动，招致以色列的报复性军事行动，双方陷入报复与反报复的恶性循环，中东和平进程陷入停顿。

2001年九一一事件后，打击恐怖主义、推进中东民主化进程成为小布什政府中东政策的核心，巴以问题被置于反对恐怖主义和中东民主化改造两大政策框架之下，不再是美国关注的重点。为争取阿拉伯世界支持美国的中东政策，2001年10月初，小布什提出建立巴勒斯坦国的设想，成为首位直接提出巴勒斯坦独立建国的美国总统。③ 在美国的提议下，联合国安理会在2002年3月12日通过1397号决议，首次明确提出巴勒斯坦建国，要求以、巴两个国家在公认的安全边界内并存。④ 这个决议与242号和338号决议一起，成为巴以和谈的历史

---

① "Conclusion of the European Council in Berlin, 24 – 25 March 1999", in Christopher Hill and Karen E. Smith, eds., *European Foreign Policy: Key Documents*, p. 316.

② Richard Youngs, *Europe and the Middle East: in the Shadow of September 11*, p. 148.

③ [美]威廉·匡特：《中东和平进程：1967年以来的美国外交和阿以冲突》，饶淑莹等译，华东师范大学出版社2009年版，第392页。

④ UN, *Palestinian Question – Two States Vision Affirmed*, Sec Co Resolution S/RES/1397, Mar 12, 2002.

性文件。但小布什政府忙于伊拉克战争，无暇进一步给出详细解决方案，只是施压巴勒斯坦政府进行改革，分散阿拉法特的权力。巴勒斯坦民族权力机构成立后，阿拉法特建立召开"领导人会议"的传统，每周召集巴解组织执委会委员和法塔赫中央委员、安全部门及立法委员会领导人共同参加联席会议。这种形式的会议导致内阁边缘化，阿拉法特一人成为巴勒斯坦政治的中心。一些部长要求单独召开内阁会议，遭到阿拉法特的拒绝。①

2002年中期以后，以色列国防军控制了约旦河西岸大部分城镇，巴勒斯坦陷入混乱和无政府状态。在以色列、美国以及欧盟等的压力及内部改革派的强烈呼吁下，2002年6月，巴勒斯坦政府公布百天改革计划（100 Days Plan），涉及制度、公共安全、财政和司法等39项内容。为把阿拉法特的部分权力转移至立法委员会，2003年3月，巴勒斯坦设立总理职位，具体负责内阁事务。阿巴斯被阿拉法特任命为巴勒斯坦首任总理。总理职务的设立，改变了巴勒斯坦民族权力机构的基础结构，政治权力需要在主席和总理之间分配，不再集中于阿拉法特一人。② 2003年4月30日，以阿巴斯为总理的巴勒斯坦新内阁宣誓就职。当日，美国、联合国、欧盟和俄罗斯等"中东问题四方"正式公布酝酿已久的中东和平"路线图"，要求分阶段建立一个独立的巴勒斯坦国。

中东和平"路线图"将安全机构改革作为巴勒斯坦最终建国的基本安全前提，要求巴勒斯坦加强安全机构，清除腐败，打击恐怖主义。③ 中东问题四方美国、欧盟、俄罗斯及联合国等组成国际机构，监督巴勒斯坦安全机构改革。安全机构改革的核心就是将阿拉法特的控制权分散到立法委员会。百天改革计划要求设立内政部，由内政部掌管预警部队、警察部队和民防部队，内政部长向总理负责，总理及

---

① Amal Jamal, *The Palestinian National Movement: Politics of Contention*, 1967 – 2005, p. 128.
② Amal Jamal, *The Palestinian National Movement: Politics of Contention*, 1967 – 2005, Bloomington and Indianapolis: Indiana University Press, 2005, p. 164.
③ Security Council, *Road Map to a Permanent Two – State Solution to the Israeli – Palestinian Conflict – Quartet*, UN Security Council S/2003/529, Apr 30, 2003.

内阁部长必须经过立法委员会批准后才能任职。改革后，阿拉法特能够直接掌管的只有情报总局和安全部队，由此导致他与阿巴斯和库赖两届总理之间的矛盾和权力斗争。

阿拉法特去世后，阿巴斯任巴勒斯坦民族权力机构主席，继续推进安全改革。美国在2005年3月设立安全协调员办公室（USSC），由美国安全协调员领导来自8个国家的约45名军事和文职人员组成跨国团队，开始直接参与巴勒斯坦安全机构的改革、培训和装备。欧盟也在这一年建立巴勒斯坦警察支持协调办公室（EUPOL COPPS），向巴勒斯坦派驻警察使团，参与巴勒斯坦安全机构改革，主要是对民事警察以及律师、法官、检察官进行培训。[1]

百天改革计划中财政改革的步伐较大，具体措施包括，加强财政管理，促进财政开支合理化，增加财政制度的透明度和可信度，根除腐败。财政改革的关键内容之一就是，将分配给总理办公室的预算减半，大部分资金改为直接交付有关的社会部门。2005年巴勒斯坦建立单独财政账户，以加强对所有财政收入的控制。改革以及捐助国的监督有效提高了巴勒斯坦的财政透明度，减少了腐败。2006年初，世界银行评估认为，巴勒斯坦财政领域的营私舞弊几乎为零，透明度水平与以色列相当，达到世界标准。

欧盟从2001年起开始强调巴勒斯坦的制度改革，是巴勒斯坦改革国际工作组最有力的支持者之一，为巴勒斯坦民族权力机构提出了一系列改革标准。[2] 欧盟积极参与美国主导的结束巴以冲突的路线图计划。但在这些问题上欧盟表现出了与美国政策的分歧。美国把巴勒斯坦民族权力机构进行改革、更换领导人作为允许巴勒斯坦建国的前提条件，强调消除恐怖主义威胁并确保以色列的安全是当前的首要任务。但欧盟仍然承认阿拉法特为巴勒斯坦领导人，主张为实现地区和平，在政治、经济和安全三个轨道上的外交努力应该齐头并进。但2004年

---

[1] Beste İşleyen, "Building Capacities, Exerting Power: the European Union Police Mission in the Palestinian Authority", *Mediterranean Politics*, Vol. 23, No. 3, pp. 321 – 339.

[2] Richard Youngs, *Europe and the Middle East: in the Shadow of September 11*, p. 149.

小布什公开支持以色列的"单边行动计划",中东和平"路线图"所倡导的巴以和平进程荡然无存。由于巴以局势的持续恶化,无论是巴勒斯坦的改革还是巴以和平进程都没有取得什么效果。

五 欧盟与哈马斯

阿克萨起义后,哈马斯在以色列"定点清除"中遭受重创,为保存实力、扩大影响,哈马斯在表示不放弃武装斗争的同时,开始逐渐调整立场,以更加务实灵活的策略参政议政。在 2004—2005 年进行的巴勒斯坦地方选举中,哈马斯取得第一阶段和第四阶段的大范围胜利。2006 年 1 月 25 日,巴勒斯坦第二次立法委员会选举在约旦河西岸(包括东耶路撒冷)和加沙地带举行。以"变革和改革"(Change and Reform)之名参选的哈马斯取得压倒性胜利,击败执政半个世纪的法塔赫获得组阁权。2 月 18 日,以哈马斯为首的新一届立法委员会宣誓就职并召开第一次会议,57 岁的哈马斯领导人阿卜杜勒·阿齐兹·杜维克当选为立法委员会主席,但在 8 月,杜维克和部分哈马斯高级成员被以军逮捕,立法委员会陷入瘫痪。2006 年 3 月,哈马斯组建联合政府失败,不得不单独组阁。

欧盟与以色列和美国一样,都要求哈马斯放弃暴力、承认以色列、承认巴勒斯坦同以色列签署的一系列协议。哈马斯表示,将客观对待同以色列签署的协议,但拒绝承诺放弃暴力、拒绝解除武装、拒绝承认以色列。哈马斯的强硬态度导致欧盟、美国等西方主要援助国对巴勒斯坦新政府实施经济制裁,欧盟等传统捐助方仅通过非官方渠道为民众提供援助,部分援助直接交付巴勒斯坦民族权力机构主席阿巴斯。在这种情况下,当地社会经济只能维持最低限度的运转。

六 欧盟成员国在巴勒斯坦问题上的不同态度和立场

法国、德国和英国是欧盟制定共同外交政策的主要影响力量。由于国家利益的差异,欧盟成员国在巴勒斯坦问题上的立场不尽相同。法国自 1967 年以来,一直采取支持阿拉伯人的立场,谴责以色列占领巴勒斯坦领土及扩建定居点的行为,承认巴勒斯坦人的自决权,积极推动以"两国方案"解决巴勒斯坦问题,并在欧盟和联合国层面,推动形成支持巴勒斯坦人的政策。① 早在 1974 年,法国外长在驻黎巴嫩大使馆会见阿拉法特,成为第一个与巴解组织接触的西欧国家。法国在 1982 年就公开支持巴勒斯坦的建国权利,同时向巴解组织施压,要求巴勒斯坦承认以色列的生存权,在 1989 年阿拉法特首次正式访问法国时,密特朗就敦促巴勒斯坦取消宪章中消灭以色列的条款。2000 年中期以来,尽管法国与以色列的关系日益密切,但谴责犹太人定居点、支持"两国方案"仍然是法国对巴勒斯坦问题的政策基石。②

德国对巴勒斯坦问题的立场受到其与以色列关系的影响和制约。无论是联邦德国还是统一后的德国,都怀着对纳粹屠杀犹太人罪行的罪恶感和负疚感,把与犹太民族修好、确保以色列生存和发展视为不可推卸的责任,从经济、军事、政治等各方面全力支持以色列。自欧共体形成对阿以冲突的共同政策后,德国一直在欧共体/欧盟的框架内,根据国际法原则确立对巴勒斯坦问题的政策,这样一来,即使是在定居点等问题上根据欧共体/欧盟统一立场谴责以色列的政策,也能避免损害与以色列的特殊关系。德国主张以"两国方案"解决巴以冲突,以实现持久的地区和平,并根据欧盟政策确立本国对巴勒斯坦自决权和国际承认的立场。③

英国殖民势力曾经在阿拉伯国家长期存在,但自从 1956 年苏伊士运河危机后,英国势力退出中东,只能发挥间接作用。在巴勒斯坦问题上,英国采取追随美国和追求欧洲团结的政策,在 20 世纪八九十年代,积极推动欧盟形成统一立场。阿以冲突的形成与英国对巴勒斯坦的委任统治密不可分,英国在这个问题上虽然态度摇摆不定,但考虑到在阿拉伯世界的传统势力及能源问题,倾向于支持阿拉伯人。进入

---

① Benedetta Voltolini, "France and the Israeli Occupation: Talking the Talk, but not Walking the Walk?" *Global Affairs*, Vol. 4, No. 1, 2018, pp. 51–63.

② Benedetta Voltolini, "France and the Israeli Occupation: Talking the Talk, but not Walking the Walk?" pp. 51–63.

③ Jan Busse, "Germany and the Israeli Occupation: the Interplay of International Commitments and Domestic Dynamics", *Global Affairs*, Vol. 4, No. 1, 2018, pp. 77–88.

21世纪，英国的中东政策越来越受到美国影响，2005年以后，除定期参加援助会议外，并未提出什么真正的倡议。[1]

保障石油供应这个共同利益曾促使西欧各国形成对阿以冲突共同立场，一旦国家利益超越共同利益，欧盟各国就开始自行其是。2011年，巴勒斯坦申请加入联合国时，不仅遭到美国和以色列的强烈反对，欧盟很多成员国也不支持。巴勒斯坦申请加入联合国教科文组织时，欧盟三大成员国在这个问题上的分歧难以弥合，无法形成共同立场，最终法国投了赞成票，英国弃权，德国投了反对票。2012年11月，巴勒斯坦申请从联合国观察员实体升格为观察员国，欧盟只有捷克一个国家反对，德国和英国则投了弃权票，包括法国在内的大多数成员国都投了赞成票。[2] 英国、西班牙、法国等部分欧盟成员国的议会要求承认巴勒斯坦国，但首先迈出这一步的是瑞典，2014年10月30日，瑞典正式承认巴勒斯坦国，成为第一个承认巴勒斯坦的西欧国家。

---

[1] Federica Bicchi, "The Debate about the Occupation of Palestinian Territories on UK Campuses, from Politicization to Re-writing the Rules", *Global Affairs*, Vol. 4, No. 1, 2018, pp. 89–100.

[2] Martin Beck, "Failed Attempts or Failures to Attempt? Western Policies toward Palestinian Statehood", in Martin Beck, Dietrich Jung, Peter Seeberg eds., *The Levant in Turmoil: Syria, Palestine, and the Transformation of Middle Eastern Politics*, New York: Palgrave Macmillan, 2016, p. 177.

第四章

欧盟对地中海政策的动机与目标

　　维护和增进国家利益是国际关系中国家对外政策行为的基本动因。欧盟虽然不是超国家行为体，但作为国际行为体，其对外政策的动机和目标也是维护和增进欧盟及其成员国的整体利益。本章从分析欧盟在地中海地区的利益和面临的挑战入手，探讨欧盟对地中海政策的动机和目标。欧盟在地中海地区拥有能源、市场等广泛的利益，同时由于双方在地理上相邻、在历史上联系密切，地中海国家的安全和稳定也影响着欧盟，当地进入欧盟的大规模移民及其带来的影响，都成为欧盟面临的挑战，这些因素共同促成欧盟对地中海的政策。

第一节　欧盟成员国的殖民遗产与地缘政治

　　欧盟成员国在地中海地区的殖民遗产与地缘政治一直是影响欧盟对地中海政策的重要因素。英法意等欧盟成员国在历史上对地中海地区和国家进行了长达几个世纪的殖民统治，至今仍与前殖民地国家保持着密切联系。地中海地区地理位置重要，储藏着丰富的能源资源，这两个因素使地中海地区在地缘政治中具有举足轻重的地位。这些都是欧盟对地中海政策的重要影响因素。

一　欧盟成员国在地中海地区的殖民遗产与现实影响

　　18世纪以来，英法殖民主义者在地中海地区进行了长期的争夺和统治，他们的殖民遗产至今仍产生着巨大的影响，使当地不断处于动荡之中。英法两国在奥斯曼帝国衰落之际趁机谋划夺取势力范围，对阿拉伯民族主义者进行虚假承诺，不顾当地的民族、宗教、边界和社会传统，人为划分中东国家的疆域，导致中东各国民族、宗教和边界冲突不断，矛盾四伏。英法殖民主义者强行将西方式的民主制度移植到中东国家，导致这些国家政局动荡，治理困难。英国扶植犹太人在中东建国，埋下以色列与阿拉伯世界百年冲突的祸根。

英法等国的殖民主义势力虽然退出了中东，但作为原来的殖民宗主国与独立后的中东国家仍存在着千丝万缕的利益关系。推动欧共体/欧盟与地中海沿岸国家的关系，是英法等国维护在中东传统利益的重要方式。法国总统蓬皮杜就认为，由于历史、地理因素，以及由于重大经济利益而与地中海国家建立起来的各种联系，欧洲国家与近东有着直接的利害关系。[①] 维护这些利益成为欧盟政策的重要目标之一。

由于在地中海南岸国家的长期殖民统治和由此产生的深厚历史渊源，法国积极推动欧盟与地中海地区建立密切联系，在欧盟地中海政策的形成中，发挥着主导作用。从戴高乐、德斯坦、密特朗到希拉克，法国历届总统都强调要加强与地中海国家的合作，以此扩展法国的势力范围。马格里布国家摩洛哥、突尼斯和利比亚是前法属殖民地，在法国的坚持和推动下，马格里布三国在1969年就分别与欧共体签订了范围有限的联系协定，而曾为法国委任统治地的黎巴嫩在1965年就与欧共体达成了类似的协议。在欧共体的环地中海政策中，由于马格里布国家与法国等欧共体成员国密切的经济和历史联系，欧共体给予马格里布国家的待遇较马什雷克国家相对优惠。而英国长期对地中海东岸的马什雷克国家进行殖民统治，在当地有着重大利益关切。1973年，英国加入欧共体后，就推动欧共体更多地关注这些国家。

借助殖民主义产生的历史渊源和文化认同，法国积极参与地中海地区的危机解决，是地中海地区内部冲突的调停者。在1982年的黎巴嫩危机中，法国依靠联合国安理会常任理事国身份及与埃及的良好关

---

① 据法新社1973年10月31日报道。

系积极推行本国的中东政策。8月，巴解组织武装力量撤出贝鲁特，法国和意大利参加了美国组织的多国部队监督撤军。9月，贝鲁特巴勒斯坦难民营发生大屠杀事件，法国又与意美两国组成多国部队重返贝鲁特，直到1984年法国驻军才全部撤离黎巴嫩。1996年4月，黎巴嫩和以色列发生冲突，法国迅速做出反应，派外长穿梭于以色列、黎巴嫩和叙利亚进行调解活动。虽然美国极力忽视法国的作用，最终还是由法国与美国共同主持监督停火委员会。在法国的斡旋下，还成立了黎巴嫩咨询团，负责引导国际资金用于黎巴嫩的经济重建。①

二 欧盟与地中海地区的地缘政治关系

地中海地区具有极为重要的地缘政治地位。地中海地区蕴藏着丰富的能源资源。阿拉伯产油国拥有世界一半的石油储量和近三分之一的石油产量，丰富的能源资源使其处于世界地缘政治利益的中心。由于能源安全对全球经济和外交政策的影响，确保能源的稳定供应和安全运输一直是美国和西欧政治与外交的重心。20世纪六七十年代，核均势的发展与美苏缓和的到来使大国之间的直接冲突演变为在第三世界地区的资源争夺战，尤其是在中东和北非地区，② 当地的阿拉伯国家由此成为超级大国展开竞争的重要目标。

从偏重于强调地理空间决定因素的传统地缘政治观点看，地中海南岸国家连接着非洲、亚洲、欧洲三大洲，是通过地中海进入波斯湾和非洲东岸的海上和空中交通枢纽，紧扼大西洋出入印度洋之海上要道。无论是马汉的"海权论"还是麦金德提出的"陆权论"，都对该地区重要的战略地位予以充分重视。马汉认为，掌握海权的关键在于控制海上交通线，而从欧洲经过地中海及苏伊士运河的航线，是连接大西洋和印度洋的最短距离，也是决定欧洲和美国命运的最重要的海上交通线之一。麦金德将世界划分为枢纽地带"大陆心脏"、内新月

---

① Ailie Saunders, "France and the Middle East", *Middle East Economic Digest*, 25 October 1996.
② Panayiotis Ifestos, *European Political Cooperation: Towards a Framework of Supranational Diplomacy?* p. 376.

形地带、外新月形地带三个区域,由围绕欧亚大陆的边缘地带构成的"内新月形地带"虽然在其理论中处于从属地位,但丝毫没有否认该地区的重要性——它历来是海权国家与陆权国家两者冲突和争夺的焦点。麦金德的理论对美国的对外政策产生了深刻的影响。尼古拉斯·斯拜克曼等人的"边缘地带论"则提出,欧亚大陆的边缘地区在战略上会比大陆心脏更为重要,成为冷战时期美国对苏联遏制政策的主要理论基础。[1]

第二次世界大战后,为遏制苏联向边缘地带的扩展,美国相继推出杜鲁门主义、艾森豪威尔主义,压制阿拉伯民族主义力量,在位于欧亚大陆边缘地带的重要地区中东与苏联展开激烈争夺。苏联则极力打破西方在其南线设立的军事包围圈,通过支持阿拉伯国家的民族主义和社会主义运动,将势力扩展到了利比亚、埃及、叙利亚、伊拉克、也门民主人民共和国和阿拉伯也门共和国。在历史上,俄国就一直觊觎通向印度洋的不冻港,苏联也积极加强海军力量,将舰队开进了地中海,试图与其他地区的军事部署相配合,对西欧形成迂回包抄的战略部署。对于西欧国家来说,如果苏联再控制了盛产石油的波斯湾,就控制了西方工业世界的经济命脉,也就控制了西欧国家。

综上所述,中东地区被西方世界视作重要的地缘政治区域主要是由于以下原因:首先是因为它丰富的石油和天然气资源。其次是由于它位于欧亚大陆外围边缘地带的地理位置,这个地区处于谋求永久控制权的陆权国家与海权国家的争夺范围内,是东西方冷战时外交和军事争夺的重要区域。西欧列强虽然在第二次世界大战后退出了对中东的争夺,但由于对石油的严重依赖,该地区对于欧共体的能源和安全具有重要意义。冷战后随着世界经济的发展,地理经济与地缘政治并重,作为能源与交通枢纽的交叉地带,地中海地区的地缘政治地位依然重要。此外,对欧共体/欧盟来说,双方地理上的毗邻也是一个十分重要的地缘政治因素。地中海南岸国家所在的西亚北非地区位于欧洲

---

[1] [美]詹姆斯·多尔蒂、小罗伯特·普法尔茨格拉夫:《争论中的国际关系理论(第5版)》,阎学通、陈寒溪等译,世界知识出版社2003年版,第173页。

的战略侧翼，对这一区域的任何军事威胁都将直接威胁到欧洲的心脏地带。欧盟位于地中海北岸，南岸和东岸基本上由阿拉伯国家占据，双方隔地中海相望，距离最近之处摩洛哥与西班牙和葡萄牙仅隔着直布罗陀海峡。这种地理上的邻近使欧盟国家深受阿拉伯国家社会稳定和安全的影响。

第二节　地中海地区与欧盟的能源供应

石油被誉为"工业的血液"，是当今世界经济发展极为重要的能源和工业原料。由于具有可燃性好、单位热值高、比重轻、易于开采和运输等优点，石油在20世纪60年代取代煤炭成为资本主义世界的主要能源，占据了世界能源市场的主导地位。天然气也是一种热值高、燃烧稳定、洁净环保的优质能源。石油和天然气是欧盟经济的基础。2000年的统计数字表明，在欧盟的能源需求结构中，石油占41%，天然气占22%，煤炭占16%，核能占15%，可再生能源占6%。如果不采取任何措施，到2030年，在欧盟能源需求结构中石油将占到38%，天然气将占到29%。[①] 由于自身产量有限，欧盟的石油和天然气供应大量依赖进口。阿拉伯世界石油、天然气资源储量丰富，在欧盟能源安全战略中占有重要地位。

一　阿拉伯世界的石油、天然气资源

绝大部分阿拉伯国家拥有石油资源。根据美国能源信息署统计，2006年在已探明的石油储量中，阿拉伯国家合计为6659.96亿桶，占世界总储量的51.51%，其中沙特阿拉伯为2668.1亿桶，伊拉克为1150亿桶，科威特为1040亿桶，阿联酋为978亿桶，利比亚为391.26亿桶，卡塔尔为152.07亿桶，阿尔及利亚为113.5亿桶，他们的石油储量分别居世界第一位、第四位、第五位、第六位、第九位、第十三位和第十五

[①] European Commission Green Paper on energy: *Towards a European strategy for the security of energy supply*, 29 November 2000, (COM (2000) 769 final).

位。阿曼、也门、埃及和叙利亚已探明石油储量相对较少，但也分别有55.06亿桶、40亿桶、37亿桶、25亿桶。海湾合作委员会六国已探明石油储量为4894.48亿桶，占世界总储量的37.86%。①

阿拉伯国家的石油产量在世界上也占有相当大的比重。第二次世界大战前，阿拉伯国家中只有伊拉克是主要产油国，战后沙特阿拉伯、阿联酋、科威特和伊拉克等国也发展成为石油生产大国。1980年阿拉伯国家的石油产量占世界总产量的34.16%，即使是在产量最低的1985年，依然占世界总产量的20.67%，2005年达到世界总产量的31.82%。② 2006年世界十五大石油生产国中，沙特阿拉伯位列第一，阿联酋位列第八，科威特位列第十一，伊拉克位列第十四。由于国内需求相对较低，阿拉伯国家的石油大部分出口。2006年，沙特阿拉伯石油出口量居世界第一，阿联酋居第五，科威特居第七，阿尔及利亚居第九，利比亚和伊拉克也分别居第十一、十二位。③

除了石油，阿拉伯国家还蕴藏着丰富的天然气资源。2006年，阿拉伯国家探明的天然气储量为1870万亿立方英尺④，占世界总储量的30.54%，在世界天然气储量最多的十个国家中，卡塔尔储量为911万亿立方英尺，沙特阿拉伯储量为242万亿立方英尺，阿联酋储量为214万亿立方英尺，阿尔及利亚储量为161万亿立方英尺，伊拉克储量为112万亿立方英尺，分别居世界第三、第四、第五、第八和第十。⑤ 2004年，阿拉伯国家的天然气总产量为17.88万亿立方英尺，占世界总产量的14.86%，其中阿尔及利亚的产量为6.078万亿立方英

---

① U. S. Energy Information Administration, "World Proved Crude Oil Reserves, January 1, 1980 – January 1, 2007 Estimates", http：//www. eia. doe. gov/emeu/international/gasreserves. html.

② 根据美国能源信息署数字计算得出。U. S. Energy Information Administration, "World Crude Oil Production 1980 – 2005", http：//www. eia. doe. gov/iea/pet. html.

③ U. S. Energy Information Administration, "Top World Oil Producers and Consumers", http：//www. eia. doe. gov/emeu/cabs/.

④ 1立方英尺（cu. ft.）= 0.0283立方米（cu. metre）。

⑤ U. S. Energy Information Administration, "Natural Gas Proved Reserves, All Countries (Trillion Cubic Feet), January 1, 1980 – January 1, 2007 Estimates", http：//www. eia. doe. gov/emeu/international/gasreserves. html.

尺，居世界第四，仅次于美国、俄罗斯和加拿大。①

二 欧盟经济对石油、天然气的依赖

欧盟经济发展高度依赖能源。自1986年以来，欧共体/欧盟的能源需求每年以1%—2%的比例增长。工业部门对能源的需求一直相对稳定，由于技术改进、经济向服务业转型等原因，从1985年到1998年，工业部门的能源强度②下降了23%。就绝对数量来说，家庭和第三产业是最大的能源消耗部门，1998年能源消耗从1980年的3.55亿吨增加到3.84亿吨。除个人交通以外，石油和天然气占家庭能源需求的63%。家庭是最大的天然气消耗者，其能源需求中40%是天然气，占天然气总消耗量的三分之一；家庭能源需求中25%为石油，占石油总消耗量的近18%。交通运输市场完全依赖石油，98%的运输依赖石油，在最终石油需求中占67%。从1985年至1998年，欧共体/欧盟的公共和私人车辆由1.32亿辆增至1.89亿辆，能源消耗也从2.03亿吨增加到2.98亿吨。航空业的发展也增加了能源消耗。同一时期交通运输部门的能源强度增加了10%。到2010年，欧盟内部的旅客运输量将增加19%，货物运输预计增长38%。③欧盟扩大后，工业和交通部门的能耗将增加更多。

经济对能源的高度依赖导致欧盟石油和天然气进口日益增长。1975年以前，欧共体成员国所需石油几乎全部依赖进口。20世纪80年代由于北海油田④的大规模开采，满足了成员国的部分需求，欧共

---

① U. S. Energy Information Administration, "International Natural Gas Production", http://www.eia.doe.gov/emeu/international/gasproduction.html.

② 能源强度，表示能源利用效率，包括单位产值能耗、单位GDP能耗、单位产品能耗、单位服务量能耗等等指标。一般而言，能源消耗越低，说明能源经济效率越高。

③ European Commission Green Paper on energy: *Towards a European strategy for the security of energy supply*, 29 November 2000, [COM (2000) 769 final].

④ 北海油田位于英国和欧洲大陆之间海域，是欧洲重要石油、天然气产区，也是世界上最大的非欧佩克石油产区之一。20世纪60年代初被发现，70年代开始产油，80年代起大规模开采，1999年石油产量达到峰值。大部分是英国和挪威的专属经济区，东南部为丹麦、德国和荷兰专属经济区。

体石油进口量下降。到 90 年代后期,欧共体对进口石油的依赖已经降至 60% 以下。北海油田的石油产量在 1999 年达到峰值后便呈下降趋势。从 2000 年开始,欧盟对进口石油的依赖程度日益增加。第一次石油危机后,欧盟积极推动能源消耗结构改革,采取节能减排措施及开发利用可再生能源,从量上降低了对石油的依赖。但由于欧盟能源消耗量大,而储备量和生产量并不丰富,能源高度依赖石油和高度依赖外部供应的脆弱地位并没有发生质的改变。

欧盟能源消耗占世界能源消耗总量的 14%—15%,其中石油消耗量占世界总消耗量的 19%,天然气消耗量占世界总消耗量的 16%。1999 年欧盟 16% 的天然气(4500 亿立方米)和 25% 的石油(970 万桶/每天)从国际市场上进口,总额为 2400 亿欧元,占总进口量的 6%,GDP 的 1.2%,其中 45% 的石油进口来自中东,40% 的天然气进口来自俄罗斯。从 2000 年 1 月开始,由于欧元对美元汇率的变化,欧盟能源进口的负担进一步加重。而东扩也增加了欧盟的能源进口量。[①] 估计未来二三十年内,欧盟需要进口的能源数量将从目前能源消耗总量的 50% 增至 70% 左右。其中,天然气进口可能从目前的 57% 增加至 84%,石油进口将从目前的 82% 增至 93%。[②] 2006 年,德国、法国、意大利、西班牙都属于世界十大石油进口国,荷兰和比利时在世界石油进口国中也排到第十一位和第十五位。

三 欧盟的能源安全战略

能源的供应安全并不意味着要使能源最大限度的自给或是把对能源的依赖降至最低,而是减少与能源依赖相关联的风险。这种风险主要有三个方面,一是能源供应量,二是能源价格,三是能源运输安全。2000 年 11 月,欧盟委员会发表关于能源的绿皮书,明确提出欧盟能

---

① European Commission Green Paper on energy: *Towards a European strategy for the security of energy supply*, 29 November 2000, [COM (2000) 769 final].

② Commission of the European Communities, Brussels, 10.1.2007, COM (2007) 1 final, Communication from the Commission to the European Council and the European Parliament, "an Energy Policy for Europe", SEC (2007) 12.

源供应安全的长期战略是，确保能源产品以能够承受的价格稳定供应市场，同时考虑到环境问题和实现可持续发展。[①] 欧盟要克服能源依赖造成的风险，不得不重视中东国家在能源供应中的重要作用。

在对欧共体/欧盟成员国的能源供应量上，海湾国家和马格里布国家阿尔及利亚、利比亚占有举足轻重的地位。以石油进口量较小的20世纪80年代为例，1984年，从海湾国家（海合会六国和伊拉克、伊朗，下同）进口的石油占欧共体需求量的22%。1983年，海湾国家石油占欧共体能源消耗总量的11.6%。在欧共体内部，意大利从海湾国家进口的石油最多，占其石油进口总量的44%，是其一次能源[②]总需求的23%；其次是法国，所需石油的31%从海湾国家进口，占其一次能源需求的15%；联邦德国所需石油的16%从海湾国家进口，占其一次能源需求的5%；拥有北海油田的英国是石油出口国，但也从海湾国家进口所需一次能源的4%。[③] 北非国家阿尔及利亚和利比亚也是欧盟重要的能源供应地。欧盟30%的天然气需要从阿尔及利亚进口。

在能源价格方面，石油输出国组织欧佩克及中东地区的局势等都对国际石油价格具有重要影响。欧佩克通过调节成员国原油产量来影响油价：当国际市场石油价格过高时，欧佩克就通过增加产量抑制油价；当油价过低时，欧佩克则通过减产促使油价回升。沙特阿拉伯、科威特等海湾产油国在欧佩克中起着主导作用。20世纪70年代，欧佩克中的阿拉伯国家通过大幅提高油价反对支持以色列的国家，造成西方国家经济衰退。90年代后欧佩克在协调成员国石油产量、影响石油价格方面的作用减弱，但由于其拥有世界70%以上的石油储备量，原油产量占世界总产量的40%左右，其原油生产政策仍对国际油价有相当的影响。1999年，欧佩克成员国达成减产协议，成功地扭转国际

---

① European Commission Green Paper on energy: *Towards a European strategy for the security of energy supply*, 29 November 2000, [COM (2000) 769 final].

② 所谓一次能源是指直接取自自然界、没有经过加工转换的各种能量资源，又称天然能源，包括化石燃料（如原煤、原油、天然气等）、核燃料、生物质能、水能、风能、太阳能、地热能、海洋能、潮汐能等。

③ Valerie Yorke and Louis Turner, *European Interests and Gulf Oil*, p. 17.

油价长期低迷的状况，并使之一路攀升。阿拉伯国家和地区的局势也影响着国际油价。1980年伊拉克和伊朗之间的两伊战争、1990年伊拉克入侵科威特、2003年美国发动的伊拉克战争，以及长期以来巴以局势的恶化都曾经引起国际石油价格上涨。

在能源安全运输方面，地处欧亚非三大洲结合处的阿拉伯国家具有重要战略地位。保证能源运输网络的安全是欧盟能源供应的一个基本问题。石油和天然气主要通过海上运输或管道运输或二者相结合进行，保持海上航路的畅通及输油管道的安全，需要维持与沿岸国家和过境国家的关系，从而减少过境风险。从曼德海峡经红海过苏伊士运河进入地中海的海运路线是欧盟从中东进口石油的重要网络。欧盟每年经由海运进口的石油和天然气有8.0亿吨，其中有30%通过地中海。经过叙利亚等地中海沿岸国家的跨国输油管道也具有重要地位。除苏伊士运河外，苏伊士—地中海输油管道（简称苏迈德输油管道）是海湾地区的原油输往欧盟国家最便捷的路线。苏迈德输油管道由埃及、沙特阿拉伯、阿联酋、科威特以及卡塔尔等多个阿拉伯国家合资经营，从苏伊士湾延伸至地中海沿岸，是绕开苏伊士运河把石油从海湾地区输送到地中海的一条重要替代路线。2007年，埃及扩建苏迈德输油管道，使之成为地中海最大的石油战略储备地，其端点也成为国际原油和石油产品的重要交易中心。

第三节　欧盟与地中海国家的贸易

地中海国家一直是欧共体/欧盟的重要贸易伙伴。这些国家是欧盟成员国商品、服务及军火的重要传统市场，也是欧盟石油、天然气等能源的重要来源地。本章主要讨论欧盟与地中海地区的非欧盟成员国和非入盟候选国之间的贸易。这些国家除以色列外，其他都是阿拉伯国家，这使欧盟和阿拉伯世界的关系对欧盟地中海政策具有重要影响，为更好地理解这个问题，本章也将涉及欧盟与其他阿拉伯国家之间的贸易关系。

由于石油、天然气等能源出口收入的增长，以及阿联酋等海湾国家进行的大规模开发项目,欧盟在阿拉伯国家的市场份额将不断扩大。欧盟成员国中,意大利、德国、法国和英国在与阿拉伯国家的贸易中占了绝大多数份额,希腊、西班牙和葡萄牙也占有一定份额。

一 欧盟与阿拉伯国家的贸易

阿拉伯国家是欧共体/欧盟的重要贸易伙伴。阿拉伯联盟作为一个整体,在20世纪70年代后半期一度取代美国成为欧共体在欧洲以外的最大贸易伙伴。1978年,阿盟在欧共体与非成员国之间的进出口贸易中所占的比重分别是16.6%和14.3%,而美国所占的比重分别是15.8%和13.3%。[①] 1995年,欧盟对阿拉伯国家出口总额为465亿埃居,占欧盟出口总额的8.9%,仅次于美国和瑞士。2005年,欧盟对阿拉伯国家出口增加至1021亿欧元,占欧盟出口总额的9.5%,是仅次于美国的欧盟第二大出口市场。[②] 欧盟向阿拉伯国家出口的产品中,电子产品和运输设备占据着最重要的地位。其他技术含量高的产品数量也比较大,特别是通信、视听设备和飞机(例如,阿联酋和卡塔尔就是空中客车公司的客户)。欧盟从阿拉伯国家进口的产品绝大多数是石油、天然气等能源和原材料。除了沙特阿拉伯、阿尔及利亚、利比亚、伊拉克和叙利亚等石油天然气输出国外,欧盟对其他阿拉伯国家的贸易都处于顺差地位。

从1995年到2005年,欧盟对海合会六国的出口总额从205.3亿埃居增加到506亿欧元,同期六国在欧盟出口总额中所占的比例也由3.9%上升至4.7%。在整个阿拉伯国家中,海合会成员国沙特阿拉伯和阿联酋是欧盟最大的两个贸易伙伴。1979年,欧盟与沙特贸易额总计64亿埃居,1985年增加至104亿埃居,2002年达到140亿欧元,2005年为155亿欧元。1979年阿联酋与欧盟贸易额总计18亿埃居,

---

[①] 共同体执委会:《信使》1980年第60期。转引自伍贻康《欧洲经济共同体》,人民出版社1983年版,第366页。

[②] 根据欧盟统计数据计算得出,原始数据来源于 External and intra - European Union trade: Statistical yearbook, Data 1958 - 2005, Luxembourg: Office for Official Publications of the European Communities, 2006。

到1995年增至65亿埃居,2001年则达到138亿欧元,超过沙特成为欧盟最大的阿拉伯国家贸易伙伴。2005年阿联酋与欧盟的贸易总额更达到253亿欧元,占欧盟外贸总额的2.4%,成为欧盟第八大世界贸易伙伴。①

马格里布国家的外贸主要与欧盟进行。2002年,与欧盟的贸易占突尼斯外贸的75%。阿尔及利亚、利比亚和摩洛哥是欧盟在非洲的三大贸易伙伴。1960年欧共体与三国的贸易额总计15亿埃居,占欧共体外贸总额的7.7%,到2005年增加为256亿欧元。2005年欧盟对马格里布国家阿尔及利亚、摩洛哥、突尼斯、利比亚的出口总额从1995年的159亿埃居增加到335亿欧元。② 马格里布国家主要向欧盟出口能源和原材料,在阿尔及利亚对欧盟出口的产品中,原材料和能源占70%,因此双方贸易额深受国际能源价格波动影响。2000年马格里布三国对欧盟出口额比1995年增加了80%,但实际出口量只增加了20%。③ 由于地理接近及历史联系,法国、意大利、德国和希腊在与马格里布国家的贸易中占主要地位。

马什雷克国家的对外贸易不像马格里布国家那样立足于欧盟,与欧盟的贸易只约占马什雷克国家贸易总额的40%,加上叙利亚和埃及的外贸开放程度较低,欧盟与马什雷克国家贸易额不高,2002年只占欧盟与地中海国家贸易总额的14%。2002年欧盟与马什雷克国家埃及、叙利亚、黎巴嫩、约旦和巴勒斯坦的贸易额总计约为210亿欧元,约占欧盟对外贸易总额的1.1%,几乎等于希腊一国的外贸总额。④ 欧盟出口到马什雷克国家的产品主要是机械和车辆,进口产品中能源产品,尤其是原油占有很大份额,此外还进口纺织品(主要从埃及进

---

① 根据欧盟统计数据计算得出,原始数据来源于 External and intra – European Union trade: Statistical yearbook, Data 1958 – 2005。

② 根据欧盟统计数据计算得出,原始数据来源于 External and intra – European Union trade: Statistical yearbook, Data 1958 – 2005。

③ Stéphane Quefelec, "EU – 15 and the 12 Mediterranean partner: solid trade links", Statistics in focus: External Trade, Theme 6 – 7/2001, Eurostat, 2001.

④ Stéphane Quefelec, "The Mashrek countries and the European Union", Statistics in focus: External Trade, Theme 6 – 1/2003, Eurostat, 2003.

口)、金属（铝合金）、水果和蔬菜。在双方的贸易中，欧盟一直保持着顺差，同埃及和黎巴嫩的顺差最大。在马什雷克国家中，埃及是欧盟最大的贸易伙伴，黎巴嫩是仅次于埃及的欧盟第二大出口市场。由于石油主要出口欧盟，使叙利亚成为唯一对欧盟贸易顺差的马什雷克国家。1995 年和 1997 年欧盟从马什雷克国家的进口额略微上升，但 1998 年由于石油价格下跌，欧盟的进口额随之减少，直到 2000 年石油价格上涨才又有所增加，并一直保持了下来。欧盟从马什雷克国家进口的产品中石油占 55%，因此 1998 年石油价格下降及 2000 年后油价大幅上涨对欧盟从马什雷克国家的进口额有重大影响。2000 年以来，除约旦外，马什雷克国家经济增长变慢，投资和私人消费都不足，导致欧盟对马什雷克的出口有所下降，欧盟的贸易顺差有所缩小。在服务业贸易中，欧盟主要向马什雷克国家出口建设服务、公共工程和其他服务业务，从 1992 年到 2001 年，服务业出口在双方贸易总额（商品和服务）中所占的比例由 15% 增加至 20%，由于马什雷克国家服务业（包括旅游业）的发展，欧盟服务业进口从 28% 增至 36%。除旅游和运输服务外，欧盟在服务业贸易中一直保持顺差。[1]

二 欧盟成员国与阿拉伯国家的军火贸易

欧盟成员国中，英国、法国、德国和意大利都拥有历史悠久、综合实力强大的军事工业，是世界上重要的军火生产国。英国在第二次世界大战结束时还保持着强大的军火生产能力，成为仅次于美国的第二大武器出口国。到 20 世纪 50 年代，法国、联邦德国和意大利也都恢复了武器出口，加上英国在内，四国在第三世界武器市场占有 29.3% 的份额。60 年代苏联成为第二大武器出口国，然而西欧四国在第三世界武器市场仍占有 24.2% 的份额，而且出口金额比 50 年代增加近 60%。70 年代以后，由于世界武器贸易的大发展，西欧四国对第三世界的武器出口都有大幅度增加，尤其是法国在 70 年代中期超过英

---

[1] Stéphane Quefelec, "The Mashrek countries and the European Union", *Statistics in focus*: *External Trade*, Theme 6 – 1/2003, Eurostat, 2003.

国成为第三大武器出口国。1970—1979 年,法国对第三世界武器出口额从 60 年代的 12 亿美元增加到近 65 亿美元。英国和联邦德国的市场份额虽然有所下降,但武器出口绝对额却上升了。[①] 1979—1983 年间,西欧四国武器出口占第三世界国家武器进口的 23.4%,法国一国的出口额就达到 65 亿美元。[②] 80 年代中期后,世界军火贸易开始出现衰退迹象,但西欧四国的武器出口大国地位并没有发生变化。

冷战结束后,英国再次成为世界第二大武器出口国,1993 年武器交货额达到 53.12 亿美元,占世界武器市场的 10.9%,此后武器出口一直保持增长势头,到 1999 年武器交货额达到 99.86 亿美元,在世界武器市场的份额也增加到 18.7%,1996 和 1997 两年的武器交货额甚至超过 100 亿美元。法国是第三大武器出口国,1999 年武器交货额从 1993 年的 33.28 亿美元增加到 66.30 亿美元,其中 1998 年的出口额达到 102 亿美元,一度超过英国。德国从冷战后到 1995 年以前一直在世界武器市场排第五,到 1996 年才被以色列超过。[③] 2004 年,捷克、波兰和斯洛伐克等拥有重要兵器工业的国家加入欧盟,增加了欧盟在武器出口方面的份额,当年欧盟武器转让量占全球转让总额的 25%,成为第三大主要常规武器出口者。[④]

军火出口不仅有助于促进本国防务发展,也是大国实现经济、政治和军事利益的重要手段。由于美苏在中东地区的争夺、阿以冲突不时激化、地区局势的动荡及产油国财力激增,阿拉伯国家成为最重要的国际军火贸易市场。1965—1974 年,英国对阿拉伯国家武器交易额总计 4.72 亿美元,占其武器出口总量的 22.6%,除沙特和利比亚两个最大的进口国外,英国武器主要出口约旦及海湾国家等曾受其殖民统

---

① 徐建国:《军火贸易:国际关系中的特殊战争》,云南人民出版社 2000 年版,第 150—152 页。
② 徐建国:《军火贸易:国际关系中的特殊战争》,第 248 页。
③ The International Institute for Strategic Studies, *The Military Balance*, 2000 – 2001, Oxford: Oxford University Studies, 2000, p. 289.
④ 瑞典斯德哥尔摩国际和平研究所编:《SIPRI 年鉴 2005:军备、裁军和国际安全》,中国军控与裁军协会译,时事出版社 2006 年版,第 557 页。

治的国家。同期法国对阿拉伯国家的武器交易额为 6.77 亿美元，占其武器出口总量的 24%，其中利比亚、沙特和黎巴嫩是法国军火最大的三个进口国。这一时期，联邦德国对阿拉伯国家也有 0.78 亿美元的军火出口。[1] 1973—1977 年，受中东地区局势影响，英、法、联邦德国和意大利与阿拉伯国家的武器交易额都大幅增加，法国达到 16.55 亿美元，占其武器出口总额的 37% 以上，英国达到 9.2 亿美元，占其武器出口总额的 29% 以上，联邦德国达到 6.55 亿美元，占其武器出口总额的近 30%，意大利出口额也达到 3.75 亿美元，占其武器出口总额的近 32%。[2]

西欧武器出口国通过对阿拉伯国家出口军火换取石油等重要战略资源，从而赢得巨大经济利益。1973 年第四次中东战争后，军火出口能够抵补法国从沙特阿拉伯和阿联酋进口原油费用的 70%—80%。1977 年，法国同伊拉克签订价值 27 亿美元的军火合同，换取伊拉克每年向法国提供 2000 多万吨石油。1980 年两伊战争爆发后，伊拉克成为法国最大的军火市场，而伊拉克在法国石油进口中的份额也上升到 17%。[3] 军火贸易也是实现外交政策的重要工具，第四次中东战争中，英、法、联邦德国和意大利通过为阿拉伯国家提供武器装备及对以色列实施武器禁运等措施，改善与阿拉伯国家的关系。英法等国还利用武器出口巩固和扩大在阿拉伯国家的传统势力和影响。为促进武器出口，各国总是不遗余力，不仅建立了专门的机构促进武器出口，还尽量减少武器出口的限制条件，一些政府首脑甚至亲自出面招揽军火生意。20 世纪 80 年代，世界军火贸易虽然开始出现衰退迹象，但由于两伊战争的爆发，海湾地区的阿拉伯国家武器进口迅速增长，规模日益庞大。

---

[1] 根据美国军备控制及裁军署统计数字计算，U. S. Arms Control and Disarmament Agency, *World Military Expenditures and Arms Transfers 1965 – 1974*, pp. 94 – 75。

[2] 根据美国军备控制及裁军署统计数字计算，U. S. Arms Control and Disarmament Agency, *World Military Expenditures and Arms Transfers 1968 – 1977*, pp. 156 – 157。

[3] 张锡昌、周剑卿：《战后法国外交史 (1944—1992)》，第 313、318 页。

1981—1985 年阿拉伯国家与主要供应国武器交易额

（百万美元，当时价格）

出口国 进口国	进口总额	苏联	美国	法国	英国	联邦德国	意大利
巴林	115	0	20	10	5	60	10
科威特	1005	90	230	360	20	210	80
阿曼	955	0	90	40	550	240	10
卡塔尔	895	0	10	650	230	0	0
沙特	14760	0	6400	4300	1400	190	170
阿联酋	560	0	40	130	220	70	40
伊拉克	23925	7400	0	5100	170	700	490
约旦	3805	525	850	1100	1200	0	0
叙利亚	8950	8000	0	50	60	20	0
黎巴嫩	630	0	450	140	0	0	10
南也门	1110	1100	0	0	0	0	0
北也门	1675	850	90	0	0	10	0
埃及	7120	40	2900	1200	460	5	350
阿尔及利亚	3890	3200	170	100	160	160	40
利比亚	10455	4600	0	725	5	180	850
摩洛哥	1255	0	350	575	0	10	20
突尼斯	580	0	330	200	0	10	30
苏丹	560	0	140	30	10	120	10
合计		25805	12070	14710	4490	1985	2110
出口总额		55700	49300	19200	8675	7625	4850

资料来源：U. S. Arms Control and Disarmament Agency, *World Military Expenditures and Arms Transfers* 1986, pp. 101–146.

冷战后，中东地区被两极格局所掩盖的边界纠纷、领土争端、民族矛盾、宗教冲突更加突出，阿拉伯国家深感安全面临威胁，因此依然保持了较高的国防开支。1990 年伊拉克入侵科威特更刺激了海湾六国加强军备：1999 年沙特阿拉伯的国防开支达到 218.76 亿美元，占 GDP 的 15.5%，是国防开支最多的阿拉伯国家；当年阿联酋国防开支达到 31.87 亿美元；1998 年科威特的国防开支达到 36.74 亿美元，占 GDP 的 14.3%；1999 卡塔尔的国防开支达到 14.68 亿美元，是 1985 年的 3 倍多；巴林国土面积只有 706.5 平方千米，70 万人口，但 1999

年的国防开支也达到 4.41 亿美元，比 1985 年增加了一倍。① 这些国防开支巨大的阿拉伯国家成为国际军火贸易的重要市场。1993—1995年，英国对阿拉伯国家武器出口交货额总计 114.6 亿美元，占其武器出口总量的 76% 以上，法国为 17.4 亿美元，占其武器出口总量的 36% 以上。沙特是两国最大的军火进口国，与英国的武器交货额达到 103 亿美元，占英国武器出口总量的 69%，与法国的武器交货额总计 14 亿美元，与德国的武器交货额也有 6000 万美元。除沙特外，英国武器也主要出口阿曼、阿联酋和科威特，1993—1995 年与他们的武器交货额分别为 7.25 亿美元、2.6 亿美元和 1.6 亿美元；阿联酋和埃及是法国武器主要出口地，同期武器交货额分别为 2.7 亿美元、1.3 亿美元。②

沙特阿拉伯一直是国际军火的最大买家，埃及、科威特和阿联酋也是阿拉伯国家中重要的军火进口国。伊拉克的萨达姆政权倒台后，伊朗被海湾国家视为潜在的威胁，为此海合会成员国开始着重装备空军和海军防御能力。根据对 1999—2006 年世界军火贸易情况的统计，沙特阿拉伯、科威特、阿联酋等海湾国家国际武器输入大国的地位一直没有变化。从 1999 年到 2002 年，沙特阿拉伯签订的军火贸易协议总额为 40 亿美元，低于阿联酋和埃及。但从 2003 年到 2006 年，沙特签订的军火贸易协议总额达到 124 亿美元，重新成为第一军火购买大国。③

第四节　地中海与欧盟的安全挑战

地中海南岸的地区冲突和社会动荡，以及来自地中海地区的移民

---

① The International Institute for Strategic Studies, *The Military Balance*, 2000 – 2001, p. 298.
② U. S. Arms Control and Disarmament Agency, *World Military Expenditures and Arms Transfers 1996*, pp. 151 – 153.
③ U. S. CRS Report for Congress, Order Code RL34187, *Conventional Arms Transfers to Developing Nations*, 1999 – 2006, by Richard F. Grimmett, p. 15, 2007, http：//www. fas. org/sgp/crs/weapons/RL34187. pdf.

潮，都给欧盟成员国带来了安全挑战。而这些地区和社会问题产生的根源，与欧盟成员国在当地的殖民遗产具有密不可分的联系。

一 地中海南岸的地区冲突与社会动荡

（一）地中海南岸地区极端主义和激进势力的兴起

殖民主义在地中海南岸地区人为制造国家，并推行分而治之的统治政策，成为当地冲突不断、长期动荡的根源。英国支持犹太人建立以色列，制造了长达百年的阿以冲突，阿以双方不仅多次爆发大规模的战争，还频繁发生小规模的袭击和冲突，至今仍看不到巴勒斯坦问题解决的希望。

阿以冲突背后的宗教因素，阿拉伯国家在历次战争中的失利，冲突长期拖而不决，以及美国等对以色列的偏袒，都推动阿拉伯国家中的部分群体趋于激进化，乃至寻求使用极端手段。特别是在埃及、叙利亚、黎巴嫩和约旦等阿以冲突的前线国家，每一次阿以战争都会在一定程度上促使部分力量激进化。1967年，阿拉伯国家在第三次中东战争中惨败，极大地伤害了群众的宗教情感，促进了各种主张圣战的极端组织兴起。1982年，以色列入侵黎巴嫩，直接导致了黎巴嫩真主党的兴起及叙利亚穆斯林兄弟会的日益激进。阿拉伯各国国内发生的暴力事件很多也是针对当局的以色列政策。1951年约旦国王阿卜杜拉遭到暗杀、1981年埃及总统萨达特遇刺，直接原因都是他们采取了对以色列媾和的政策。在国际上，美国在阿以冲突中支持以色列的政策导致其成为众多激进组织的攻击目标，这也是本·拉登领导的"基地"组织向美国宣布圣战的理由之一。

20世纪六七十年代，阿拉伯国家在国家建设中普遍遇到困难和挫折。第二次世界大战后，获得独立的阿拉伯国家进行阿拉伯民族主义、阿拉伯复兴社会主义等不同类型的国家建设实践，但他们都没能从根本上改变国家发展面临的困境，没有实现预期的富强和繁荣。相反，社会转型过程中出现的经济增长缓慢、失业率上升、社会分配不均、贫富差距扩大及统治者专制腐败，加上阿以战争的失败，引起社会各阶层的普遍不满，人们对这些外来的世俗主义思想日益失望，转而向本土的伊斯兰教中寻求答案。他们利用宗教反对世俗政权的统治，主张回归宗教本源，获得了大批对世俗政策深感失望的民众的支持。

位于北非的阿尔及利亚、突尼斯、苏丹和埃及，以及位于西亚的叙利亚、伊拉克、黎巴嫩、沙特阿拉伯和科威特，都曾经爆发过政治宗教力量领导的政治骚动或企图夺取政权的行动，直接威胁到国家及政权的稳固。不少激进力量在政府的严厉打击下，逐渐放弃暴力活动，利用各国的民主化变革，通过选举以合法方式参与政治。但还有一些极端组织策划实施爆炸、暗杀、绑架、劫机等暴力恐怖活，造成许多国家的社会动荡和政局不稳。在埃及，极端主义组织策划制造了无数起暴力恐怖活动，并在1981年10月刺杀了总统萨达特。萨达特当政时期，极端组织是造成政治动荡的主要因素之一，在1987年至1996年间，极端组织活动则与尖锐的社会和经济问题一道，成为造成埃及政治动荡的主要因素。[①] 20世纪90年代后，极端主义组织甚至出现了联合趋势，并且跨越国境制造了许多国际性事件。

（二）地中海南岸地区极端主义和激进势力对欧盟安全的挑战

地中海南岸地区极端主义和激进势力的发展对欧共体/欧盟造成的挑战是多方面的。首先，极端主义排斥西方的一切精神文明成果，否定西方的经济、金融制度，反对西方的社会政治制度，痛恨世俗教育和妇女解放。伊朗在1979年伊斯兰革命后，提出"不要东方，不要西方，只要伊斯兰"的口号，采取种种反西方的政策。两伊战争、埃及萨达特总统遇刺、黎巴嫩人质事件、海湾战争中萨达姆利用宗教争取支持等都促使"伊斯兰威胁论"甚嚣尘上，并在20世纪90年代后进一步演化成"文明冲突论"，深刻地影响着地中海南岸地区与西方的关系。

其次，极端主义和激进势力的活动不仅造成阿拉伯国家国内政治动荡，也使地区安全环境恶化，成为欧共体/欧盟的安全隐患。中东作为重要的能源产地，其政治环境的稳定直接关系到欧盟的能源安全。另外，动荡的政局与地区安全环境的恶化阻碍着当地社会经济的发展，

[①] 毕健康：《埃及现代化与政治稳定》，社会科学文献出版社2005年版，第435页。

这也是中东国家移民涌向欧盟的重要原因之一，尤其是北非的阿尔及利亚、摩洛哥和突尼斯等西欧的前殖民地国家。

极端主义和激进势力的活动也影响着地区安全。一方面，伊朗输出革命的政策造成周边国家政治动荡，导致其与伊拉克和海湾君主制国家关系长期紧张。两伊战争爆发的直接原因就是伊朗号召伊拉克什叶派起来推翻政府，支持政治反对派策划实施暗杀活动，使双方矛盾迅速升级。黎巴嫩的什叶派组织阿迈勒运动和真主党也得到伊朗的大力支持，成为黎巴嫩长期内战、政局动荡的重要因素。另一方面，宗教极端主义者的活动不断为阿以和平谈判制造障碍。一些极端组织要求通过加强信仰、进行圣战来最终战胜以色列，解放整个巴勒斯坦。他们不承认以色列，反对和谈，不仅阻挠中东和平进程，还屡次制造爆炸事件，导致地区安全环境的恶化。

极端主义和激进势力不仅打破国界席卷了地中海南岸国家，也蔓延到了欧盟国家。欧盟比较宽松的政治与社会环境为各类宗教组织的活动、生存和发展提供了良好的外部条件。他们在当地创办新闻媒体和出版机构，为地中海南岸国家的政治反对派争取同情、制造舆论，宣传宗教政治主张，拓展组织。一些宗教极端势力甚至直接参与策划实施暴力流血事件。巴黎、波恩、罗马、布鲁塞尔、伦敦等欧洲大城市都出现了极端组织制造的爆炸、暗杀等恐怖事件，威胁着当地的安全和社会稳定。一些激进的宗教领袖和在本国受到通缉的极端主义者也把欧盟国家作为避风港。

二　欧盟与来自地中海地区的移民

西欧国家很早就开始接纳来自地中海南岸国家的移民。第一次世界大战期间，法国就从马格里布的殖民地招募劳动力，以弥补因战争造成的劳动力短缺。第二次世界大战后，地中海南岸国家移民分三个阶段大规模进入西欧。第一阶段从战后到70年代初，这一时期西欧经济得到迅速恢复和发展，但其人口状况却与经济发展形势不相适应。由于战争的严重破坏，西欧人口数量增长缓慢，年龄结构和性别结构异常扭曲，男性青壮年劳动力供应严重短缺。加之冷战造成的东西方对抗，阻止了东欧劳动力向西欧的正常流动。西欧国家不得不从以前的殖民地和发展中国家招募大量年轻移民作为劳动力。地中海地区是西欧国家外来移民的重要来源，其中黎巴嫩和马格里布国家阿尔及利亚、摩洛哥、突尼斯是向西欧移民最多的国家。这一阶段随着20世纪70年代西欧各国经济由盛转衰、加强移民管制而结束。此后开始了地中海地区移民进入西欧的第二阶段。由于第一批移民的永久性定居而引发的家庭团聚和家庭形成所产生的移民浪潮是这一阶段的主要特征。此外，还有一些留学生和政治避难者。第三阶段是在20世纪90年代期间，中东局势的动荡使一些难民以"人道主义移民"的身份进入西欧，如伊拉克人、黎巴嫩人等。2001年九一一事件后，由于美国对移民的限制，流向欧洲的移民增多。

2006年5月，联合国经济与社会事务部专家组在黎巴嫩首都贝鲁特召开"阿拉伯地区国际移民和发展"国际会议，会议的一份调查报告显示，到2000年共有494万阿拉伯国家[①]出生的人生活在经济合作与发展组织国家。[②] 其中，来自阿尔及利亚、摩洛哥和突尼斯的移民共约350万人，占全部经合组织国家阿拉伯移民的70%，如果把来自伊拉克、埃及和黎巴嫩的移民计算在内，比例将高达90%。欧盟成员国是阿拉伯移民的主要目标。根据报告数据计算可得知，作为经合组织成员国，欧盟国家共接受了将近386万出生于阿拉伯国家的移民，占经合组织接受阿拉伯移民总数的78%。欧盟国家中接收阿拉伯国家移民数量依次为：法国237.6万人，占阿拉伯移民总数的48.1%；西班牙35.5万人，占总数的7.2%；意大利31万人，占总数的6.3%；荷兰22万人，占总数的4.5%；英国15.2万人，占总数的3.1%；比

---

① 此数据中的阿拉伯国家包括阿尔及利亚、突尼斯、摩洛哥、利比亚、埃及、约旦、巴勒斯坦、叙利亚、黎巴嫩、巴林、科威特、阿曼、卡塔尔、沙特、阿联酋、伊拉克和也门。

② 经济合作与发展组织（Organization for Economic Cooperation and Development, OECD），简称经合组织，是西方主要资本主义国家协调经济和社会政策的国际组织，前身为1948年4月西欧十多个国家成立的欧洲经济合作组织。现有成员国30个：奥地利、比利时、丹麦、西班牙、法国、希腊、爱尔兰、冰岛、意大利、卢森堡、挪威、荷兰、葡萄牙、德国、英国、瑞典、瑞士、芬兰、捷克、匈牙利、波兰、斯洛伐克、美国、加拿大、土耳其、日本、澳大利亚、新西兰、墨西哥和韩国。

利时 15 万人，占总数的 3.0%；瑞典 12.2 万人，占总数的 2.5%；希腊 5.2 万人，占总数的 1.0%；德国 4.3 万人，占总数的 0.9%；丹麦 4.2 万人，占总数的 0.81%；奥地利 2 万人，占总数的 0.4%；只有四国不到万人，其中芬兰为 6442 人，爱尔兰为 4874 人，葡萄牙为 1982 人，卢森堡为 1465 人。①

欧盟的地中海地区移民主要来自其成员国以前的殖民地和保护国。除黎巴嫩移民在欧洲各国广泛分布外，阿尔及利亚、突尼斯和摩洛哥的移民主要集中在法国，近 90% 的阿尔及利亚移民选择去往法国；比利时和瑞典也是摩洛哥移民的目的国；利比亚移民集中在意大利；埃及移民大多生活在希腊和英国；英国也是也门移民的首选。九一一事件后，原来主要以美国为移居地的海湾地区移民相当一部分转往法国和英国。近年来，由于地理上的接近及经济上的吸引力，去往西班牙和意大利的地中海地区移民也日益增多，目前两国成为摩洛哥移民最主要的目的地。

地中海地区移民绝大多数信仰伊斯兰教，加上来自其他国家同宗教信仰的移民，使穆斯林成为欧盟部分成员国最大的移民群体。大部分欧盟国家实行宗教信仰自由政策，不调查个人的宗教信仰，因此没有穆斯林的准确统计数字。据欧盟"欧洲种族歧视和恐外现象监督中心"2006 年发表的题为《穆斯林在欧盟：歧视和伊斯兰恐惧症》的报告估计，欧盟 25 国境内穆斯林人口最少约 1300 万，约占人口总数的 3.5%。法国是穆斯林人口最多的国家，约 352 万人；其次是德国，有 340 万人。其他穆斯林人口超过 10 万的国家依次为：英国有 159 万人；西班牙有 106 万人，荷兰有 94.5 万人，意大利有 72 万人，瑞典有 40 万人，比利时和希腊各有 36 万人，奥地利有 33.9 万人，丹麦有 15 万人。穆斯林人口出生率较高，反映到人口分布上，就表现为平均年龄偏低。以英国为例，2001 年三分之一的穆斯林人口平均年龄在 16 岁

---

① Jean - Christophe Dumont, "Immigrants from Arab Countries to the OECD: From the Past to the Future", UN/POP/EGM/2006/11, 11 May 2006.

以下，穆斯林人口的平均年龄为 28 岁，比全国平均年龄小 13 岁。[①]

移民弥补了欧共体/欧盟各国劳动力的不足，促进了所在国的经济发展，但同时也带来一些社会问题。首先是就业问题。欧盟需要高技能人员弥补劳动力短缺问题，但大量移民、尤其是人道主义移民，是缺乏就业经验和技能的人员。再加上歧视、教育程度有限等原因，一些来自地中海地区的移民很难找到工作，或只能从事最为基础的工作。这些难以就业的移民不仅本身处境悲惨，也给当地带来沉重的社会负担。

其次，移民对欧盟国家的社会文化造成冲击与挑战。地中海地区移民与欧洲人在语言、宗教、文化、外表、价值观和行为方式等方面具有明显差异。他们居住相对集中，由于语言、文化和教育程度的限制，部分移民与本地居民的交流不够频繁。地中海地区的移民往往具有更强烈的宗教意识，虽然部分人努力融入主流社会，但对很多人来说存在着社会认同问题。在不同国家，地中海地区移民的社会认同问题的具体程度不同。欧洲社会对待外来移民的态度也不尽相同，对于来自西方社会的移民更加宽容和开放，非西方文化背景的移民则存在一定程度的能否为主流社会接纳的问题。[②] 相比其他移民群体，地中海地区的移民在不同程度上受到客居国的区别对待，在融入主流社会方面，遇到的摩擦与矛盾更多。在这种情况下，文化与社会融入成为欧洲的地中海地区移民面临的最大挑战。

第二次世界大战后，欧洲国家推行多元文化并存政策，地中海地区的移民能够享有一定政治地位和社会经济文化权利，他们的宗教活动得到支持，与当地宗教信徒相处一直比较和睦。虽然宗教文化差异也引发一些社会事件，但移民群体与主流社会的关系总体上平稳。九一一事件及其后发生的马德里爆炸案和伦敦爆炸案使地中海地区移民

[①] European Monitoring Centre on Racism and Xenophobia, "Muslim in the European Union: Discrimination and Islamophobia", EUMC 2006, http://fra.europa.eu/fra/material/pub/muslim/Manifestations_EN.pdf.

[②] 伍慧萍：《移民与融入：伊斯兰移民的融入与欧洲的文化边界》，上海人民出版社 2015 年版，第 91—92 页。

成为欧盟关注的焦点,也成为穆斯林与欧洲主流社会关系的转折点。双方的不信任感增强,加上媒体的渲染和炒作及一些国际极端主义组织的煽风点火,对穆斯林的歧视及"伊斯兰恐惧症"开始在主流社会蔓延,甚至出现针对穆斯林的口头恐吓和身体伤害。

再次,移民对欧盟成员国的政治生活产生一定影响。在经济运行良好时期,移民的贡献能够得到承认,一旦经济陷入低谷,在就业竞争的压力下,往往出现对移民的排斥和仇视情绪,甚至演化成极端种族主义。反映在政治上,就是一些成员国的极右势力利用移民问题争取选票。在对外政策方面,众多的移民形成富有影响力的政治团体,在涉及母国的事务中,采取支持母国的立场,成为所在国政府制定对外政策时不得不考虑的因素。例如,在1991年海湾战争及2003年美国对伊拉克战争中,英国的很多地中海移民都反对政府的政策,甚至走上街头进行示威游行。

非法移民也是欧盟面临的一个严重问题。1973年的石油危机使西欧受到严重打击,经济增长的"黄金时期"结束。西欧各国失业率普遍上升,就业压力加大,国内要求限制外来移民的呼声日益高涨。欧共体及其成员国采取了各种措施控制移民,然而收效甚微,非法移民大量涌入。由于欧洲存在着巨大的灰色劳务市场,加上社会经济发展的巨大差距,欧盟国家的就业机会及教育机会等对地中海地区的移民具有很大的吸引力,地理上的接近也为非法移民提供了便利。不法之徒和黑社会甚至已经把私渡做成一个庞大的产业,进而引起一系列政治社会问题,甚至威胁到欧盟国家的稳定和安全。

第 五 章

制约欧盟对地中海政策的因素

地中海地区在欧盟的对外关系中占有重要地位是毋庸置疑的，但欧盟在地中海地区的影响主要体现在经济方面，在政治方面却没有发挥特别重要的作用。这不仅与欧盟本身所拥有的经济、政治和军事资源形成反差，也与众多欧洲政治家一直强调要在该地区发挥积极的作用不相符。1993 年英国学者克里斯托夫·希尔就提出"能力—期望值差距"的概念，揭示出欧共体对外政策和行动的实际能力与各方对其期望值之间的巨大差距。① 这种"能力—期望值差距"在欧盟对地中海政策中体现得尤为明显，欧盟的潜力及其在地中海地区发挥作用的雄心与实际政策实施之间存在着巨大的差距。本章将从三个层面来分析这种差距产生的原因：在欧盟层面上，对地中海政策受到其对外关系运作机制的制约；在成员国层面上，国家利益的差异使各成员国的立场相去甚远；在国际层面上，冷战时期的两强争霸及冷战后美国在国际政治中的独霸地位都排斥欧盟在该地区发挥作用。

第一节 制度安排对欧盟地中海政策的制约

在欧盟内部，政府间主义与超国家主义围绕民族国家主权让渡问题进行着持续的斗争，这使欧盟各机构之间职权划分十分复杂。由此

---

① Christopher Hill, "The Capability – Expectation gap, or Conceptualizing Europe's International Role", *Journal of Common Market Studies*, Vol. 31, No. 3, 1993, pp. 305 – 328.

导致欧盟对外政策制度安排的二元体系：外交和安全政策在很大程度上仍然属于主权国家的权力范围，属于实行政府间合作的共同外交与安全政策支柱；对外经济关系属于超国家性质的共同体。总体来说，制度安排主要制约着欧盟在外交和安全方面的地中海政策，因此本节探讨的重点放在共同外交与安全政策的制度安排。

一 欧盟对外政策的制度演变

为实现内部的统一市场，《罗马条约》授权共同体机构在推进成员国之间取消贸易壁垒和建立共同市场的过程中，在特定的对外关系领域实行共同政策，由此开始欧共体对外经济政策的发展。共同外交的发展则由于政府间主义与超国家主义的激烈斗争而一波三折。政府间主义与超国家主义的斗争贯穿欧洲一体化过程始终，其实质在于是否让渡国家主权以及主权让渡程度的问题，其表现就是增加还是削弱欧共体中超国家性质机构的权力。德国、意大利、荷兰、比利时和卢森堡等国总体上属于联邦主义派别，主张建立欧洲联邦政府，体现着超国家主义的力量。英国、丹麦和希腊等国则反对建立凌驾于民族国家主权之上的权力机构，认为西欧联合应是主权国家之间的联合与合作，主张建立民族国家联合体，体现着政府间主义的力量。法国在多数情况下主张政府间主义，但为推动欧盟独立外交的发展，也能够对超国家主义做出有限的让步。

政府间主义与超国家主义之间的斗争使欧共体/欧盟的政治一体化困难重重。20世纪50年代初，建立欧洲防务共同体的计划因为法国要求削弱条约的超国家性质而失败。1961年，法国根据政府间合作的原则提出富歇计划，但由于摒弃了超国家主义的安排而遭到其他五国的反对。1965年，围绕共同农业政策的斗争甚至导致法国撤回驻欧共体的代表，造成"空椅子危机"。最终，欧共体六国通过《卢森堡协议》达成妥协，在事实上赋予各成员国否决权，限制了委员会的权力和作用，使共同体的权力重心移向各国拥有否决权的理事会，削弱了《罗马条约》中的超国家因素。《卢森堡协议》确立的一致同意原则成为后来欧洲政治一体化斗争的矛盾焦点，直到《单一欧洲法令》出台才改为特定多数表决制。

欧共体成员国吸取之前政治合作失败的教训，在建立欧洲政治合作机制时，彻底放弃了联邦主义，建立了政府间主义的合作框架。《马斯特里赫特条约》将欧共体转变为欧盟，并为其设计了三个支柱型结构，负责经济事务的共同体作为第一支柱，共同外交与安全政策作为第二支柱，取代了原来的欧洲政治合作机制，负责欧盟的外交和安全事务，但仍然处于具有超国家主义性质的欧洲共同体的法律框架之外，体现着多边主义的政府间合作机制。与欧洲政治合作机制相比，共同外交与安全政策自身的制度安排得到很大改进，职能范围扩大到安全和防务领域，在政策的制定和执行方面有了很大的发展，所包含的超国家主义因素也日益增多。但是由于涉及国家主权这一敏感领域，超国家主义与政府间主义斗争的影响依然强大，共同外交与安全政策并没有使欧盟经济强大、政治软弱、军事无能的状况发生多少改变。

随着欧洲一体化程度的逐步加强，属于政府间合作性质的共同外交与安全政策出现了和具有超国家性质的共同体相结合的趋势。事实上，这种趋势在欧洲政治合作机制时期就已经显现出来。欧盟各成员国认识到，为应对国际社会的各种挑战，提高自身的国际地位和影响，需要采取共同外交行动。虽然欧盟外交与安全政策领域出现了超国家主义因素，但由于外交和安全属于国家主权的核心领域，部分成员国不愿完全将其让渡或转移给一个超国家性质的机构，政府间主义仍然占据着主导地位。

二 政府间主义占主导地位的外交和安全政策

政府间主义在欧盟的外交和安全政策中占据主导地位。这在决策机制上体现为，在欧洲政治合作机制及共同外交与安全政策的决策过程中，政府间主义机构欧洲理事会和欧盟理事会发挥着主导作用，特别是欧洲理事会在决策过程中处于中心地位，而超国家机构欧盟委员会、欧洲议会仅发挥次要作用。

欧洲理事会创立于1974年，由各成员国的国家元首或政府首脑、欧盟委员会主席，以及成员国外长和欧盟负责对外关系的专员组成。

欧洲理事会一直是制定欧共体/欧盟重要政治政策的关键场所，也是共同外交与安全政策的指导者、决策者和最后裁决者。[①]《马斯特里赫特条约》第 J.8 条规定，由欧洲理事会负责制定共同外交与安全政策的原则和总方针，欧盟理事会再据此做出相应的实施决定。《阿姆斯特丹条约》J.3 条增加了欧洲理事会为"防务内容"制定原则和总指导方针的权利，也增加了欧洲理事会的决策权，即可以在成员国具有共同重大利益的领域制定"共同战略"，共同战略中应确定其目标、期限和可供联盟及各成员国使用的工具。《阿姆斯特丹条约》还赋予欧洲理事会进行最后裁决的权利，J.13（2）条规定，如果某个成员国由于"国家政策的重要性和明确表达的理由"，反对以特定多数对某项决定进行表决，欧盟理事会可以在特定多数同意的基础上，将有关事项提交欧洲理事会，由欧洲理事会以一致同意表决方式做出决定。

欧盟理事会由成员国部长级代表组成，是共同外交与安全政策的主要决策机构。根据《阿姆斯特丹条约》J.3（3）条规定，欧盟理事会"应根据欧洲理事会的基本指导方针，做出旨在制定和实施共同外交与安全政策的必要决定"，向欧洲理事会推荐"共同战略"，特别是要通过采取"联合行动"和"共同立场"执行这些战略。J.8（5）条规定，理事会可以在必要的任何时候，任命被授权处理有关特别政策问题的特别代表。J.18（3）条规定，理事会可以决定因执行共同外交与安全政策所导致的操作性费用的来源。理事会下设的日常办事机构在政策形成和决策过程中具有重要作用，包括常驻代表团委员会，由成员国驻欧盟的大使级代表组成，负责协调理事会会议及会前筹备工作；政治和安全委员会，是处理欧盟共同外交与安全政策及欧洲安全与防务政策的核心机构。此外，还有顾问小组、专门工作小组、欧洲联络员、保密通讯网、欧盟军事委员会等机构。

欧洲理事会和欧盟理事会都实行轮值主席国制，每个国家任期半年。轮值主席国代表欧盟处理共同外交与安全政策领域的事务；负责

[①] 陈志敏、［比利时］古斯塔夫·盖拉茨：《欧洲联盟对外政策一体化——不可能的使命？》，第 192—193 页。

有关决定的实施；在国际组织和国际会议上表达欧盟的立场；就共同外交与安全政策的主要方面和基本选择等同欧洲议会进行磋商、向欧洲议会通报发展情况；在48小时内召开理事会特别会议处理突发事件；受理事会委托，负责开展对外谈判，并向理事会提出缔结国际协定的建议。①《阿姆斯特丹条约》还设立了共同外交与安全政策高级代表，协助理事会处理涉及共同外交与安全政策领域的事务，主要是帮助其制定、准备和实施政策性决定，在主席国的要求下代表理事会同第三国进行政治对话。② 共同外交与安全政策高级代表由欧盟理事会秘书长兼任，受理事会委托，对理事会负责，仍然是政府间性质。

欧盟委员会和欧洲议会在共同外交与安全政策的机制和事务上也有一定的参与权，但决策权主要掌握在理事会手中。欧盟委员会建立在超国家主义基础之上，主要由委员会会议、委员、总司及一系列专门的协调机构组成，是欧盟的执行机构，垄断了共同体支柱下的立法倡议权及法规的贯彻执行。欧盟委员会负责大多数对外经济政策的制定与实施，设有四名委员，分别负责对外关系、对外贸易、发展合作以及扩大事务。除对外关系委员有部分职责涉及共同外交与安全政策外，四人分别在各自的领域掌管着欧盟的对外经济政策。欧盟委员会没有参与欧洲政治合作机制，直到《单一欧洲法令》颁布后才开始逐渐在外交政策领域发挥作用，包括"全面参与"外交政策合作机制，与成员国分享共同外交与安全政策的倡议权，作为"三驾马车"的一方参与政治对话，③ 保证共同外交与安全政策的一致性。不过欧盟委员会在共同外交与安全政策下的权利与责任相对小得多。欧洲议会在共同外交和安全政策领域的作用主要体现为知情权、咨询权、质询和

---

① 《阿姆斯特丹条约》J.8 (1)、J.8 (2)、J.11、J.12 (2)、J.14条。
② 《阿姆斯特丹条约》J.16条。
③ 在《阿姆斯特丹条约》之前，欧盟与第三国或国际组织进行政治对话的"三驾马车"由前任、现任和继任轮值主席加上委员会代表组成。《阿姆斯特丹条约》之后，"三驾马车"由现任主席国、欧盟委员会外交委员以及欧盟共同外交与安全政策高级代表组成，前任轮值主席不再参加，继任主席国在需要时参加。

建议权以及预算权，总体来说作用十分微小。①

在决策过程中，政府间主义的主导地位体现在表决机制上。在欧洲理事会中，所有决定都必须采取一致同意的方式进行表决，也就是说，任何成员国的反对都将使决定无法通过。为克服严格的全体一致表决方式所造成的决策无力，《马斯特里赫特条约》规定理事会在采取联合行动及在联合行动发展过程中的任何阶段，应确定那些要求以特定多数同意做出决定的事项。②《阿姆斯特丹条约》扩大了特定多数表决原则的使用范围，在以下三种情况下可以使用：根据共同战略做出的联合行动、共同立场或其他决定；制定联合行动或共同立场的实施措施；在决定是否将一项应根据特定多数原则通过但遭到一个成员国明确反对的问题提交欧洲理事会时。③ 特定多数表决制的范围在《尼斯条约》中再次扩大，包括根据第十八条第五款任命特别代表；以特定多数同意缔结旨在实施联合行动或共同立场的条约；决定是否同意部分成员国实行"紧密合作"。④

《阿姆斯特丹条约》还引入了建设性弃权程序。它规定，在有关决定需要由欧盟理事会依据一致同意的表决原则通过的情况下，"亲自到会或委派代表到会的成员的弃权票不妨碍这种决定的通过"；准备投弃权票的成员国通过正式声明确认弃权。在这种情况下，弃权国可不承担实施该决定的任务，但应承认此项决定是联盟的决定，并应避免采取"与联盟立场相冲突或损害联盟立场的行动"。如果声明弃权的成员国所占票总数超过了全部票数的三分之一，有关决定将不得予以通过。⑤

此外，《阿姆斯特丹条约》还允许两个或更多的成员国在双边层次上，在西欧联盟和大西洋联盟的框架内发展更为紧密的合作，条件

---

① 见陈志敏对欧盟委员会和欧洲议会在共同外交与安全政策中作用的总结。陈志敏、[比利时] 古斯塔夫·盖拉茨：《欧洲联盟对外政策一体化——不可能的使命？》，第207—210页。
② 《马斯特里赫特条约》J.3（2）条。
③ 《阿姆斯特丹条约》J.13（2）条。
④ 《尼斯条约》第23条2款、第24条3款、第27e条。
⑤ 《阿姆斯特丹条约》J.13（1）条。

是这种合作不违背或损害相关的规定。① 《尼斯条约》用"加强合作"（enhanced cooperation）取代了"更紧密的合作"（closer cooperation），并对其应用范围和程序做出了详细地规定，其应用范围仅限于实施联合行动和共同立场，不能用于具有军事含义或防务领域的事项。在程序上，寻求加强合作的成员国应向理事会提出申请。理事会应将该申请转交委员会和欧洲议会，委员会将就加强合作与联盟政策之间的一致性提出意见。理事会应采用特定多数对其进行表决。② 并且，只有当理事会断定，仅通过实施条约的相关条款在合理的期限内达不到所规定的目标时，才使用加强合作这个最后的求助手段。③ 建设性弃权和加强合作的引入，保障了共同外交与安全政策决策过程的灵活性和效率，也使成员国政府的主导地位受到一定挑战。但一致同意表决方式的普遍应用，决定了成员国政府仍然是共同外交与安全政策中起决定性作用的主导力量。

三　对外政策二元结构的困境

欧盟拥有强大的经济和政治资源、庞大的行政机构及遍布世界的外交使团网络，但当在外交和安全领域制定政策和采取行动时，却往往连一些琐事都无法处理。④造成这种情况的原因，首先是共同外交与安全政策决策机制不尽合理且效率低下，妨碍了其做出迅速、有效的集体决策。欧洲理事会的全部决策及欧盟理事会的绝大部分决策都需要全体成员一致同意才能做出。

《马斯特里赫特条约》引入了特定多数表决制，但这种特定多数的运用需要以理事会全体一致同意为前提，这使得该条款实际运用的可能性很小，事实上在《马斯特里赫特条约》之后共同外交与安全政

---

① 《阿姆斯特丹条约》J.7（4），"此编"指第五编关于共同外交与安全政策的条款。
② 《尼斯条约》第 27b 条、第 27c 条、第 27e 条。
③ 《尼斯条约》第 43a 条。
④ Jan Zielonka, *Explaining Euro–Paralysis: Why Europe is Unable to Act in International Politics*, London: Macmillan Press, 1998, p.177.

策的实践中并没有加以实际运用。①《阿姆斯特丹条约》虽然扩大了特定多数表决的使用范围，但实际上只能是在共同战略基础上实施联合行动、共同立场或其他决定时才能够应用，而且，只要理事会有成员国因为国家政策的重要性和明确表达的理由表示反对，特定多数就不能应用。虽然《尼斯条约》将多数表决制的范围再次扩大，但由于涉及国家利益和主权因素，政府间合作性质的理事会在关键问题上仍然采取一致同意原则。这使理事会所有重要的决策都必须经过艰苦的谈判，根本无法适应外交决策机密性、快速反应的要求。当理事会成员国随着欧盟的扩大而不断增加时，谈判将更加艰难。每个成员国都在这种"零和博弈"中极力维护本国的国家利益，不可避免地导致决策过程缓慢、冲突迭起，最后的政策也只能是各成员国利益的最小公分母。

在一定程度上，欧盟在政治上的软弱无力也是其基本制度安排所产生的决策方法的内在逻辑结果。② 当欧盟准备动用西欧联盟的军事力量时，这种一致同意的决策机制运转更加困难。如果欧洲理事会要作出决定，要求西欧联盟采取行动，必须经过所有成员的一致同意，而西欧联盟内部也必须达成一致同意才能采取行动。如果在这个过程中的任何一个阶段出现否决票，西欧联盟将不能采取任何行动。这也是欧洲理事会很少要求西欧联盟采取行动的重要原因。

其次，欧盟的支柱型结构导致不同的政策领域条块分割，各机构由于权责不明而产生政策冲突，协调困难，影响政策的有效实施。在支柱结构下，对外经济政策、外交政策和安全政策分别属于共同体、共同外交与安全政策等不同的机构。在共同外交与安全政策计划、决定和实施三个不同的决策阶段，权力分别属于不同的机构：动议权属于轮值主席国，决定权掌握在理事会手中，而实施则尤其需要欧盟内部其他两个支柱的合作。在共同体框架下，委员会拥有众多权力资源

---

① 陈志敏、[比利时] 古斯塔夫·盖拉茨：《欧洲联盟对外政策一体化——不可能的使命?》，第224页。

② Jan Zielonka, *Explaining Euro – Paralysis: Why Europe is Unable to Act in International Politics*, p. 188.

和政策机制可供支配,其对外经济政策也一般由下属的相应总司进行管理。在共同外交与安全政策框架下,政策实施由轮值主席国负责,它可以利用理事会总秘书处下设的相应部门的行政支持,但这个机构力量弱小,大部分工作还要依靠各国外长在国家的层面实施。由此导致欧盟的对外政策实际上分属完全不同的行政结构和部门:经济方面依靠共同体的技术官员进行管理,政治方面依赖主席国的外长。这不可避免地出现政策协调问题,尤其是围绕职权行使范围权易产生严重分歧,并引起冲突。

再次,欧盟对外政策的连续性、可信度缺乏应有的保障。理事会的政府间主义性质决定了轮值主席国在其实际运作中发挥着关键性作用。轮值主席国由成员国轮流担任,国家利益的差异使各轮值主席国在任期的外交优先选择不同,然而半年时间的任期又限制了政策实施的连续性。各成员国规模、实力不等,外交资源和能力相差巨大,很多小国担任轮值主席时甚至没有足够的外交人员充任相应职位。也有一些国家在担任轮值主席时被国内问题牵扯了主要精力。1996年意大利担任轮值主席国时,恰逢其国内遇到政治危机和全国大选。这些都影响到欧盟政策的可信度。为解决这些问题,《阿姆斯特丹条约》设立了高级代表一职,以提高共同外交与安全政策的连续性。但由于涉及权力、法律和主权这些敏感的领域,设立高级代表等技术性解决方案所产生的效果只能是边缘性的。

最后,复杂的制度安排使欧盟的对外政策充满不确定性。欧盟对外政策所涉及的每个因素都是成员国之间、委员会和成员国、轮值主席国和委员会之间谈判妥协的结果,掌握着预算决定权的欧洲议会有时也会成为影响政策的强有力因素。而欧盟谈判与妥协机制的二元特征、复杂的决策制度都不同于传统民族国家和国际制度。所有这些都使欧盟的政策充满不确定因素,第三方国家很难充分评估欧盟立场形成的背景,更不用说对谈判结果和政策实施的前景进行预测。这导致伙伴国很容易对欧盟产生错误的期望,最终又不得不对欧盟死板、僵硬的政策及无法预期的立场变化失望。欧盟内部政策难以评估也成为一些地中海伙伴国对巴塞罗那进程失望的部分原因。①

第二节　成员国国家利益与大国的主导作用

国家利益是欧盟内部政府间主义与超国家主义围绕民族国家主权让渡问题进行斗争的根本原因。"在国际关系中，国家间的互动无论在什么情况下和采取何种方式，都有一个最基本的驱动因素，这就是国家利益。人们通常认为，由于国家利益决定国家居支配地位的价值与政策取向，并且决定国家的基本需求和具体的国家目标，因此，国家利益是解释国际关系中国家对外政策行为的关键。"②

维护和增进国家利益是国家对外政策行为的基本动因。正是由于集体联合行动比单个国家更能促进国家利益，西欧国家才走向了联合。在欧洲一体化的过程中，当本国国家利益与其他成员国利益或欧盟共同利益发生矛盾冲突时，成员国都倾向于维护本国利益。欧盟地中海政策的形成过程也是成员国不同国家利益磋商、协调和讨价还价的过程，成员国共同利益之外的特殊国家利益成为欧盟形成和发展地中海政策的制约因素。欧盟对地中海政策也是各成员国国家利益博弈的最终结果。为维护本国利益，成员国尤其是大国都竞相争夺欧盟对外政策的主导权，这在欧共体/欧盟对阿以冲突共同立场及地中海政策形成中体现得尤为明显。

一　欧共体成员国在地中海地区的利益及其对阿以冲突立场

在1973年第四次中东战争爆发时，欧共体成员国的立场基本可以分成三种：支持阿拉伯方面的国家，有法国和意大利；支持以色列的国家，有丹麦、联邦德国和荷兰；比利时和爱尔兰采取中立立场，英国虽然采取中立立场，但倾向于支持阿拉伯国家。卢森堡作为小国一般主张根据国际公法用和平方式解决冲突。许多欧共体成员国虽然在

---

① Jörg Monar, "Institutional Constraints of the European Union's Middle Eastern and North African Policy", in Sven Behrendt and Christian‐Peter Hanelt, eds., *Bound to cooperate: Europe and the Middle East*, p. 232.

② 李少军：《论国家利益》，《世界经济与政治》2003年第1期。

中东具有利益，但当时实际上并未形成真正的政策。只有法国、英国和联邦德国具有初步的中东政策，他们的立场对欧共体及后来欧盟地中海政策的形成产生了重要影响。最终，支持与地中海地区发展关系的法国政策成为欧共体/欧盟政策的基本立场。

（一）同情、支持阿拉伯方面的国家

法国在地中海南岸地区存在着特殊利益。法国在当地最主要的利益是获取原材料，尤其是石油、天然气等能源资源。其次，当地是法国的对外贸易市场，包括武器出口市场。第三，地中海南岸地区的不少国家曾是法国的殖民地和保护国，保持在当地的传统势力也是法国的利益所在。最后，通过在传统势力范围内发挥作用，能够扩大法国在国际政治中的影响力。

法国并不是一开始就采取同情、支持阿拉伯方面的立场，而是经历了曲折的变化发展过程。第二次世界大战后，法国在地中海地区的殖民势力基本丧失。1948年以色列国成立后，法国就与之进行政治、军事和科技合作，成为以色列的主要军火供应商，还为其援建了核反应堆。但考虑到当时的国际局势，为保持在阿拉伯世界心脏地带的势力，法国官方仍采取支持阿拉伯方面的立场。虽然法以双方没有公开宣称建立联盟关系，但到苏伊士运河危机时两国事实上形成了特殊关系，因此有学者把法国与以色列的关系称为"默示的联盟"（tacit alliance）[1]。20世纪50年代中期，阿尔及利亚战争对法国与阿拉伯国家之间的关系产生了消极影响。1956年，苏伊士运河危机爆发之时，处于第四共和国时期的法国正忙于镇压阿尔及利亚的民族解放运动。为促使阿尔及利亚战争早日结束，法国试图通过插手苏伊士运河危机推翻支持阿尔及利亚民族解放运动的埃及纳赛尔政权，与以色列联合入侵埃及。

戴高乐执政后，法国外交政策发生战略性转变，试图冲破集团束缚，挑战美国霸权，建立独立的外交政策。在这种外交战略的指导下，法国开始谋求恢复在地中海地区的传统势力。1962年阿尔及利亚取得

---

[1] Sylvia K. Crosbie, *A tacit alliance*: *France and Israel from Suez to the Six - Day War*, Princeton: Princeton University Press, 1974, p. 1.

独立，为法国修复与阿拉伯世界的关系扫除了障碍。与以色列的关系虽然有所疏远，但法国仍继续向其大量供应武器，双方的经济、科技和文化交流仍然很密切。1967年6月，第三次中东战争成为法国对阿以冲突立场的转折点。战争期间，法国是唯一支持阿拉伯方面的西方大国，并对卷入战争的8个国家实施武器禁运。由于法国武器主要供应以色列，禁运对以色列的影响最大。法国改变对阿拉伯外交政策的主要动机仍是维护国家利益，首先是恢复在阿拉伯世界的传统势力；其次是保障石油利益，最后是反对美国的霸权。[①] 美以关系是美国在中东的首要战略利益，所以采取支持阿拉伯国家的立场也是法国反抗美国霸权、追求区别于美国的独立外交政策的一个重要措施。

以1967年的中东战争为转折点，法国开始全面修复和发展同阿拉伯国家的关系，1973年第四次中东战争的爆发更加速了这个进程。为应对石油危机，法国与阿拉伯石油生产国进行对话，利用石油禁运同产油国进行"石油换武器"为主的双边贸易活动，建立了独立自主的能源政策，同时反对美国提出的成立石油消费国联合阵线的建议，在外交上显示了对美国的独立性。

石油危机后，法国以更加支持阿拉伯人的立场积极推动巴勒斯坦问题的解决。1974年，法国外长在其驻黎巴嫩大使馆会见了巴解组织领导人阿拉法特，成为第一个与巴解组织接触的西欧国家。1982年3月，法国总统密特朗在访问以色列期间，公开支持巴勒斯坦的建国权利。1982年黎以战争期间，以色列军队包围贝鲁特，正是法国的积极斡旋才使阿拉法特及巴解组织武装力量撤到突尼斯。法国谋求对阿以双方施加影响，在支持巴解组织的同时也向其施压，要求巴勒斯坦承认以色列的生存权，以推动和平进程的发展。1989年5月，在阿拉法特第一次正式访法国之时，时任总统密特朗就敦促巴勒斯坦取消宪章中消灭以色列的条款。

意大利在地中海地区的利益主要体现在与地中海沿岸国家的关系方面。地理位置的接近使意大利在地中海地区具有重要的地缘政治利

[①] 张锡昌、周剑卿：《战后法国外交史（1944—1992）》，第176页。

益。从安全的角度看,地中海国家的安全和稳定对意大利的安全来说尤其重要。从经济的角度讲,意大利也需要与地中海沿岸国家保持良好关系。与地中海国家的关系也有助于提高意大利在欧共体的地位,如果欧共体达成统一的地中海政策,意大利将改变欧共体边缘国家的地位,成为更大的一体化框架中的中心国家。此外,意大利曾经对利比亚进行殖民统治,第二次世界大战后利比亚取得独立,但双方存在密切的经济和文化联系。

(二) 同情、支持以色列的国家

欧共体成员国中联邦德国、丹麦、荷兰对以色列持同情和支持的立场,在很大程度上是出于对犹太人在第二次世界大战期间悲惨遭遇的补偿和同情,尤其以联邦德国最为明显。联邦德国成立于第二次世界大战后,迫切需要通过证明本国对纳粹德国战争罪行的悔过来确立国家的合法性。如何对待受纳粹德国迫害最深的犹太人及其新成立的国家以色列,就可以成为对这个问题最好的说明。同时,由于对纳粹屠杀犹太人罪行一直怀有罪恶感和负疚感,联邦德国也把与犹太民族修好、帮助以色列的生存和发展视为不可推卸的责任。再者,支持以色列也是西方联盟的领导者美国的主张。因此,确保以色列的生存就成为联邦德国在中东最重要的国家利益。

联邦德国从经济、军事和政治等各方面全力支持以色列。1952年9月,联邦德国与以色列正式签订总额10亿多美元、为期12年的分期付款赔偿协议。1965年,两国正式建立外交关系。自1966年后,联邦德国给予发展援助最多的国家就是以色列。到20世纪70年代,联邦德国又成为美国之外唯一给予以色列资金援助的国家。除认罪道歉、进行高额经济赔偿外,联邦德国还同以色列进行秘密的军火交易和军事技术交流,并在欧共体内支持以色列。联邦德国是欧共体内以色列的主要支持者,一般都认为是联邦德国推动欧共体与以色列签署了特惠贸易协定。[①]

[①] Lily Gardner Feldman, *The special relationship between West Germany and Israel*, London: George Allen & Unwin, 1984, p. 1.

联邦德国的经济和政治、军事支持对以色列的生存和发展起了巨大作用。联邦德国在建立之初没有外交政策自主权，对外关系主要体现在经济方面。欧洲一体化进程开始后，联邦德国的国际生存环境有所好转。20世纪60年代末，联邦德国结束了在中东政策方面的空白，并从1971年开始在欧共体有关决议的框架下有了低调的中东政策。①在阿以双方达成和解之前，阿以冲突问题直接决定着以色列的生存，因此联邦德国在阿以冲突中坚决支持以色列。但联邦德国面临着来自阿拉伯国家的压力。作为世界的主要石油生产者，阿拉伯国家控制着工业世界的经济命脉，而且也是联邦德国的重要市场，尤其是重要的军火市场。1973年埃及开始承认以色列的生存权，为联邦德国转变对阿以冲突的立场打下基础。此后，联邦德国开始在欧共体的框架内谋求阿以冲突的和平解决，但阿以冲突在其政治中依然是个敏感问题。

第二次世界大战期间，70%的荷兰犹太人被纳粹德国消灭，出于对犹太人遭遇的负罪感，荷兰也采取支持以色列的立场。同样，出于对本国犹太人所遭受的纳粹德国迫害的同情，大多数丹麦人和丹麦政党都对以色列报以同情态度。第二次世界大战后，丹麦执政的历届社会民主党政府对工党执政的以色列具有天然的感情。20世纪60年代，丹麦首相和外长几次访问以色列，两国之间建立并保持了良好的关系。在20世纪五六十年代，阿以冲突问题在丹麦外交政策中并没有什么地位。在丹麦外长海克鲁普（Per Haekkerup）1966年所著的一本关于丹麦外交政策的书中，根本就没有提到阿以冲突。②但由于欧洲政治合作机制在丹麦外交中占有重要地位，丹麦在阿以冲突问题上最终与欧洲政治合作机制的立场保持了一致。

（三）立场中立的国家

英国、比利时和爱尔兰三国可以算作是立场中立的国家。英国殖民势力曾经在阿拉伯国家长期存在，贸易和能源也是英国在阿拉伯国

---

① Udo Steinbach, "National Approaches to the Arab – Israeli Conflict: Germany", in David Allen and Alfred Pijpers, eds., *European foreign policy – making and the Arab – Israeli conflict*, p. 91.

② Christian Thune, "National Approaches to the Arab – Israeli Conflict: Denmark", in David Allen and Alfred Pijpers, eds., *European foreign policy – making and the Arab – Israeli conflict*, p. 91.

家的利益所在。保持中东地区的稳定,同时遏制苏联在该地区的扩展都符合英国的利益。阿以冲突在很大程度上是英国对巴勒斯坦的委任统治所造成的。20世纪30年代,英国为联合阿拉伯民族主义势力反对奥斯曼土耳其,允诺建立阿拉伯国家,但又发表《贝尔福宣言》,支持犹太人在巴勒斯坦建立犹太民族之家。英国对巴勒斯坦进行委任统治期间,无力解决犹太人和阿拉伯人之间的矛盾,导致犹太人转而寻求美国的支持,从而与英国关系疏远。在阿以冲突问题上,英国虽然态度摇摆不定,但考虑到在阿拉伯世界的传统势力及能源问题,有支持阿拉伯方面的倾向。

比利时作为欧共体中的小国,支持通过谈判解决阿以冲突,强调联合国的权威,主张在联合国主持下解决阿以冲突问题。根据1967年第三次中东战争后通过的联合国第242号决议,比利时谴责以色列人和阿拉伯人的所有暴力行动。值得注意的是,比利时的传统外交政策也倾向于支持法国的立场。爱尔兰在1955年才成为联合国成员国。在加入欧共体之前,爱尔兰的外交活动范围有限,由于与中东距离相对较远,在当地并没有什么重要的国家利益,因此在阿以冲突问题上也没有形成正式的立场。虽然爱尔兰在1956年苏伊士运河危机中对埃及持同情立场,但这种同情建立在爱尔兰反英和反对殖民主义的传统之上。因此,说爱尔兰在中东问题上没有立场更加确切一些。

(四) 欧共体形成共同立场的原因

欧共体成员国在中东地区的国家利益不同,决定了他们对阿以冲突的立场也存在差异。最终各成员国能够形成对阿以冲突的共同立场,主要是由于保障石油供应这个共同利益的重要性超过了其他利益,成为各国首要的国家利益。在这个过程中,作为欧共体中发挥重要作用的大国,法国的积极推动也是成员国形成共同立场的重要动力。法国(在一定程度上还有意大利)极力推动欧共体九国承认巴勒斯坦人的权利,这是欧共体对外政策在中东问题上取得进展的关键。[1] 1977年,欧共体发表《伦敦宣言》,支持巴勒斯坦人的建国权利,显示出欧共

---

[1] Simon J. Nuttall, *European Political Co-operation*, p. 100.

体在地中海政策,尤其是巴勒斯坦问题上逐渐向法国的立场靠拢。

各成员国也根据欧共体立场发展改变本国的政策。法国和英国早已和巴解组织有了不同形式的接触。① 1979 年下半年,欧共体各国纷纷开始与巴解组织接触,在一定程度上使 1979 年变成了"欧洲的巴勒斯坦年"。② 态度变化最大的是联邦德国。由于历史的原因,联邦德国在阿以冲突中一直采取支持以色列的立场。1979 年 7 月,社会党国际执行主席、联邦德国前总理勃兰特和奥地利总理在维也纳与巴解组织主席阿拉法特进行会谈。1979 年 10 月,巴解组织政治部主任卡杜米访问意大利和比利时。

1980 年 6 月,欧共体发表《威尼斯宣言》,标志着欧共体对阿以冲突,尤其是在巴勒斯坦问题,立场发展的标志和定点。事实上,早在 1979 年秋法国和英国就积极准备在中东发挥作用。1979 年 9 月,英国外交事务大臣卡林顿在联合国大会上发言时指出,242 号决议无法解决巴勒斯坦人权利问题。此后几个月,英国外交政策的目标就是要使安理会通过新的决议。1980 年 2 月,他公开宣称,《戴维营协议》走到了尽头,欧洲有必要采取行动。③ 法国总统德斯坦在当年 3 月初访问海湾国家和约旦后也采取类似的立场。在这次访问中,他呼吁巴勒斯坦人实施自决,认为有关各方必须参加和谈,尤其是巴勒斯坦人。1980 年 3 月 1 日,欧共体九国投票支持联合国谴责以色列在被占领土上继续建设定居点的决议。法国、英国和联邦德国宣布支持巴解组织。受欧共体整体立场变化的影响,1980 年 8 月底,荷兰也改变立场,追随其他欧共体国家,把驻以色列大使馆从耶路撒冷迁回特拉维夫。

二 成员国利益与巴塞罗那进程的起源

在欧盟对外政策的制度结构下,欧盟成为成员国不同国家利益的

---

① 1974 年法国外长在法国驻黎巴嫩大使馆会见阿拉法特,1975 年 10 月法国政府率先给巴解组织办事处以明确的官方认可。1974 年法塔赫在伦敦建立"政府默认"的巴解组织办事处。

② 语出西班牙情报部长在 1979 年 10 月的言论。参见 S. Artner, "The Middle East: a chance for Europe?", *International Affairs*, Vol. 56, No. 3, 1980, p. 438。

③ Simon J. Nuttall, *European Political Co-operation*, p. 163.

交换中心,而不是具有明确目标和战略的统一行为体。欧盟没有类似于民族国家的中央权威机构,其对地中海政策只能依赖于制度建设,从而将这些利益融合进欧共体和共同外交与安全政策的框架内。① 欧盟巴塞罗那进程倡议的源起就是一个例子。

由于地理上的毗邻,地中海南岸地区的冲突和社会动荡,直接冲击着南欧国家意大利、西班牙和葡萄牙的社会稳定。早在1990年,这三个南欧国家就积极探索加强地中海地区安全与合作的途径,但受地中海地区局势的限制而没有成功。海湾战争结束后,意大利和西班牙在1992年要求,将地中海作为欧共体对外政策的优先地区,但没有产生多少效果。然而,法国的支持使南欧国家的主张获得了新的生命力。马格里布国家处于法国的地缘政治利益范围之内。这些国家曾是法国的殖民地,法国至今仍与这些前殖民地国家和地区保持着制度化的国际联系,在这些国家具有重要影响。法国是摩洛哥和突尼斯不可或缺的伙伴,同时对阿尔及利亚局势的稳定起着重要作用。阿尔及利亚、摩洛哥和突尼斯也是法国地中海移民的主要来源国家。因此马格里布国家的稳定和有序发展对法国利害攸关。法国与同样强烈关注地中海地区事态发展的意大利、西班牙和葡萄牙等国构成了欧盟内部的地中海次集团,积极推动并直接影响着欧盟地中海政策的形成与发展。

德国具有和法国不同的地缘政治利益范围。美国当代著名的战略思想家兹比格纽·布热津斯基对此进行了细致地分析,并在地图上进行了勾画(如下图):法国具有特殊利益的地缘政治范围包括伊比利亚半岛、西地中海北岸以及从德国到中东欧的广大地区,它不仅是法国安全最低限度的辐射范围,而且也是法国政治利益最重要的地区。德国的特殊利益区域可用一个长椭圆形来表示,在西部当然包括法国,在东部则覆盖中欧的原共产党国家,还包括波罗的海各共和国、乌克

---

① Jörg Monar, "Institutional Constraints of the European Union's Middle Eastern and North African Policy", in Sven Behrendt and Christian－Peter Hanelt, eds., *Bound to cooperate: Europe and the Middle East*, p. 229.

第五章 制约欧盟对地中海政策的因素 / 163

兰、白俄罗斯，甚至延伸至俄罗斯境内。①

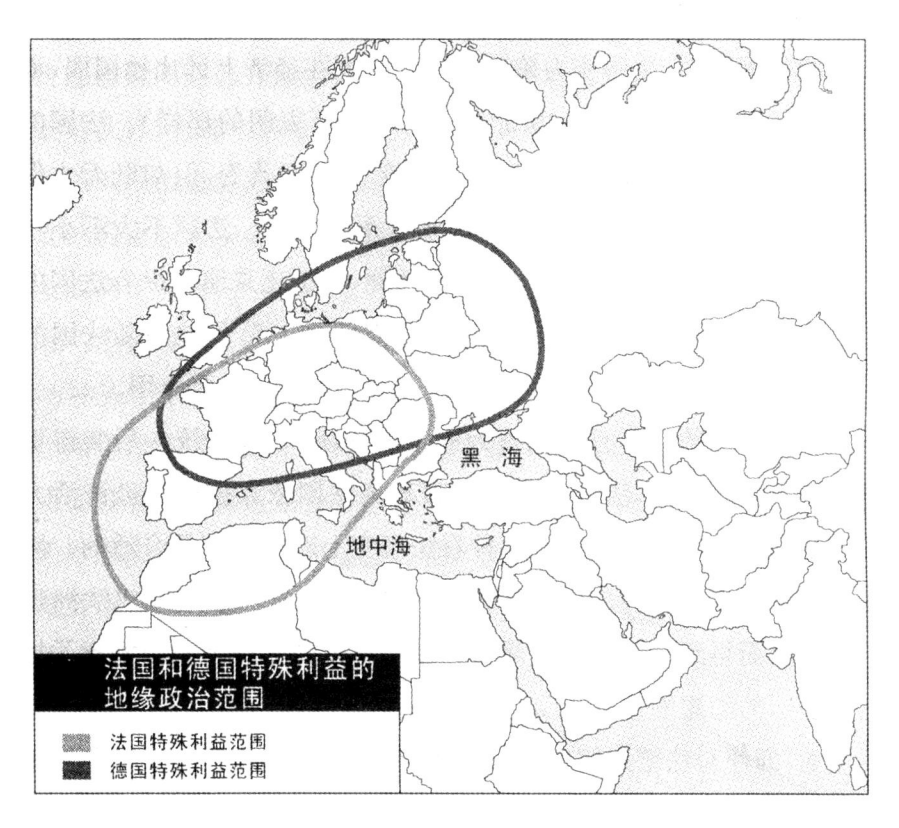

图片来源：[美] 兹比格纽·布热津斯基：《大棋局：美国的首要地位及其地缘战略》，第 53 页。

冷战时东西方以柏林墙为界划分势力范围，东欧属于苏联领导的社会主义集团，欧共体给予东欧国家的贸易待遇最不优惠。东欧剧变后，中东欧成为欧盟对外政策中优先支持的地区，贸易优惠和援助大为增加，将中东欧国家包括进欧盟的东扩计划也开始酝酿。这不仅直接影响到地中海地区在欧盟对外政策中的地位，而且必然加强德国在欧盟中的作用，由此引起了法德之间的分歧。

---

① [美] 兹比格纽·布热津斯基：《大棋局：美国的首要地位及其地缘战略》，中国国际问题研究所译，上海人民出版社 2007 年版，第 50—58 页。

由于地缘政治利益范围的差异，法国和德国对欧盟共同外交与安全政策优先领域的主张也不相同。法国为首的地中海次集团要求重视发展同地中海国家的关系，而德国却积极主张欧盟东扩，并得到了英国、丹麦、荷兰等国的支持。鉴于德国将从东扩中获益，法国要求欧盟给予地中海国家同样的重视，与葡萄牙、西班牙、意大利和希腊四国一起提出，要加强欧盟对地中海地区的政策。1994 年 10 月，欧盟委员会向理事会和欧洲议会提交加强欧盟地中海政策的报告。[①] 1995 年法国担任轮值主席国时，又促进欧盟委员会在 3 月通过关于《建立欧洲与地中海国家伙伴关系的方案》。1995 年 6 月，欧盟戛纳首脑会议决定按 60∶40 的比例分配给予中东欧和地中海国家的援助资金数额。[②] 成员国和欧盟委员会的立场发展最终推动了巴塞罗那进程的出台。当年年底，欧盟 15 国和地中海 12 国外交部部长在巴塞罗那召开首次合作会议，正式建立欧盟地中海伙伴关系，开始巴塞罗那进程，目标是到 2010 年建成"欧盟地中海自由贸易区"。

巴塞罗那进程的启动是特定环境下不同利益妥协的结果，各成员国不同的国家利益通过欧盟的制度框架和规则设置达成了妥协和一致意见。[③] 但德国和南欧国家关于欧盟对外政策优先目标的斗争仍在继续。德国利用 1999 年上半年担任轮值主席国的机会，推动欧盟制定了首个针对俄罗斯的共同战略。而葡萄牙则在 2000 年上半年任轮值主席国时，推动欧盟制定了针对地中海国家的共同战略。但欧盟对外政策优先目标向中东欧国家转移的趋势已经不可逆转。

2004 年 5 月，欧盟顺利实现东扩，波兰、匈牙利、捷克、斯洛伐克、斯洛文尼亚、爱沙尼亚、拉脱维亚、立陶宛、塞浦路斯及马耳他

[①] "Strengthening the Mediterranean Policy of the European Union: Establishing a Euro – Mediterranean Partnership, Communication from the Commission to the Council and the European Parliament", COM (94) 427 final, 19 October, 1994.

[②] ［德］维尔纳·魏登费尔德、沃尔夫冈·韦塞尔斯主编：《欧洲联盟与欧洲一体化手册》，中国轻工业出版社 2001 年版，第 240 页。

[③] Jörg Monar, "Institutional Constraints of the European Union's Middle Eastern and North African Policy", in Sven Behrendt and Christian – Peter Hanelt, eds. , *Bound to cooperate*: *Europe and the Middle East*, p. 230.

等 10 个国家正式加入欧盟。这次历史上规模最大的扩大极大地改变了欧盟的边界和地缘政治形势，使欧盟在不断面临新邻国的同时，也更加接近中东、外高加索等局势动荡地区，安全环境变得更为复杂，带来的现实挑战更多也更为急迫。由于相互依赖的加深，欧盟未来的安全、稳定和可持续发展在很大程度上要受到其与邻国的关系以及邻国发展状况的影响。可以说，欧盟的安全首先是周边的安全。为此，欧盟需要加强对周边地区政治、经济、安全及社会等诸多领域的援助与干预，通过促进当地社会经济发展，从根本上消除安全隐患。

2004 年 5 月，欧盟委员会正式提出"欧洲睦邻政策"（EU neighborhood policy），以 1995 年《巴塞罗那宣言》为基础，把欧盟与地中海沿岸国家建立的政治、经济和文化等方面的联系扩大到东欧国家，以推动该地区的发展，促进当地国家的稳定与繁荣，从而扩大欧盟在这一地区的影响，进而保障欧盟周边地区的稳定与安全。文件涵盖的地域范围除阿尔及利亚、利比亚、摩洛哥、突尼斯、埃及、约旦、黎巴嫩、巴勒斯坦、以色列等欧盟地中海伙伴国外，还包括亚美尼亚、阿塞拜疆、白俄罗、格鲁吉亚、摩尔多瓦、乌克兰等东欧国家，也就是说把欧盟周边所有非入盟候选国的邻国都包括了进来。俄罗斯由于在 2003 年 5 月同欧盟建立了战略伙伴关系而获得特殊地位。但不同国家在欧盟对外战略中的地位不同，由此导致欧盟重视程度以及援助力度的差异。地中海伙伴国在欧盟对外战略中所占的地位及其与欧盟的关系不如那些准备申请加入欧盟的国家。在欧洲睦邻政策这一新的合作框架中，作为非入盟候选国的地中海南岸国家处于被边缘化的境地。

第三节 国际格局对欧盟地中海政策的制约

欧共体的地中海政策受到美苏冷战格局的影响和制约。在冷战高潮时期，欧共体及各成员国在对外政策方面从属于美国，没有独立的对地中海政策。冷战缓和时期的到来，为欧共体的外交活动提供了一定空间，使其能够制定独立的地中海政策。但不久之后，新一轮冷战开始，重新限制了欧共体与地中海南岸国家发展关系。冷战后，美国主导了中东地区事务，国际格局对欧盟地中海政策的影响，体现为美国制约着欧盟对地中海地区事务的参与。

一　冷战格局对欧共体地中海政策的影响

第二次世界大战使国际政治格局发生了重大变化。原来的西欧列强中，德国战败，被一分为二，英法虽然是战胜国，但实力地位遭到战争的严重削弱。社会制度截然对立的美苏两大国崛起，分别成为资本主义世界的霸主和社会主义阵营的领袖。由于丰富的能源资源和特殊的地缘政治地位，地中海南岸国家及所处的中东地区在美苏双方的全球战略中都处于重要地位，因此两个超级大国竞相对这个地区展开渗透和争夺。美国通过支持犹太人建立以色列国家、出台杜鲁门主义和艾森豪威尔主义等措施进入中东。苏联也通过政治支持、经济援助和军事渗透等手段全面进入阿拉伯国家，支持阿拉伯民族主义，以瓦解美国为首的西方阵营在阿拉伯世界的政治和军事地位。中东开始成为美苏冷战的角逐战场。

英法德等西欧传统大国由于战争的破坏而实力剧减，虽然通过《北大西洋公约》与美国建立了同盟关系，但双方并没有处于平等地位，美国实际上把欧洲视为跨大西洋联盟中的小伙伴。不甘心法国丧失大国地位的戴高乐在执政时期采取了一系列行动，但没有改变欧洲在冷战高潮中从属于美国的客观现实。不仅英国、法国等单个西欧国家无法成为与美国地位平等的伙伴，就是走向一体化的欧共体在当时也不可能成为独立于美国之外的第三种力量。所以，在整个20世纪50年代和60年代，中东地区大国争夺的主要态势就是英法等老牌殖民主义势力逐渐退出，取而代之的是美国和苏联展开激烈争夺。这种政治格局转变的标志性事件就是1956年10月爆发的苏伊士运河战争。战争改变了中东地区主要外部势力之间的力量对比，老殖民主义者英国和法国由于战争的失败而在中东政治舞台上退居次要地位，无论是在经济上还是在政治上，欧洲都不再是中东的主导力量。

20世纪70年代，欧共体对地中海政策在广度和深度方面都有了巨大的发展。这有欧共体自身实力增强的因素，与世界政治经济形势的变化也密不可分。在政治上，美国在战略武器领域的地位从对苏"优势"转变为美苏"均势"，美苏之间出现冷战以来的首次缓和局面。在经济上，70年代初的金融危机使第二次世界大战后建立起来的布雷顿森林体系崩溃，西欧和美国的利益尖锐对立，美国的霸主地位动摇，其在大西洋联盟中的领导地位也受到冲击。而与此同时，欧洲的一体化进程却取得了较大的发展，欧共体的经济实力显著增强，并开始走上政治合作的道路。国际形势的变化为欧共体提高国际地位创造了良好的机会，也为其制定执行独立的对地中海政策提供了较大空间。

1972年，欧共体提出环地中海政策，系统地与地中海国家发展关系。1973年的石油危机进一步促进了欧洲"用一个声音说话"，首先在阿以冲突问题上逐渐确立了支持阿拉伯方面的共同立场，随后又与阿拉伯国家开展对话活动。1980年《威尼斯宣言》出台，标志着在阿以冲突问题上一种不同于美国的欧洲共同立场开始出现，也标志着欧共体对阿以冲突共同立场发展的顶点。

20世纪80年代，欧共体独立制定执行对地中海地区政策的势头没能继续下去。1979年苏联入侵阿富汗，导致美苏在中东的争夺白热化，也再次拉开美苏新一轮冷战的序幕。美国所有的外交政策都开始围绕着东西方对抗以及争夺中东展开。美国虽然通过促使埃以和谈掌握了中东事务的主导权，但1979年伊朗伊斯兰革命推翻了亲美的巴列维政权，美国在海湾扶植伊朗和沙特的"双柱政策"破产，中东政策遭受巨大挫折。为遏制苏联的南下政策，卡特和里根政府相继开始奉行对苏强硬政策，甚至提出必要时使用"低烈度战争"对抗苏联。

国际局势的变化使美国能够继续保持在大西洋联盟中的领导地位，欧洲的对外政策不得不在相当程度上继续从属于美国。欧共体对地中海地区的政治政策也在超级大国之间的激烈对抗下失去了生存的空间，只有一些经济政策保留下来。虽然地中海国家经常试图向欧共体寻求支持，但欧洲任何可能危及美国全球战略的举措都不受美国欢迎。《威尼斯宣言》发表以后，欧共体及其成员国试图采取相应的行动，在美国的压力下没能成功。此后几年，欧共体和欧洲政治合作机制虽然偶尔发表一些关于中东问题的宣言,但再没有提出重要的共同立场。对于1982年爆发的黎巴嫩战争、中东和平进程等重大事件和重要问题,欧洲的作用只是体现为法国和其他成员国的各国政策。

二 冷战后美国对欧盟地中海政策的制约

从1989年到1991年,国际政治舞台接连发生东欧剧变、德国统一、苏联解体等重大事件,两极格局最终瓦解,冷战结束,美国成为世界上唯一的超级大国。在这个国际格局转换的过渡时期,海湾危机的爆发为美国确立在中东的主导地位提供了绝好的契机。

(一) 美国确立在中东的主导地位

1990年8月海湾危机爆发后,美国积极推动国际社会对伊拉克实施外交孤立、政治打击和经济封锁,同时美国迅速在海湾地区集结军队。国际社会寻求和平的外交努力失败后,美国又打着联合国的旗号对伊拉克发动军事打击。在苏联解体、势力退出中东的背景下,美国通过海湾战争充分显示了世界唯一超级大国的军事实力,实现了在中东的军事存在,极大提升了在中东的地位。海湾战争后,美国抓住有利局势展开全方位的争夺,把势力扩展到整个中东地区,通过一系列举措确立和加强了自己在中东的主导地位。

为建构一个符合美国利益的地区安全体系,海湾战争后美国在中东推出了"西促和谈"和"东遏两伊"的政策。海湾战争使阿拉伯世界对以色列持强硬立场的激进派国家力量受到沉重打击,以埃及、沙特为首主张和谈的温和派国家力量得到提高和加强。美国不失时机地召集马德里中东和平国际会议,取得对中东和平进程的主导地位。虽然巴以绕过美国进行秘密谈判取得突破,但1993年的《奥斯陆协议》、约以《华盛顿宣言》和1998年的《怀伊协议》都是在美国的主持下签署。以色列是美国实现中东战略的重要支撑力量,在美国的中东政策中具有十分重要的地位。克林顿执政后再次确认了同以色列的战略伙伴关系,美国保证以色列对阿拉伯国家处于军事优势地位,并为其提供大量军事和经济援助。

在海湾地区,美国推出双重遏制政策,将伊拉克和伊朗视为"敌对国家",进行遏制和打击。美国为防止伊拉克重新崛起,坚持对伊拉克进行长期经济制裁,推动联合国对其进行频繁的武器核查,设立禁飞区,并多次对伊拉克实施军事打击。美国对伊朗进行贸易制裁,限制外国公司与伊朗开展贸易和在伊朗进行石油天然气投资。为确保双重遏制政策的实施,美国加强在海湾地区的军事存在,分别与科威特、巴林、阿曼、卡塔尔等海湾国家签订了防务或安全合作协议,同海湾六国进行联合军事演习,并在该地区设立隶属于中央司令部的前线司令部,扩大美国海军在海湾地区的力量。此外,对于埃及等中东盟友,美国通过减免债务,发挥埃及在中东和平进程中的作用等措施加强双方关系。对于"敌对国家"利比亚,美国则利用洛克比空难对其进行制裁。

美国确立在中东的主导地位,不仅扩大了政治和军事影响,也为其带来了巨大的经济利益。利用海湾战争军事上的胜利,美国参与科威特、沙特等国石油工业的重建或扩建工作,通过承包工程,代理经营等方式分享巨额利益,乘势进入中东石油业。军事胜利为美国军火进一步扩大了在中东国家的市场,在赢得巨额经济利益的同时,间接加强了对武器输入国的影响和控制。

(二) 美国与欧共体/欧盟的政策分歧及《居姆尼希协议》

美国和欧洲在中东问题上的紧张关系由来已久。早在20世纪50年代,美国逐渐取代法国和英国等老牌殖民主义势力、成为中东地区的主要大国时,双方的战略和利益就开始发生冲突。此后,从1956年的苏伊士运河危机到2003年的伊拉克战争,美欧之间的分歧愈演愈烈,甚至威胁到大西洋联盟的稳定。由于美国在中东占据着主导地位,当双方政策出现分歧时,美国就迫使欧共体/欧盟接受美国的政策,或压制其政策的实施。这在阿以冲突问题上体现的尤为突出。

美国与以色列之间存在着特殊的盟友关系。从威尔逊任总统时期开始,美国就同情和支持犹太复国主义运动,支持《贝尔福宣言》。在巴黎和会上,美国认为"巴勒斯坦应成为一个犹太国",主张邀请犹太人回到巴勒斯坦定居，建立独立的巴勒斯坦国家。① 巴勒斯坦问题为美国在中东取代英国、建立优势地位提供契机。杜鲁门向英国施压，要求增加犹太人移民巴勒斯坦的数量，主张并策划巴勒斯坦分治。美国不仅投票支持联合国分治决议，还游说其他国家也这样做。② 以色列成立后，美国立即给予承认。美国出于维护其中东战略利益的需要，在阿以冲突中采取支持以色列的政策，长期向以色列提供政治、经济及军事上的援助和支持。从1948年到1996年，以色列仅直接从美国政府接受的军事和经济援助就有650亿美元，是美国对外援助的最大接受国。自肯尼迪明确指出美以存在"特殊关系"以来，两国虽然没有签署防务协定或军事同盟条约等正式的法律文件，但双方事实上的同盟关系已经成为两国从领导人到民众的社会共识。③

美以特殊关系的形成符合双方的战略利益。以色列在美国的中东战略中具有重要地位。在冷战时期，以色列是美国遏制苏联向中东渗透和扩张的堡垒。在20世纪80年代，双方就通过签订《战略谅解备忘录》等文件，把美以特殊关系确认为战略伙伴关系。冷战后，由于在意识形态、价值观念、政治制度甚至建国历史等方面都具有共同点和相似性，以色列仍然是美国中东战略的重要组成部分，成为美国维持中东地区均势、遏制打击激进势力、实现战略利益的重要棋子。此外，美以特殊关系的形成也离不开犹太院外游说集团的影响和推动。犹太人作为美国的少数群体，虽然人数有限，但在社会各领域都具有广泛而重要的作用。他们的社会影响力巨大，通过各种方式积极参与政治，投票率极高，是历届总统候选人都不能忽视的力量。他们组成的犹太院外游说集团积极推动美国与以色列建立特殊关系，并对以色列安全进行承诺。

---

① 《美国在巴黎和会上关于建立独立的巴勒斯坦国家的建议》，载尹崇敬主编《中东问题100年》，第13—14页。

② Simon A. Waldman, *Anglo–American Diplomacy and the Palestinian Refugee Problem*, 1948–51, London and New York: Palgrave Macmillan, 2015, p. 35.

③ Yaacov Bar–Siman–Tov, "The United States and Israel since 1948: A 'Special Relationship'?" *Diplomatic History*, Vol. 22, No. 2, 1998, p. 231.

第五章 制约欧盟对地中海政策的因素

在1973年的石油危机中,美国与欧共体产生了矛盾。美国虽然受到阿拉伯产油国石油斗争的沉重打击,但仍继续支持以色列,声称无论石油危机的后果如何痛苦,美国将"坚决拒绝让盟国或产油国的压力影响我们的中东外交方针"①。美国试图建立石油消费国阵线,通过与阿拉伯石油生产国进行谈判来解决能源问题。而欧共体则通过与阿拉伯世界进行对话及合作来保证石油供应。1974年1月,美国倡议13个石油消费国在华盛顿召开国际会议,但次月欧共体九国布鲁塞尔外长会议就提出与阿拉伯国家开展经济、技术和文化合作。② 欧共体与美国截然对立的政策引起美国的不满,大西洋联盟出现裂缝。

1974年3月15日,美国总统尼克松说:"欧洲人总不能两样都要。他们不能既在安全方面要求美国的参与和合作,又要在经济和政治方面与美国唱对台戏,持对立态度。"他说,如果西欧继续在政治上和经济上对立下去,那么美国"在安全方面就不可能继续在欧洲保持目前水平的存在"。3月19日,尼克松又说,如果西欧继续跟美国对立下去,国会可能拒绝批准与欧洲安全有关的防务拨款。③ 虽然美国以安全问题相要挟,但仍未能阻挡欧共体与阿拉伯世界开展经济、技术及文化合作的决心。但美国并不甘心,当欧共体准备开展欧阿对话时,美国国务卿基辛格坚持认为,欧洲政治合作机制在作出决定之前应该先与美国磋商,只有这样美国才能在与其利益发生冲突的问题上发挥作用。④

美欧关系危机的最终结果是通过《居姆尼希协议》建立欧洲政治合作机制与美国的磋商机制。经过尼克松和联邦德国总理勃兰特以及欧共体各个领导人之间的大量谈判,1974年欧共体外长在联邦德国的

---

① [美]亨利·基辛格:《动乱年代——基辛格回忆录》(第三册),张志明译,世界知识出版社1983年版,第27页。
② 法国反对美国的计划,没有派代表参加会议。但比利时、英国、丹麦、爱尔兰、意大利、卢森堡、荷兰、挪威和联邦德国参加了会议。
③ 陈乐民:《战后西欧国际关系1945—1984》,第313页。
④ Panayiotis Ifestos, *European Political Cooperation: Towards a Framework of Supranational Diplomacy?* p. 182.

居姆尼希召开非正式会议，同意欧洲政治合作机制在就特定问题进行磋商之前，如果其他8国同意，就授权轮值主席国作为代表与美国进行磋商，如果意见不统一，各国将与美国进行双边磋商。①《居姆尼希协议》避免了欧美发生不必要的分歧，但也成为欧共体发展与阿拉伯国家关系的制约。虽然对外政策差异导致大西洋联盟出现裂痕，但由于西方始终将苏联视为头号敌人，认为冷战的安全威胁始终存在，大西洋联盟最终度过危机，得以继续发展。

石油危机对欧共体/欧盟地中海政策具有深远影响。从此以后，欧共体在阿以冲突问题上走向了支持阿拉伯世界的立场，与美国支持以色列的立场形成反差。但是，由于美国在中东和平进程中的主导地位，无论是欧共体的欧洲政治合作机制还是欧盟的共同外交与安全政策，都未能在此问题上发挥关键作用。

（三）美国与欧盟的内部分歧

冷战以苏联的解体而结束。失去了共同敌人使美欧的联盟基础发生动摇，双方在低级政治领域的矛盾冲突不断。小布什上台之后，特别是九一一事件以后，美欧之间的矛盾日益向高级政治领域发展，终于在2003年伊拉克战争问题上大爆发，引起世人瞩目。美国主张攻打伊拉克，即使得不到安理会授权也要推翻萨达姆政权，遭到以法国、德国为首的欧盟国家的坚决反对。当欧盟与美国出现政策分歧时，围绕是否支持美国的立场，欧盟内部也会出现分歧，为美国从内部分化瓦解欧盟共同立场提供机会，使欧盟在对外政策特别是对美政策方面不能用一个声音讲话。

欧盟内部一直存在着欧洲主义与大西洋主义之间的分歧。欧洲主义者以法国为代表，希望欧共体/欧盟发展成为独立于美国的外交与防务力量。法国总统戴高乐就明确提出，要建设"欧洲人的欧洲"，就是要在欧洲建设中摆脱美国的控制和影响，使欧洲成为真正独立自主

---

① Panayiotis Ifestos, *European Political Cooperation: Towards a Framework of Supranational Diplomacy?* p. 182.

的欧洲。① 大西洋主义者以英国为代表，主张在外交上与美国保持特殊的亲密关系，在防务上依赖北约。第二次世界大战后，国势衰弱的英国希望通过英美"特殊关系"来维护本国的安全和大国地位，保持与美国在军事、情报和国际事务上的特殊关系成为英国外交的重要目标。德国的立场处于欧洲主义和大西洋主义之间，一方面支持法国发展欧洲独立的外交和防务政策的主张，同时又避免损害到大西洋两岸的安全关系。

冷战结束、苏联解体使美欧的共同敌人消失，欧盟对美国的需求和依赖程度降低，大西洋联盟的基础削弱。这使得欧盟更加追求与美国的平等关系。1998年，英国首相布莱尔和法国总统希拉克在法国圣马洛联合发表《欧洲防务合作宣言》，同意建立欧洲自主的军事行动能力，朝着欧洲主义的方面前进了一大步。尽管如此，布莱尔政府在对外政策方面仍然紧密追随美国，大西洋主义的政策倾向十分突出。

但2003年，围绕是否支持美国攻打伊拉克，欧盟内部欧洲主义与大西洋主义之间的分歧充分暴露。当年1月22日，法德两国举行纪念《法德合作条约》（又称《爱丽舍宫条约》）签署40周年的首脑会晤，并发表联合声明，明确反对在当前局势下对伊拉克仓促动武。美国对此大为光火，国防部长拉姆斯菲尔德把反对攻打伊拉克的法德等国称为"老欧洲"，认为他们不能成为欧洲的代表，并声言"欧洲的重心已经向东转移"。拉姆斯菲尔德的言论加深了欧盟成员国之间的裂痕，激化了欧盟的内部矛盾。美国利用欧盟的内部分歧，动员主张大西洋主义的国家孤立法德等国。英国、西班牙、意大利、葡萄牙等8国在1月30日，"维尔纽斯十国集团"② 在2月5日，先后发表联合声明，支持美国在伊拉克问题上的立场，欧盟陷入四分五裂。

（四）美国与欧盟独立防务能力

美国限制欧盟发展独立防务能力，也成为欧盟对外政策的制约。

---

① 周荣耀：《戴高乐主义论》，《世界历史》2003年第6期。
② 由波罗的海三国、斯洛文尼亚、克罗地亚、保加利亚、阿尔巴尼亚、马其顿、罗马尼亚和斯洛伐克组成，宗旨是相互支持早日加入北约。

缺乏独立的防务能力严重削弱了欧盟的国际影响力，加深了欧盟对美国的依赖。冷战时期，西欧没有独立的防务能力，一直依赖美国和北约提供安全保障。在应对海湾危机的过程中，欧共体成员国充分认识到，虽然他们在经济上取得了与美国平等的地位，但在处理国际性争端时，还是离不开美国的军事力量作为后盾。

为改变这种状况，《马斯特里赫特条约》加强了西欧联盟的作用。在1998年12月举行的圣马洛首脑会议上，英国首相布莱尔率先提出欧盟需要"建立一支可以信赖的、能自主采取行动的部队"。1999年12月，欧盟赫尔辛基首脑会议通过组建"欧洲快速反应部队"的计划，以使欧盟有能力在北约不参与的情况下独立承担危机控制、维持和平及人道主义救援等任务，标志着欧洲在建立独立防务的道路上迈出了宝贵的第一步。但欧盟独立防务的发展受到美国的限制。美国对欧盟发展独立防务的心态非常矛盾，一方面希望欧洲人自己承担安全责任以减少美国在欧洲的介入，从而减轻压力；另一方面又担心欧盟防务力量的发展最终在军事上把美国排斥在欧洲之外。因此，美国多次警告欧盟，在考虑防务问题时要将北约放在首位，要求欧盟承诺北约仍然是维护欧洲安全的主力，欧盟在决定单独行动前务必先征询美国的意见，并告知决策过程，从而牢牢控制着欧洲安全的主导权。

结　　语

"能力—期望值差距"是英国学者克里斯托夫·希尔1993年提出的解读欧共体世界角色的概念，他试图跳出传统国际关系理论流派的争论，从欧共体的作用以及外界对它的认识入手，来讨论其作为国际行为体的属性问题。希尔指出，由于欧共体在对外政策方面的能力被高估，导致出现了能力和期望值的差距。[①] "能力—期望值差距"在欧盟的地中海政策中体现得尤为明显。

一　欧盟对地中海政策的目标及实践

地中海地区在欧盟的对外关系中占有重要地位。其中的非欧盟成员国和非入盟候选国主要是阿拉伯国家，他们是更广阔的阿拉伯世界的有机组成部分，这使欧盟的地中海政策与阿拉伯政策密切相关。早在欧洲政治合作机制的运作中，就已经充分体现了地中海及其周边地区的重要性。

地中海及其周边的阿拉伯世界对欧盟的重要性主要体现在能源、经济和安全三个方面。能源是欧盟在这个地区的首要利益。阿拉伯国家拥有世界石油一半以上的总储量、三分之一的年产量，以及世界天然气三分之一的总储量，对于欧盟成员国的能源供应量、能源价格及能源运输安全都具有决定性的影响。在能源供应量方面，海湾阿拉伯国家和马格里布阿拉伯国家阿尔及利亚、利比亚占有举足轻重的地位；

---

① Christopher Hill, "The Capability – Expectation gap, or Conceptualizing Europe's International Role", pp. 305 – 328.

在价格方面，石油输出国组织欧佩克及阿拉伯国家和地区的局势等都对国际石油价格具有重要影响；在安全运输方面，经过叙利亚等地中海沿岸国家的跨国输油管道以及经过埃及苏伊士运河的海运路线是欧盟从中东进口石油的重要网络。

地中海及其周边地区对欧盟的经济发展具有重要影响。这个地区是欧盟成员国原材料的重要产地，也是其商品和服务的重要市场。欧盟向阿拉伯国家出口电子产品和运输设备等高技术含量产品，进口能源和原材料，双方贸易占欧盟外贸总额的 19% 以上。除了沙特阿拉伯、阿尔及利亚、利比亚、伊拉克、叙利亚等石油天然气输出国外，欧盟对其他阿拉伯国家的贸易都处于顺差地位。随着阿拉伯产油国石油、天然气等能源收入的巨额增长，以及阿联酋等海湾国家进行大规模开发，欧盟在阿拉伯国家的市场份额将不断扩大。军火在双方贸易中占有重要地位。动荡的地区局势使阿拉伯国家成为英国、法国、德国、意大利等军火生产国的重要市场。此外，欧盟国家在地中海地区拥有大量投资。由于拥有巨额石油财富，阿拉伯产油国的资金和投资流向对国际金融和欧盟经济也有着举足轻重的影响。

地理上的毗邻和历史上的深厚渊源使欧盟的安全深受地中海地区局势和社会稳定的影响。地中海地区在欧洲的地缘政治和地缘战略中处于关键位置，其所在的西亚北非地区位于欧洲的战略侧翼，对它的任何军事威胁都将直接威胁到欧洲的心脏地带。欧盟成员国在地中海地区的殖民遗产使双方具有深厚的历史渊源，几个世纪以来欧洲列强的争夺和殖民统治基本确定了当地国家的边界，并深刻影响这些国家的社会和历史进程。第二次世界大战后，地中海国家取得政治独立，但长期殖民统治所形成的对原殖民宗主国的经济依附关系仍然存在。地中海国家是欧盟成员国外来移民的重要来源，其中黎巴嫩和马格里布国家阿尔及利亚、摩洛哥、突尼斯是这一地区向欧盟移民最多的国家。移民的目的地主要是前殖民宗主国。阿尔及利亚、突尼斯和摩洛哥籍的移民主要集中在法国，此外比利时和瑞典也是摩洛哥移民的目的国。利比亚籍移民集中在意大利。埃及移民大多生活在希腊和英国，英国也是也门移民的首选。文化与社会融入是欧洲的地中海地区移民面临的最大挑战。宗教文化冲突及移民融入主流社会遇到的摩擦与矛盾，给居住国造成一系列的社会问题。尤其是九一一事件后，一些欧盟国家出现了宗教极端组织的活动。

因此，欧盟地中海政策的首要目标就是保证石油、天然气等能源以合理的价格稳定供应。其次，维持欧盟在地中海地区的传统势力，确保成员国商品在地中海市场的份额。再次，确保欧盟的安全，面对移民和极端主义所带来的挑战，把促进地中海国家的经济发展和政治改革作为保障安全、应对挑战的根本途径。欧盟的地中海政策就是围绕上述目标展开的。

保障石油、天然气等能源以合理的价格稳定供应是欧共体/欧盟地中海政策的首要目标。为保障能源安全供应，欧盟在致力于能源种类多样化和能源来源多样化的同时，充分利用自身的政治经济影响开展能源外交，保持与能源生产国、运输过境国的良好关系。一方面，在阿以冲突等涉及阿拉伯国家的重大问题上，采取支持阿拉伯国家的立场。另一方面，采取具体措施发展双方的合作，包括与能源生产国进行持续的对话，进而建立长期的能源伙伴关系，在保证能源数量稳定供应的同时，增加供应透明度，维持能源价格稳定。与海湾国家开展对话及合作对欧盟能源供应极为重要。海湾合作委员会成立后不久欧共体就开始寻求双方的接触和对话，近年来欧盟积极与海湾合作委员会就建立自由贸易区进行谈判。考虑到北非和海湾国家在欧盟能源进口中的重要地位，为保障能源供应及运输安全，欧盟极为重视发展同地中海阿拉伯国家的关系，双方的合作更是由来已久。1995年通过巴塞罗那进程，欧盟进一步加深了与地中海沿岸国家的合作。在保障能源安全的同时，这些措施也确保了双方的贸易联系。

冷战后，促进地中海国家的经济发展和社会稳定成为欧盟政策的一个重要目标。地中海地区的移民大量涌入欧盟成员国，与欧盟的政策固然密不可分，然而双方经济社会发展的巨大差距也是刺激移民尤其是非法移民的一个极为重要的因素。为缓解移民压力，除加强边境防范，打击非法移民等消极措施外，欧共体/欧盟及其成员国还先后出台了环地中海政策及欧盟地中海伙伴关系等对外战略，帮助地中海南岸国家发展经济，增强其吸纳就业的能力，稳定这些国家的政局，从根本上减少移民的涌入。

阿以冲突久拖不决及地中海国家社会转型过程中出现的经济增长缓慢、失业率上升、社会分配不均、贫富差距扩大、统治者专制腐败等也是激进势力兴起的重要原因。将激进势力对欧盟的不利影响最小化，并最终将其化解也是欧盟对地中海政策的重要考虑。为此，欧盟积极推动地中海国家的经济发展；大力推动中东和平进程，在国际上孤立、打击反对和谈的势力；积极推动地中海国家的民主化、自由化，促使有关国家进行政治改革，推动激进势力走向温和的议会斗争。欧盟地中海伙伴关系就是试图通过紧密的地区合作减少冲突、促进地中海地区经济发展，通过援助和市场准入等经济手段促使地中海南岸国家经济转轨和政治改革，期望从根本上消除当地不稳定的根源。

二　欧盟对地中海政策的特点和局限性

欧盟对地中海政策中，经济政策与政治政策发展不平衡。欧盟对地中海地区的政策可以分为低级政治领域与高级政治领域两部分，低级政治领域主要是经济政策，高级政治领域主要是政治政策。经济政策与政治政策的不平衡发展，主要表现在两个方面：第一，从欧共体到欧盟，经济政策都是其地中海政策的主要内容，有关政治问题的政策相对较少。第二，与政治政策相比，对地中海地区经济政策的实施相对成功。在欧共体/欧盟的政策中，欧阿对话、地中海政策、对海合会国家政策的内容都主要是经济政策，实施工具也是经济合作、贸易安排、发展援助等经济手段。海湾战争后欧盟对地中海地区经济政策的政治化趋势显著增强。人权、自由、民主、反对极端主义等成为欧盟经济政策的重要目标。欧盟也利用经济政策积极推动地中海国家的政治改革。

对阿以冲突共同立场是欧共体/欧盟对地中海地区政策的核心内容，也是其对外政策在高级政治领域的体现。但这种共同立场主要通过宣言、声明等形式表现出来，缺乏实际执行能力。虽然欧共体试图在阿以冲突问题上发挥更大的作用，但欧共体对外政策安排的制度缺陷及美国的排斥使其无法实现这个愿望。欧共体既没有能力也没有影响力使冲突各方坐在一起进行谈判。政府间主义性质的欧洲政治合作机制结构松散，没有行动能力，与超国家主义性质的欧共体之间也缺乏有效的沟通渠道。中东局势的动荡使欧共体成员国的分歧增大，法国、英国等开始积极实施本国的中东政策。东西方冷战的两极格局限制着欧共体在对外政策方面发挥独立作用，美国也排斥欧共体插手中东事务。新一轮冷战爆发后，欧共体不得不围绕北约调整与美国的关系。随着欧共体以《威尼斯宣言》为基础的共同行动的失败，在整个20世纪80年代，欧共体对阿以冲突的共同立场事实上已经不再起作用。冷战后，欧盟以《威尼斯宣言》为政策基础，参与中东和平进程，但这种参与只能通过对巴勒斯坦的经济援助进行。

经济手段不是欧盟对地中海政策的万能工具。欧盟对地中海地区政策主要由三部分组成：对阿以冲突的共同立场和有关中东和平进程的政策；对地中海政策；对海湾国家的政策。由于各个国家社会经济发展不平衡，针对不同国家，欧盟政策的具体内容和侧重点也不尽相同，具有明显的区别。位于地中海地区的阿拉伯国家在经济上较为落后，与欧盟经济发展水平差距很大。对这个地区，欧盟政策的主要目标就是要通过促进地中海地区的社会和经济发展，缩小其与自己的差距，从而达到从根本上保证欧盟南部地区安全的目标。在这个地区，欧盟的主要政策手段就是进行经济合作，欧盟为这些国家提供不对等的贸易开放政策，向地中海国家开放市场；提供发展援助，促进该地区国家的经济转轨和政治改革。

对于海合会产油国，欧盟政策的首要目标就是保障石油的安全稳定供应，其次是开拓海湾国家广阔的市场。欧盟实现这些目标的政策手段主要是谈判建立自由贸易区和支持海合会国家的政治改革。与对地中海国家的政策相比，在欧盟与海合会国家的贸易安排中只适用了针对所有发展中国家的普惠制，没有针对海湾国家的专门政策，也不包含任何关税优惠政策。发展援助在对海合会国家政策中也不占重要地位。产生这种政策区别的主要原因就是海合会国家的富裕程度远远超出地中海国家，欧盟以贸易优惠、发展援助为特点的对外政策失去了应有的效果。

欧盟多次试图在地中海地区发挥独立于美国的政治作用，但都没有成功。欧盟被排斥在中东和平进程核心的政治问题之外，在海湾危机和海湾战争中，也没有发挥应有的政治作用。海湾危机爆发初期，欧共体成员国较为成功地进行了两次合作：对伊拉克实施经济制裁、为受危机影响的国家提供经济援助。然而这两次合作也充满波折。为实施经济制裁中的禁运措施，需要对红海和波斯湾开展军事封锁行动，但欧洲政治合作机制不涉及军事问题。最后在法国的推动下，通过西欧联盟的参与和协调才实施了封锁行动。在援助问题上也碰到了困难，由于欧洲政治合作机制没有应对此类危机的预算，成员国又不情愿支付资金，各国几经周折后才就援助问题达成一致。缺乏相应的预算一直是欧盟共同外交政策面临的问题，直到《阿姆斯特丹条约》才得到解决。①

在随后的事态发展中，国家利益的差异导致成员国之间的分歧日益扩大。首先是在人质事件中，法英德三国为解救本国人质单独行动，打破了欧共体成员国之间的有效合作。在解决海湾危机过程中，主张和平解决危机的法国又违反欧洲政治合作机制的规定，在没有与其他成员国协商的情况下，单独提出和平计划，受到英国及荷兰的指责。虽然法国后来也加入了美国领导的海湾战争，但在战后的武器核查危机、解除对伊拉克制裁、伊拉克重建等问题上，与美国的政策都不一致，与采取支持、追随美国政策的英国分歧增大。

海湾危机及海湾战争期间，国家利益分歧严重削弱了欧共体采取共同立场的能力，成员国外交政策占据了绝对主导地位，导致欧共体无法在伊拉克问题上发挥作用。海湾战争中，成员国的自行其是充分暴露了欧洲政治合作机制的局限性。为了有效地维护自身利益并在国际事务中有所作为，欧共体决定加强在政治和防务安全领域的联合，实行共同外交与安全政策，并将共同外交与安全政策正式列入1993年

---

① 《阿姆斯特丹条约》J条做出了相应规定。参见欧共体官方出版局编《欧洲联盟法典》（第二卷），苏明忠译，国际文化出版公司2005年版，第219页。

生效的《欧洲联盟条约》，成为统一对外政策进程中的一个重要里程碑。然而，共同外交与安全政策仍然无法克服成员国国家利益的差异。在2003年的伊拉克战争中，以英国为首的主战派国家支持美国对伊动武，而以法德为首的反战派国家则坚决反对，欧盟成员国彻底分裂。

三 "能力—期望值差距"产生的原因

无论欧盟本身还是外部世界，都期望欧盟能够成为地中海地区除美国以外的另一种外交选择，但其政策始终无法摆脱"经济政策强大、政治政策无力"的局限，这与欧盟"经济强大、政治软弱、军事无能"的实力特点相一致，与各方对它的期望存在巨大差距。欧盟对外政策制度安排的二元体系、成员国国家利益的差异及其与欧盟整体利益的矛盾、冷战时期美苏争霸的两极格局及冷战后美国在国际政治中的独霸地位都制约着欧盟地中海政策，是欧盟在这个问题上产生"能力—期望值差距"的主要原因。欧盟要取得地中海政策的成功，离不开政治一体化的发展，离不开独立防务能力的发展。

欧盟对外政策制度安排的二元体系表现为对外经济政策与对外政治和安全政策的条块分割。欧盟的支柱型结构决定了对外经济政策属于共同体职权范围，对外政治和安全政策则属于与共同体支柱并列的共同外交与安全政策支柱。这两个支柱性质不同，代表着对于欧盟发展方向的两种不同势力和观点，即政府间主义与超国家主义之间的斗争。政府间主义主张建立民族国家联合体，反对建立凌驾于民族国家主权之上的权力机构，超国家主义则主张在民族国家之上建立欧洲联邦政府。双方斗争的实质是民族国家主权让渡问题，也是欧盟对外政策制度安排二元体系产生的根源。负责对外经济政策的共同体支柱体现着超国家主义的力量。由于外交和安全问题在国家主权中的重要地位，无论是共同外交与安全政策还是其前身欧洲政治合作机制，一直都是政府间主义占据着主导地位。在决策机制上就体现为政府间主义机构欧洲理事会和欧盟理事会主导着欧洲政治合作机制及共同外交与安全政策的决策过程，特别是欧盟理事会在决策过程中处于中心地位，而超国家机构欧盟委员会、欧洲议会仅发挥次要作用。

制度安排的二元体系成为欧盟对外政策发展的障碍。第一，这种制度将欧盟对外政策各个领域条块分割，尤其是共同外交与安全政策的计划、决定和实施的各个不同阶段由不同机构掌握，经常出现政策协调问题，并围绕职权行驶范围产生分歧。第二，政府间主义占主导地位的共同外交与安全政策决策机制效率低下。全体一致同意的表决方式为每个成员国在零和博弈中维护本国利益创造了条件，造成决策过程缓慢、冲突迭起，最终的结果也只能是各成员国共同利益的最小公分母。虽然引入了特定多数表决制度，但众多附加条件限制了其实际运用。政府间主义的这些特征妨碍了共同外交与安全政策做出迅速、有效的集体决策。第三，由于轮值主席国在政府间主义决策过程中发挥着关键性作用，使欧盟对外政策的实施在一定程度上取决于轮值主席国的实力、外交资源和能力、国内政治等不确定性因素，影响了欧盟对外政策的连续性和可信度。第四，由于制度安排的复杂性、决策机制中谈判博弈的艰难，使第三方很难评估欧盟政策的形成背景，更难以判断其政策的走向及最终实施前景，从而使欧盟对外政策充满不确定性。

维护和增进国家利益是国际关系中国家对外政策行为的基本动因，也是欧盟内部政府间主义与超国家主义斗争的根本原因。在欧共体/欧盟制定实施地中海政策的过程中，成员国都极力维护本国利益，使成员国共同利益之外的特殊国家利益成为欧盟对地中海政策形成和发展的制约因素。在不同国家利益就地中海政策进行磋商、协调和讨价还价的过程中，成员国尤其是大国都竞相争夺欧盟对外政策的主导权，以使共同政策最大限度地满足本国利益。在欧共体/欧盟对阿以冲突共同立场形成过程中，欧盟中的大国法国、联邦德国和英国分别代表着体现不同国家利益的三种立场。虽然各成员国立场差距巨大，但石油危机使成员国的国家利益与欧共体的共同利益高度吻合。最终在法国的推动下，欧共体形成了体现法国政策特点的对地中海政策。

冷战后欧盟成员国的国家利益在对地中海政策方面出现了新的差异。南欧国家法国、意大利、西班牙和葡萄牙与地中海国家毗邻，更容易受到地中海南岸社会经济问题的影响，因此积极推动欧盟地中海政策的形成与发展。而德国的地缘政治利益却在中东欧地区。双方围绕欧盟对外政策的优先目标进行了持久的斗争，但东扩成功使欧盟对外政策优先目标向中东欧国家转移的趋势不可逆转。在欧洲睦邻政策这一新的合作框架中，作为非入盟候选国的地中海南岸国家处于被边缘化的境地。

欧共体/欧盟对地中海政策受到国际格局的影响和制约。以冷战的结束为标志，国际格局对欧共体/欧盟地中海政策的制约可以分为前后两大阶段。冷战时期，由东西方对抗、愈演愈烈的阿以冲突等因素造成的地区问题不断威胁着欧共体在地中海地区的利益。但第二次世界大战后西欧国家在地中海地区的传统势力逐渐丧失，并最终被美苏两个超级大国所取代。在冷战的国际背景下，欧共体及其成员国的利益不得不依赖盟友美国的保护。

然而，美国的政策并不是总能全面照顾到欧共体的利益。20 世纪 70 年代爆发的石油危机使欧洲意识到自己处于双重依赖的尴尬境地。[①] 不仅主要能源严重依赖地中海地区供应，而且在安全和外交问题上需要依靠美国的保护。可此时的美国却由于越南战争的影响而出现霸权衰落的迹象。为此，欧共体的成员国开始寻求不同于美国的、独立的对地中海政策，以确保自身利益不受地区局势及美国政策的影响。对阿以冲突问题的共同立场就是欧共体寻求独立对外政策的突出表现。

欧共体的对外政策不可避免地受到当时以东西方对抗为特征的国际格局的制约。当冷战处于缓和时期，欧共体采取独立政策的空间就相对较大，而当美苏争夺激烈时期，欧共体的独立政策就受到压制。20 世纪 70 年代冷战缓和时期的到来为欧共体地中海政策的发展提供了一定的外交空间，石油危机也刺激了欧共体共同立场的发展。在随后几年，欧共体在阿以冲突中采取支持阿拉伯方面的立场，以 1980 年的《威尼斯宣言》为标志，达到对阿以冲突共同立场发展的顶点。但受 80 年代新一轮冷战开始的影响，欧共体试图实施《威尼斯宣言》

[①] Panayiotis Ifestos, *European Political Cooperation: Towards a Framework of Supranational Diplomacy?* p. 379.

的努力没有成功。

冷战结束后，美国加大对中东的控制力度，确立在中东地区事务中的主导地位，排斥任何其他势力染指中东。对于盟友欧盟，美国只有当它与自己立场一致、需要其出钱出力时才允许它作为"伙伴"辅助实施本国政策。欧盟在中东和平进程中的作用充分说明了这一点。美国排斥欧盟参与中东和平进程政治问题的谈判，只是在将其作为和平进程的"付账者"，为巴勒斯坦提供大量援助。此外，缺乏独立防务是欧盟依赖美国的重要原因，为防止欧盟的竞争，美国限制欧盟发展独立防务，并利用欧盟内部大西洋主义与欧洲主义之间的分歧分化瓦解欧盟的共同外交立场，从而使欧盟不得不依赖美国。最后，两极格局的解体也使美国成为唯一有能力主导中东局势的大国，由于丧失了在美国和苏联之间寻找第三种选择的外交回旋余地，阿拉伯国家也都把美国作为解决地区问题的首要选择对象。

欧盟对地中海政策目标的实现程度，取决于欧洲的政治一体化发展程度，欧盟是否能够建立独立防务能力，是否能够最大限度地缩小"能力—期望值差距"。然而在主权国家占主导地位的当代世界，在美国独霸中东的国际格局中，这不是一个容易实现的目标。

主要参考文献

英文文献

(一) 档案

Council of the European Union, *Presidency Conclusions for the Euro - Mediterranean Meeting of Ministers of Foreign Affairs*, 14869/04, Hague, 29 - 30 November 2004.

Dumont, Jean - Christophe, *Immigrants from Arab Countries to the OECD: From the Past to the Future*, UN/POP/EGM/2006/11, 11 May 2006.

Euro - Mediterranean Conference, *Barcelona Declaration adopted at the Euro - Mediterranean Conference, 27 and 28 November 1995*, The Council of the European Union, 1995.

Euro - Mediterranean Conference of Ministers of Foreign Affairs, *Conclusion for the VIIth Euro - Mediterranean Conference of Ministers of Foreign Affairs*, Luxembourg, 30 - 31 May 2005.

"Euro - Mediterranean Interim Association Agreement on trade and cooperation between the EC and the PLO", *Official Journal*, L187, 16/07/1997 P. 0003 - 0135. CELEX code: 297A0716 (01).

EuropeanCommission Green Paper on energy: *Towards a European strategy for the security of energy supply*, COM (2000) 769 final, 29 November 2000.

European Commission, *Strengthening the Mediterranean Policy of the*

European Union: *Establishing a Euro – Mediterranean Partnership*, Communication from the Commission to the Council and the European Parliament, COM (94) 427 final, 19 October, 1994.

EuropeanCommunities, *Euro – Med Trade Facts*, 10 March 2006.

European Council, *Common Strategy of the European Council of 19 June 2000 on the Mediterranean region*, 2000/458/CFSP, *Official Journal of the European Communities*, L183/5, 22/7/2000.

European Council, "Council report for the European Council in Essen: concerning the future Mediterranean Policy", *European Council Meeting on 9 and 10 December 1994 in Essen Presidency Conclusions*, 1994.

European Council, *On an EU Strategic Partnership with the Mediterranean and the Middle East*, Final Report, approved by the European Council, June 2004.

European Monitoring Centre on Racism and Xenophobia, *Muslim in the European Union: Discrimination and Islamophobia*, EUMC 2006.

Europe Information, *The European Community and the Arab World*, EC Commission, 1982.

EU, *The EU, the Mediterranean and the Middle East – A longstanding partnership*, MEMO/04/294, Brussels, 10 December 2004.

Fourth Euro – Mediterranean Conference of Foreign Ministers, *Presidency's Formal Conclusion*, 15 and 16 November 2000.

Hill, Christopher and Karen E. Smith, eds., *European Foreign Policy: Key Documents*, London and New York: Routledge, 2000.

Laqueur, Walter ed., *The Israel – Arab Reader: A Documentary History of the Middle East Conflict*, New York: Penguin Books, 1970.

Lukacs, Yehuda, ed., *The Israeli – Palestinian Conflict: A documentary Record 1967 – 1990*, Cambridge: Cambridge University Press, 1992.

Martin – Diaz, Alicia, *Middle East Peace Process and the European Union*, Luxembourg, European Parliament, 1999.

The Pew Global Attitudes Project, *Muslim in Europe: Economic Worries*

Top Concerns about Religious and Cultural Identity, 6 July 2006.

Third Euro – Mediterranean Ministerial conference, *Chairman's Formal Conclusions*, Stuttgart, April 1999.

（二）研究报告

European Communities, *External and intra – European Union trade: Statistical yearbook, Data* 1958 – 2005, Luxembourg: Office for Official Publications of the European Communities, 2006.

Grimmett, Richard F., U. S. CRS Report for Congress, Conventional Arms Transfers to Developing Nations, Order Code RL34187, 1999 – 2006, 2007.

http: //www. fas. org/sgp/crs/weapons/RL34187. pdf.

Quefelec, Stéphane, "EU – 15 and the 12 Mediterranean partner: solid trade links", *Statistics in focus: External Trade*, Theme 6 – 7/2001, Eurostat, 2001.

Quefelec, Stéphane, "The Mashrek countries and the European Union", *Statistics in focus: External Trade*, Theme 6 – 1/2003, Eurostat, 2003.

Salt, John, *Migration and population change in Europe*, United Nations, 1993.

Sébastien, Dessus, Julia Devlin and Raed Safadi, eds., *Towards Arab and Euro – Med regional integration*, The World Bank, 2001.

The International Institute for Strategic Studies, *The Military Balance*, 2000 – 2001, Oxford: Oxford University Studies, 2000.

U. S. Arms Control and Disarmament Agency, *World Military Expenditures and Arms Transfers* 1965 – 1974.

U. S. Arms Control and Disarmament Agency, *World Military Expenditures and Arms Transfers* 1968 – 1977.

U. S. Arms Control and Disarmament Agency, *World Military Expenditures and Arms Transfers* 1996.

（三）著作

Alagha, Malath, *Palestine in EU and Russian Foreign Policy: State-*

hood and the Peace Process, London and New York: Routledge, 2016.

Alexander, Yonah ed. , Middle East terrorism: current threats and future prospects, Boston: G. K. Hall, 1994.

Aliboni, Roberto, George Joffé, Tim Niblock, eds. , Security Challenges in the Mediterranean Region, London: Frank Cass, 1996.

Allen, David, Alfred Pijpers, eds. , European foreign policy – making and the Arab – Israeli conflict, Leiden: Martinus Nijhoff Publishers, 1984.

Allievi, Stefano and Jørgen Nielsen, Muslim networks and transnational communities in and across Europe, Leiden: Brill, 2003.

Al – Mani', Saleh A. , Euro – Arab Dialogue: A Study in Associative Diplomacy, London: Frances Pinter Publishers, 1983.

Antonius, George, The Arab Awakening: the Story of the Arab National Movement, Philadelphia: J. B. Lippincott Company, 1939.

Bawer, Bruce, While Europe slept: how radical Islam is destroying the West from within, New York: Anchor Books, 2006.

Beck, Martin, Dietrich Jung, Peter Seeberg eds. , The Levant in Turmoil: Syria, Palestine, and the Transformation of Middle Eastern Politics, New York: Palgrave Macmillan, 2016.

Behr, Timo and Teija Tiilikainen, Northern Europe and the Making of the EU's Mediterranean and Middle East Policies: Normative Leaders or Passive Bystanders? London and New York: Routledge, 2016.

Behrendt, Sven, Christian – Peter Hanelt, eds. , Bound to cooperate: Europe and the Middle East, Gütersloh: Verlag Bertelsmann Stiftung, 2000.

Brauch, H. G. A. , Marquina & A. Biad, eds. , Euro – Mediterranean Partnership for the 21st Century, London: the Macmillan Press Ltd. , 2000.

Bretherton, Charlotte and John Vogler, The European Union as a global actor, London and New York: Routledge, 1999.

Chubin, Shahram ed. , Germany and the Middle East: Patterns and Prospects, London: Pinter Publishers, 1992.

Crosbie, Sylvia K. , A tacit alliance: France and Israel from Suez to the

Six – Day War, Princeton: Princeton University Press, 1974.

Daalder, Ivo, Nicole Gnesotto, Philip Gordon, eds., *Crescent of crisis: U. S. – European strategy for the greater Middle East*, Washington, D. C.: Brookings Institution Press, 2006.

Dessus, Sébastien, Julia Devlin and Raed Safadi, eds., *Towards Arab and Euro – Med regional integration*, Washington, D. C.: The World Bank, 2001.

Dosenrode, Søren and Anders Stubkjær, *The European Union and the Middle East*, London: Sheffield Academic Press, 2002.

Feldman, Lily Gardner, *The special relationship between West Germany and Israel*, London: George Allen & Unwin, 1984.

Fieldhouse, D. K., *Western Imperialism in the Middle East* 1914 – 1958, New York: Oxford University Press, 2006.

Gordon, Philip H., *The transatlantic allies and the changing Middle East*, Oxford: Oxford University Press, 1998.

Gower, Jackie ed., *The European Union Handbook*, second edition, London: Fitzroy Dearborn Publishers, 2002.

Greilsammer, Ilan and Joseph Weiler, *Europe's Middle East dilemma: the quest for a unified stance*, Boulder: Westview Press, 1987.

Hopwood, Derek ed., *Euro – Arab dialogue: the relations between the two cultures: acts of the Hamburg symposium, April 11th to 15th, 1983*, London: Croom Helm, 1985.

Hourani, Albert, *Europe and the Middle East*, London: the Macmillan Press Ltd., 1980.

Ifestos, Panayiotis, *European Political Cooperation: Towards a Framework of Supranational Diplomacy?* Brookfield: Gower Publishing Company, 1987.

Ilgen, Thomas L. and T. J. Pempel, *Trading technology: Europe and Japan in the Middle East*, New York: Praeger Publishers Inc, 1987.

Jamal, Amal, *The Palestinian National Movement: Politics of Conten-*

tion, 1967 - 2005, Bloomington and Indianapolis: Indiana University Press, 2005.

Jerichow, Anders and J. B. Simonsen, eds. , *Islam in a changing world: Europe and the Middle East*, London: Curzon Press, 1997.

Kohl, Wilfrid L. , *After the second oil crisis: energy policies in Europe, America, and Japan*, Lexington: Heath and Company, 1982.

Lubell, Harold, *Middle East oil crises and Western Europe's energy supplies*, Baltimore: Johns Hopkins University Press, 1963.

Masalha, Nur, *Palestine: A Four Thousand Year History*, London: Zed Books, 2018.

Mathioulakis, Michalis, *Aspects of the Energy Union: Application and Effects of European Energy Policies in SE Europe and Eastern Mediterranean (Energy, Climate and the Environment)*, London: Palgrave Macmillan, 2021.

Mikdashi, Zuhayr, *Arab - European business cooperation: partners in development through resources and technology*, Montreux: Kluwer, 1978.

Müller, Patrick, *EU Foreign Policymaking and the Middle East Conflict: The Europeanization of National Foreign Policy*, London and New York: Routledge, 2012.

Myhill, John, *Language, religion and national identity in Europe and the Middle East: a historical study*, Amsterdam and Philadelphia: J. Benjamins Pub. , 2006.

Nuttall, Simon J. , *European Foreign Policy*, Oxford: Oxford University Press, 2000.

Nuttall, Simon J. , *European Political Co - operation*, Oxford: Oxford University Press, 1992.

Phares, Walid, *Lebanese Christian Nationalism: the Rise and Fall of an Ethnic Resistance*, London: Lynne Rienner Publishers, 1995.

Ramazani, Rouhollah K. , *The Middle East and the European Common Market*, Virginia: The University of Virginia Press, 1964.

Roberson, B. A. ed. , *The Middle East and Europe: the power deficit*, London and New York: Roultledge, 1998.

Sachar, Howard M. , *Israel and Europe: an appraisal in history*, New York: Alfred A. Knopf, Inc. , 1998.

Spiegel, Steven L. ed. , *The Middle East and the Western Alliance*, London: George Allen & Unwin, 1982.

Stavridis, Stelios, Theodore Couloumbis, Thanos Veremis and Neville Waites, eds. , *The Foreign Policies of the European Union's Mediterranean States and Applicant Countries in the 1990s*, London: the Macmillan Press Ltd. , 1999.

Teti, Andrea, Pamela Abbott, Valeria Talbot, Paolo Maggiolini, *Democratisation against Democracy: How EU Foreign Policy Fails the Middle East*, New York: Palgrave Macmillan, 2020.

Völker, Edmond ed. , *Euro – Arab cooperation*, Leiden: Sijthoff, 1976.

Ye'or, Bat, *Eurabia: the Euro – Arab axis*, Lanham: Fairleigh Dickinson University Press, 2005.

Yorke, Valerie and Louis Turner, *European Interests and Gulf Oil*, Brookfield: Gower Publishing Company, 1986.

Youngs, Richard, *Europe and the Middle East: in the Shadow of September 11*, Boulder and London: Lynne Rienner Publishers, 2006.

Youngs, Richard, *Twenty Years of Euro – Mediterranean Relations*, London and New York: Routledge, 2015.

Zamir, Meir, *The Formation of Modern Lebanon*, Ithaca and London: Cornell University Press, 1985.

Ziadeh, Adeeb, *EU Foreign Policy and Hamas: Inconsistencies and Paradoxes*, London and New York: Routledge, 2017.

Zielonka, Jan, *Explaining Euro – paralysis: why Europe is unable to act in international politics*, London: the Macmillan Press Ltd. , 1998.

Zielonka, Jan, *Explaining Euro – Paralysis: Why Europe is Unable to Act in International Politics*, London: Macmillan Press, 1998.

（四）主要英文期刊

Foreign Policy

International Affairs

Journal of Common Market Studies

Middle East Economic Digest

The Middle East Journal

（五）主要网站：

European Commission, European Neighbourhood Policy, http：//ec. europa. eu/world/enp/documents_en. htm#4

European Commission, European Union in the World, External Relations, http：//ec. europa. eu/external_relations

European Monitoring Centre on Racism and Xenophobia, http：//fra. europa. eu/fra/index. php

European Union, EU and the world, External Trade, http：//www. ec. europa. eu/trade/index_en. htm

European Union, http：//europa. eu/index_en. htm

The Pew Global Attitudes Project, http：//pewglobal. org

U. S. Energy Information Administration, http：//www. eia. doe. gov

中文文献

（一）档案

戴炳然译：《欧洲共同体条约集》，复旦大学出版社1993年版。

欧共体官方出版局：《欧洲联盟法典》（第二卷），苏明忠译，国际文化出版公司2005年版。

尹崇敬主编：《中东问题100年》，新华出版社1999年版。

（二）回忆录

［美］亨利·基辛格：《动乱年代——基辛格回忆录》（第三册），张志明译，世界知识出版社1983年版。

（三）工具书

［德］维尔纳·魏登费尔德、沃尔夫冈·韦塞尔斯主编：《欧洲联

盟与欧洲一体化手册》，中国轻工业出版社 2001 年版。

［瑞典］瑞典斯德哥尔摩国际和平研究所编：《SIPRI 年鉴 2005：军备、裁军和国际安全》，中国军控与裁军协会译，时事出版社 2006 年版。

赵国忠主编：《简明西亚北非百科全书》，中国社会科学出版社 2000 年版。

（四）著作

1. 外文著作中译本

［巴勒斯坦］亨利·卡坦：《巴勒斯坦，阿拉伯人和以色列》，西北大学伊斯兰教研究所译，北京人民出版社 1975 年版。

［古希腊］希罗多德：《历史》，王以铸译，商务印书馆 2019 年版。

［美］菲利浦·希提：《阿拉伯通史》（第十版），马坚译，新世界出版社 2015 年版。

［美］罗伯特·卡根著：《天堂与实力》，肖蓉、魏红霞译，新华出版社 2004 年版。

［美］威廉·匡特：《中东和平进程：1967 年以来的美国外交和阿以冲突》，饶淑莹等译，华东师范大学出版社 2009 年版。

［美］詹姆斯·多尔蒂、小罗伯特·普法尔茨格拉夫著：《争论中的国际关系理论（第 5 版）》，阎学通、陈寒溪等译，世界知识出版社 2003 年版。

［美］兹比格纽·布热津斯基著：《大棋局：美国的首要地位及其地缘战略》，中国国际问题研究所译，上海人民出版社 2007 年版。

［英］杰弗里·帕克著：《二十世纪的西方地理政治思想》，李亦鸣等译，解放军出版社 1992 年版。

［英］乔治·柯克：《1945—1950 年的中东》，复旦大学历史系世界史教研组译，上海译文出版社 1980 年版。

2. 中文著作

安维华、钱雪梅：《海湾石油新论》，社会科学文献出版社 2000 年版。

毕健康：《埃及现代化与政治稳定》，社会科学文献出版社 2005 年版。

陈劲：《欧盟外交政策与对外关系》，台北五南图书出版股份有限公司 2002 年版。

陈乐民：《战后西欧国际关系 1945—1984》，中国社会科学出版社 1987 年版。

陈玉刚：《国家与超国家：欧洲一体化理论比较研究》，上海人民出版社 2001 年版。

陈志敏、古斯塔夫·盖拉茨：《欧洲联盟对外政策一体化：不可能的使命？》，时事出版社 2003 年版。

季国兴、陈和丰等：《第二次世界大战后中东战争史》，中国社会科学出版社 1987 年版。

李世安、刘丽云等：《欧洲一体化史》，河北人民出版社 2003 年版。

林甦、张茂明、罗天虹主编：《欧盟共同外交和安全政策与中国——欧盟关系》，法律出版社 2002 年版。

刘文秀、埃米尔·J. 科什纳：《欧洲联盟政策及政策过程研究》，法律出版社 2003 年版。

钮松：《欧盟的中东民主治理研究》，时事出版社 2011 年版。

潘琪昌主编：《欧洲国际关系》，经济科学出版社 2000 年版。

彭树智主编：《阿拉伯国家史》，高等教育出版社 2002 年版。

彭树智主编：《二十世纪中东史》，高等教育出版社 2001 年版。

汪波：《欧盟中东政策研究》，时事出版社 2010 年版。

王京烈主编：《动荡中东多视角分析》，世界知识出版社 1996 年版。

吴云贵、周燮藩：《近现代伊斯兰教思潮与运动》，社会科学文献出版社 2000 年版。

伍慧萍：《移民与融入：伊斯兰移民的融入与欧洲的文化边界》，上海人民出版社 2015 年版。

伍贻康等：《欧洲经济共同体》，人民出版社 1983 年版。

伍贻康主编：《欧洲共同体与第三世界的经济关系》，经济科学出版社1989年版。

忻华：《欧洲智库对欧盟中东政策的影响机制研究》，社会科学文献出版社2017年版。

徐建国：《军火贸易：国际关系中的特殊战争》，云南人民出版社2000年版。

徐向群、宫少朋主编：《中东和谈史1913—1995年》，中国社会科学出版社1998年版。

杨灏城、江淳：《纳赛尔和萨达特时代的埃及》，商务印书馆1997年版。

杨灏城、朱克柔主编：《当代中东热点问题的历史探索》，人民出版社2000年版。

姚勤华：《欧洲联盟集体身份的建构》，上海社会科学院出版社2003年版。

叶江：《解读美欧：欧洲一体化进程中的美欧关系》，上海三联书店1999年版。

尹斌：《软实力外交：欧盟的中东政策》，光明日报出版社2010年版。

余国庆：《欧盟与中东关系》，社会科学文献出版社2018年版。

张季良主编：《国际关系学概论》，世界知识出版社1989年版。

张茂明：《欧洲联盟国际行为能力研究》，当代世界出版社2003年版。

张锡昌、周剑卿：《战后法国外交史（1944—1992）》，世界知识出版社1993年版。

朱淦银：《欧盟安全战略发展研究》，军事译文出版社2009年版。

朱明权：《欧盟共同外交和安全政策与欧美协调》，文汇出版社2002年版。

（五）主要期刊

《阿拉伯世界研究》

《欧洲研究》

《世界经济与政治》
《世界历史》
《西亚非洲》
《现代国际关系》

索　引

"十字军"　24

A

《阿姆斯特丹条约》　7，53，149 – 151，153，154，180
《奥斯陆协议》　81，108，109，115，168
《巴塞罗那宣言》　8，12，83，84，165
《贝尔福宣言》　29，30，160，169
《戴维营协议》　50，52，61，63，65 – 67，69，161
《单一欧洲法令》　6，80，147，150
《侯赛因—麦克马洪通信》　26，35
《怀伊协议》　168
《居姆尼希妥协》　50
《临时自治安排原则宣言》　81
《罗马条约》　2，3，43，147
《马斯特里赫特条约》　1，7，72，148，149，151，152，174

《尼斯条约》　7，151 – 153
《欧洲联盟条约》　3，6，7，72，181
《赛克斯—皮科协定》　26，27
《舒曼文件》　56，57，59
阿巴斯　117 – 119
阿尔及利亚　8，9，25，27，41，42，45，58，81，83，85 – 88，90，126，127，130，132，133，137，140 – 143，156，162，165，175，176
阿拉伯大起义　26，35
阿拉伯国家联盟　9，51
阿拉伯马格里布联盟　9，79，83
阿拉伯世界　9，12，15，17，18，24，30，40，42，47 – 51，53，55，58，59，62，70，79，104，106，111，114，116，120，123，126，131，156，157，160，166，168，171，172，175

阿拉法特　68，71，115 - 118，
　　120，157，161
阿联酋　54，58，103，126，
　　127，131 - 133，136 - 138，
　　142，176
阿曼　9，10，27，54，94，102，
　　104，127，137，138，142，169
阿以冲突　15，16，18，21，22，
　　27，28，40，44，52，54 - 61，
　　64 - 69，75，79，106，109，
　　116，120，121，135，139，
　　155，157，159 - 161，167，
　　169，170，172，177 - 179，
　　182，183
埃及　8 - 10，24 - 29，33，40 -
　　42，44，45，47，50，52，62，
　　63，66 - 70，73，79，82，83，
　　85 - 87，90，108，109，111，
　　123，125，127，131，133，
　　134，137 - 140，142，143，
　　156，159，160，165，168，
　　169，176
艾森豪威尔主义　42，125，166
爱尔兰　1，48，64，142，143，
　　155，159，160，171
爱沙尼亚　1，164
奥地利　1，35，142，143，161
奥斯曼帝国　24，26 - 30，34，
　　35，123

B

巴勒斯坦　8 - 10，13，19，26 -
　　36，47，51，52，59 - 68，70，
　　71，79，81 - 83，85，86，91，
　　92，107，109 - 121，124，133，
　　139，141，142，157，160，
　　161，165，169，170，179，184
巴勒斯坦解放组织　9，51，64，
　　67，111
巴林　9，10，27，54，103，
　　104，137，142，169
巴塞罗那进程　12，13，20，22，
　　44，46，53，84，87 - 91，113，
　　154，161，162，164，177
百天改革　117，118
保加利亚　2，173
比利时　1 - 3，7，11，43，44，
　　48，51，56，74，129，142，
　　143，147，149，150，152，
　　155，159 - 161，171，176
冰岛　2，142
波斯湾　27，74，124，125，180

C

财政　24，45，81 - 83，85，86，
　　90，92，109 - 111，113，
　　117，118

索　引 / 199

产油国　47，48，59，124，127，130，135，157，171，176，179

超国家主义　50，146－148，150，155，179，181，182

D

大学　6，12，13，30，32，36，80，88，96，108，110，116

戴高乐　123，156，166，172

丹麦　1，48，58，70，78，128，142，143，147，155，158，159，164，171

德国　1，12，13，15，24－26，43，48，56，66，70，72，75，76，78，106－108，119－121，128－130，132－138，142，143，147，155，156，158，159，161－164，166，168，171－173，176，182，183

地中海　8，9，12－28，34，40，43－46，49，51，53，55，57，61，72，78－93，97，100，106，113，114，122－126，131，133，138－147，154－158，161－168，172，175－184

第二次世界大战　23，25，27，30，31，36，38，39，41，42，103，125，127，134，139，141，144，156，158，159，166，167，173，176，183

第二次中东战争　23

第三次中东战争　56，139，157，160

第四次中东战争　47，61，136，155，157

第一次中东战争　32，34，40

东扩　2，10，91，92，129，163，164，183

都柏林规则　51

独立防务　104，173，174，181，184

杜鲁门主义　125，166

对外政策　2－4，6，7，11－15，17－22，43，44，46，50，51，55－58，65，68，72，80，99－102，107，114，122，125，145－147，149，150，152，154，155，160－165，167，172，173，175，178，179，181－183

E

俄罗斯　19，78，93，111，114，117，127，129，162，164，165

F

法国　1，8，15，24－27，33－

44，47－50，52，56－59，69－71，74－78，81，88，92，106－108，114，115，119－121，123，124，129，130，132－138，141－143，147，155－157，160－162，164，166，168，169，171－173，176，179，180，182

非斯宣言　71

芬兰　1，142，143

封锁　35，72，74，168，180

腐败　84，85，117，118，139，178

付账者　107，184

G

高等教育　11

共同外交与安全政策　1－4，6，7，11，12，72，73，78，87，101，147－154，162，164，172，180－182

关税　10，45，46，50，86，92，95，96，98，103，179

国际货币基金组织　112

国家利益　21，22，39，100，101，119，121，122，146，153－155，157，158，160，161，164，180－182

国家主权　146－148，155，181

H

哈马斯　19，111，119

海合会　10，44，54，55，93－105，130，132，138，178，179

海湾危机　6，16，22，71－76，78，80，81，168，174，180

海湾战争　12，16，71－73，75－79，81，95，104，106，107，140，145，162，168，169，180

荷兰　1，43，47，48，52，56，68－70，74，76，106，128，129，142，143，147，155，158，159，161，164，171，180

环地中海政策　8，9，21，44－46，51，55，79，82，123，167，177

J

捷克　1，4，32，40，106，121，135，142，164

禁飞区　77，78，169

九一一事件　12，17，24，87，93，96，97，104，106，116，142－144，172，177

就业　80，83，92，144，145，178

K

卡塔尔 9, 10, 27, 54, 126, 127, 131, 132, 137, 142, 169

L

拉脱维亚 1, 164

冷战 2, 11, 12, 22, 40, 64, 69, 71, 80, 96, 103, 104, 125, 135, 141, 146, 163, 165 – 168, 170, 172 – 174, 179, 181, 183, 184

黎巴嫩 8 – 10, 26 – 29, 34 – 39, 44, 45, 52, 64, 68 – 70, 82, 83, 85, 86, 88, 92, 107, 113, 114, 120, 123, 124, 133, 134, 136, 137, 139 – 143, 157, 161, 165, 168, 176

里根 69, 71, 167

立陶宛 2, 164

利比亚 8, 9, 25 – 27, 44, 46, 48, 81, 83, 84, 87, 123, 125 – 127, 130, 132, 133, 135 – 137, 142, 143, 158, 165, 169, 175, 176

联邦德国 1, 43, 48, 56, 66, 70, 120, 130, 134 – 137, 155, 156, 158, 159, 161, 171, 182

联合国 32 – 34, 41, 47, 48, 56 – 59, 63, 64, 66, 69, 70, 73 – 78, 81, 83, 84, 87, 91, 98, 107, 110 – 112, 116, 117, 120, 121, 123, 142, 160, 161, 168 – 170

联合国近东巴勒斯坦难民救济和工程处 110

两国方案 30, 120

卢森堡 1, 4, 43, 48, 52, 54, 56, 65, 68, 69, 75, 94, 142, 143, 147, 155, 171

轮值主席国 5, 52, 68, 74, 84, 88, 101, 102, 115, 149, 153, 154, 164, 172, 182

罗马尼亚 2, 173

M

马耳他 1, 8, 81, 83, 85, 88, 164

马格里布 9, 10, 25, 27, 44 – 46, 79 – 83, 87, 88, 108, 123, 130, 133, 141, 142, 162, 175, 176

马什里克 9, 10

贸易 2 – 4, 12, 44 – 46, 49 – 51, 54, 79 – 83, 85 – 87, 90 – 92, 94 – 99, 101 – 106, 108, 109, 114, 131 – 136,

138，147，150，156 - 159，
163，164，169，176 - 179

美国 4，11，12，15 - 18，24，
25，31 - 33，38 - 42，47 - 50，
54 - 56，58 - 63，65 - 72，75
- 78，81，97，100，103 -
108，110 - 112，114 - 121，124
- 127，131，132，134，136，
137，139，142，143，145，
146，156 - 158，160，162，
163，165 - 174，179 - 181，
183，184

摩洛哥 8，9，25，27，44，45，
81，83，85 - 87，123，126，
133，137，141 - 143，162，
165，176

N

难民 13，30 - 32，34，55，59
- 61，70，80，108，110，
124，142

农业 45，46，49，50，54，92，
94，108，147

挪威 2，107，111，128，
142，171

O

欧阿对话 3，12，18，21，44，

46，48 - 55，58，63，65，66，
79，171，178

欧共体 1 - 6，8 - 11，15 - 18，
20 - 22，28，43 - 82，94，95，
104，105，107，109，120，
123，125，128 - 133，140，144
- 149，155，156，158 - 163，
165 - 167，169，171，172，
174，175，177 - 180，182，183

欧盟 1 - 23，28，44，51，68，
72，76，78 - 80，82 - 126，128
- 135，138 - 156，161 - 166，
168，169，172 - 184

欧盟—地中海伙伴关系 8，12，
13，79，80，83，84，87，89，
91 - 93，113

欧盟 79

欧盟委员会 3，82 - 84，89，
101，103，109，110，113，
115，129，148，150，164，
165，181

欧洲安全与防务政策 3，
12，149

欧洲经济共同体 1，2，43，48，
60，63，64，67，132

欧洲理事会 6，43，60，62，
65，66，68 - 70，74，87，148，
149，151 - 153，181

欧洲煤钢共同体 1，4，43

欧洲原子能共同体 1

欧洲政治合作机制 2-6,15,
16,43,46,47,50-53,55
-57,60,62,65,68,70-
76,78,79,148,150,159,
167,171,172,175,179-181

P

贫困 106
葡萄牙 1,46,81,88,126,
132,142,143,162,164,
173,182
普惠制 73,95,179

R

瑞典 1,32,88,121,135,
142,143,176
瑞士 2,132,142

S

萨达特 41,62,63,139,140
塞浦路斯 1,8,10,83,
85,164
三驾马车 5,75,79,115,150
沙龙 91
沙特 9,10,47,52,54,67-
69,94,95,101,103,110,
111,126,127,130-133,135

-138,140,142,167-
169,176
失业率 80,139,145,178
石油输出国组织 47,50,58,
130,176
石油危机 17,44,46-50,53,
55,57,65,129,145,157,
167,171,172,182,183
世界银行 109-113,118
斯洛伐克 1,4,32,40,135,
142,164,173
斯洛文尼亚 1,8,164,173
苏联 4,33,39,40,42,48,
54,56,64,65,69,93,104,
106,107,125,134,137,
160,163,166-168,170,
172,173,184
苏迈德输油管道 131
苏伊士—地中海输油管道 131
苏伊士运河 23-25,39-42,
47,120,124,131,156,160,
166,169,176
索马里 9

T

特定多数 7,148,149,151-
153,182
突尼斯 8,9,24,25,27,44,
45,49,52,58,68,81,83,

85 - 87, 90, 111, 123, 133, 137, 140 - 143, 157, 162, 165, 176

土耳其 8, 10, 24 - 26, 73, 74, 83, 85 - 87, 90, 142, 160

W

外交政策 2 - 5, 13, 15, 16, 18, 19, 43, 50, 56, 68 - 70, 76, 79, 119, 124, 136, 150, 153, 156, 157, 159 - 161, 167, 180

X

西班牙 1, 8, 24, 25, 46, 74, 78, 81, 83, 88, 92, 100, 107, 108, 115, 121, 126, 129, 132, 142, 143, 161, 162, 164, 173, 182

西奈半岛 28, 69

西欧联盟 7, 74, 151, 153, 174, 180

希腊 1, 8, 28, 29, 37, 46, 69, 70, 132, 133, 142, 143, 147, 164, 176

谢里夫侯赛因 26, 35

匈牙利 1, 142, 164

叙利亚 8 - 10, 24, 26 - 29, 34 - 37, 45 - 47, 68, 70, 79, 82, 83, 85, 86, 90, 92, 107, 113, 124, 125, 127, 131 - 134, 137, 139, 140, 142, 176

Y

也门 9, 10, 93, 94, 96 - 98, 100, 105, 106, 125, 127, 137, 142, 143, 176

伊拉克 9, 12, 17, 26, 27, 34, 36, 42, 52, 64, 68, 71 - 79, 98, 100, 106, 107, 117, 125 - 127, 130 - 132, 136 - 138, 140 - 142, 145, 168, 169, 172, 173, 176, 180, 181

伊朗 10, 12, 32, 42, 64, 65, 130, 131, 138, 140, 141, 167 - 169

移民 13, 21, 30 - 32, 37, 80, 84, 85, 87 - 90, 92, 93, 96, 99, 102, 122, 138, 141 - 145, 162, 170, 176 - 178

以色列 8 - 10, 15, 17, 18, 29 - 31, 33, 34, 40 - 42, 45 - 52, 56 - 58, 60 - 64, 66 - 71, 75, 81 - 83, 85, 87, 91, 92, 107 - 109, 111 - 121, 123, 124, 130, 131, 136, 139, 141, 155 - 161, 165, 166, 168

－172

意大利　1，8，24－27，43，48，52，56，59，66，69，70，74，76，78，81，88，100，106，124，129，130，132－134，136，137，142，143，147，154，155，157，158，160－162，164，171，173，176，182

英国　28－33，35，36，38，40－42，47，48，50，52，56－59，69－71，74，76－78，100，106－108，115，119－121，123，128，130，132，134－139，142，143，145－147，155，156，159－161，164，166，169－171，173－176，179－182

英国委任统治　28，30

援助　4，41，45，46，51，70，71，73，74，80，82，84－86，88－94，105－107，109－113，119，121，158，163－166，168，170，178－180，184

约旦　8－10，27－29，33，42，45，61，63，64，67，68，71，73，74，79，82，83，85－87，90，107，109，111，114，115，117，119，133－135，137，139，142，161，165

Z

政府间主义　5，50，101，146－148，151，154，155，179，181，182

殖民　10，20－25，27，28，30，34，37－41，44，80，100，120，122，123，135，139，141－143，156，158－160，162，166，169，176

中东和平"路线图"　117，119

中东和平进程　13，19，53，62，65，67，68，71，72，81，87，91，106，107，109，113－116，141，168，169，172，178－180，184

中东特使　115